广视角·全方位·多品种

权威·前沿·原创

皮书系列为
"十二五"国家重点图书出版规划项目

中国社会科学院创新工程学术出版项目

华侨华人蓝皮书

BLUE BOOK OF
OVERSEAS CHINESE

华侨华人研究报告
（2014）

ANNUAL REPORT ON OVERSEAS CHINESE STUDY
(2014)

主　编／贾益民
副主编／张禹东　庄国土　游国龙

社会科学文献出版社
SOCIAL SCIENCES ACADEMIC PRESS (CHINA)

图书在版编目(CIP)数据

华侨华人研究报告.2014/贾益民主编.—北京：社会科学文献出版社，2014.12
（华侨华人蓝皮书）
ISBN 978-7-5097-6839-6

Ⅰ.①华… Ⅱ.①贾… Ⅲ.①华侨-研究报告-世界-2014 ②华人-研究报告-世界-2014 Ⅳ.①D634.3

中国版本图书馆CIP数据核字（2014）第279893号

华侨华人蓝皮书
华侨华人研究报告（2014）

主　　编／贾益民
副　主　编／张禹东　庄国土　游国龙

出　版　人／谢寿光
项目统筹／王　绯
责任编辑／李兰生

出　　版／社会科学文献出版社·社会政法分社（010）59367156
　　　　　地址：北京市北三环中路甲29号院华龙大厦　邮编：100029
　　　　　网址：www.ssap.com.cn
发　　行／市场营销中心（010）59367081　59367090
　　　　　读者服务中心（010）59367028
印　　装／三河市东方印刷有限公司
规　　格／开本：787mm×1092mm　1/16
　　　　　印张：17.5　字数：280千字
版　　次／2014年12月第1版　2014年12月第1次印刷
书　　号／ISBN 978-7-5097-6839-6
定　　价／98.00元

皮书序列号／B-2011-177

本书如有破损、缺页、装订错误，请与本社读者服务中心联系更换

▲ 版权所有 翻印必究

华侨华人蓝皮书编委会

主　　编　贾益民

副 主 编　张禹东　庄国土　游国龙

撰稿人名单（以文序排列）

　　　　　　　庄国土　李明欢　游国龙　周义员　刘光耀
　　　　　　　饶志明　吴立源　徐爱玲　董　燕　马占杰
　　　　　　　孙　锐　林春培　郑文智　李义斌　杨默如
　　　　　　　胡力丹

主编、副主编简介

贾益民 籍贯山东惠民，毕业于暨南大学中文系汉语文学专业，教授，博士生导师。现为国立华侨大学校长。海内外著名的华文教育学家、教育家。厦门大学海外华文教育研究所客座研究员、美国旧金山中山综合研究院名誉教授、暨南大学校友总会理事长。研究方向：对外汉语教学与海外华文教育、文艺学、比较文学、马列文论、美学。

张禹东 籍贯福建惠安，毕业于厦门大学哲学系，教授，博士生导师。现为华侨大学华侨华人研究院院长、国际关系研究院副院长、海外华人宗教与闽台宗教研究中心主任。社会兼职为国务院侨办侨务理论研究福建基地常务副主任、中国宗教学会副会长等。主要研究领域为华侨华人宗教与文化、华商管理学、宗教学理论、文化哲学等。

庄国土 籍贯福建晋江，毕业于厦门大学历史学系，博士，教授，博士生导师。现为华侨大学讲座教授，华侨大学华侨华人研究院/国际关系研究院副院长、厦门大学南洋研究院院长、国家985东南亚创新平台首席专家、知名海外华人研究和东南亚研究专家、国务院侨办专家咨询委员。研究方向：海外华人、华人华侨研究、国际关系理论、中外关系史、东南亚地区问题与国别政治。

游国龙 籍贯台湾台北，毕业于北京大学国际关系学院国际政治学专业，法学博士，现为华侨大学华侨华人研究院/国际关系研究院助理研究员、北京大学文化与国家行为研究中心学术委员。研究方向：国际政治理论、文化与国家行为、心理文化学、华侨华人与国际关系。

摘　要

《华侨华人研究报告（2014）》（华侨华人蓝皮书）包括总报告、人口分布篇、华商财富变化篇、华商投资发展篇，对华人在海外的人口分布概况、财富累积情况进行了调查，并探讨了华商回国投资发展面临的问题。

人口分布篇对华侨华人在欧洲地区的分布情况，以及台籍华侨华人在全球的分布变化趋势进行了分析。20世纪50年代欧洲华侨华人有1万余人，而今已有250万人。法、英两国华侨华人总量位居欧洲各国之首，德国、荷兰华侨华人数量稳步增长，而西、北欧小国及东欧剧变之后形成的小国家华侨华人人数甚少。台籍华侨华人早期多往东南亚移民，但如今移民地的选择主要是欧美发达国家，华侨华人在美国、加拿大占大多数。一般来说是为了求学，除非是两岸关系紧张，否则很少有大规模外移的情况出现，表现出安土重迁的特点。

财富变化篇涉及了华商在东南亚、欧洲、美洲的各个国家以及港澳台等地区的财富积累情况，主要参考福布斯富豪榜、胡润富豪榜等权威数据，力图厘清华商经济实力的变化、在当地及祖国经济发展中的贡献等问题。近些年，华商来自高新技术产业、商贸业和消费品制造业的财富比率明显提高，而来自金融业和重化工业的财富比率则逐渐下降。港台及其他地区华商财富实力超过东盟地区华商财富实力，而美国华商财富实力有明显增强的趋势。

投资发展篇讨论华商在珠三角、环渤海经济圈的投资情况，以及国内招商引资引发的相关问题。华商回国发展，是因为热爱祖国，与家乡的亲人有密切的情感联系，以及国内提供了良好的机遇。但近些年随着生态环境破坏、招商机制不完善、引资项目趋同、第二代对祖国认同的减弱，也出现不少问题。建议通过加快完善涉侨相关政策、创新知识产权保护方式、维持华商税收优惠、积极推进海外华文教育等途径解决问题。

关键词：华侨华人　人口分布　财富变化　投资发展　华商

目录

B Ⅰ 总报告

B.1 东南亚华商软实力及其对中国与东南亚友好
关系的贡献 ································· 庄国土 / 001
 一 东南亚华商的经济实力及其吸引力 ················· / 002
 二 东南亚华商的经济软实力 ························ / 005
 三 东南亚华人的政治软实力 ························ / 011
 四 推动中国-东南亚关系发展的华商 ················· / 021
 结 语 ·· / 027

B Ⅱ 人口分布篇

B.2 21世纪初欧洲华侨华人人口构成概览 ············ 李明欢 / 028
B.3 台籍华人全球人口分布变化趋势探析
 ······························· 游国龙 周义员 刘光耀 / 044

B Ⅲ 华商财富变化篇

B.4 海外华商财富变化趋势研究 ···················· 饶志明 / 068
B.5 东南亚华商财富分布及其经济实力分析 ·········· 吴立源 / 097
B.6 欧洲与美洲华商财富分布 ······················ 徐爱玲 / 129

B.7 华商在港澳台地区的财富布局、变动及与
    当地经济发展的相关研究 …………………………… 董　燕 / 157

BⅣ 华商投资发展篇

B.8 闽籍海外华商国内发展的驱动因素、特征与
    未来挑战 …………………………………… 马占杰　孙　锐 / 186
B.9 海外华商投资珠三角经济区的现状、
    问题及对策分析 …………………… 林春培　郑文智　李义斌 / 210
B.10 华商归国投资的贡献、阻碍及未来展望
    ——以环渤海经济圈为例 ……………… 杨默如　胡力丹 / 228

Abstract ………………………………………………………………… / 258
Contents ………………………………………………………………… / 260

总 报 告

General Report

B.1
东南亚华商软实力及其对中国与东南亚友好关系的贡献

庄国土*

摘　要：

> 东南亚华侨华人的人口占东南亚总人口的6%。华商实行以人为本的企业管理模式，中西结合、与时俱进、国际化和多元化的经营方式，不但形成了强大的经济软实力，其综合经济实力也达到了中等地区强国的水平。对新加坡、马来西亚、印度尼西亚、越南、泰国等国的华人参政状况进行研究发现，其经济实力有助于政治和社会地位的提升，对当地社会产生某种影响力。在近30年来中国与东南亚友好关系的发展中，华商成为中国改

---

* 庄国土，福建晋江人，历史学博士，博士生导师，华侨大学讲座教授，华侨华人研究院/国际关系研究院副院长、厦门大学南洋研究院院长、知名的海外华人研究和东南亚研究专家。研究方向：海外华人、华人华侨研究、国际关系理论、中外关系史、东南亚地区问题与国别政治。

善与东南亚政治与外交关系的管道和动力之一,为中国与东南亚友好关系的发展作出了可圈可点的贡献。

关键词:

东南亚 华商 经济软实力 政治软实力

约瑟夫·奈在《"软权力"再思索》一文中,提出作为硬实力的经济力,也具有软实力功能,即"一国成功的经济必定是其吸引力的一个重要基础",从而达到"用财富可以使他国软化"的目的。①

在全世界范围内,华侨华人在经济领域特别成功是一个普遍现象。诚然,华侨华人并未组构独立的族群经济形态,也不存在完整的族群内生产、交换和分配过程,但作为个体或群体,他们在当地国经济领域的成功则是有目共睹的,其经济成功的主观经验,构成华侨华人经济软实力的要素,也对他族乃至其他国家产生相当的吸引力和影响力。

相比东南亚华商的经济软实力,东南亚华商的政治软实力似乎甚少有学者予以关注。诚然,除新加坡是华人主导政权以外,东南亚其他国家的华商普遍在政治上低调行事。我们认为,华商经济实力所产生的影响力,在一定程度上有助于其政治和社会地位的提升,有助于对当地社会产生某种影响力。在近30年来中国与东南亚友好关系的发展中,东南亚华商作出了可圈可点的贡献。

一 东南亚华商的经济实力及其吸引力

海外华侨华人的经济资源,一直是华侨华人研究的热点问题。尤其是对华商资产总额的估算,一直是研究华侨华人经济活动及其与中国关系的重要课题。1983年,日本《选择》月刊10月号曾刊文指出:"分布世界五大洲95个

---

① 约瑟夫·奈:《"软权力"再思索》,《国外社会科学》2006年第4期。

国家的2100万华侨,其可动员资金力量估计至少可达日本国预算的规模,即二三千亿美元。"① 据《亚洲周刊》的数据统计,1990年代东南亚华人资本额已经高达3000亿美元。② 据不完全统计,至1993年年底,大陆以外的华人外汇储备总额约为2231亿美元,分别为台湾906亿美元,香港327亿美元,新加坡437亿美元,泰国华人234亿美元,马来西亚华人154亿美元,印尼华人110亿美元,菲律宾华人43亿美元,其他国家华人20亿美元。据英国《经济学人》1992年7月的一篇文章估计,除港、台之外的华人资本,总量已在1500亿~2000亿美元。③ 据2000年《亚洲周刊》发布的资料,全球最大的500家华人企业中,除港台两地的华商企业外,绝大多数依然是新、马、泰、菲、印尼五国华人企业。《亚洲周刊》刊登的2002年度国际华商500强,总市值为4763多亿美元,比2001年增长了4.3%。

笔者认为,《亚洲周刊》以及福布斯财富榜所列的华商上市公司,仅是海外华商企业的一部分,既不包括没有上市的大型华商企业,更没有涉及数以十万计的中小型华商企业。因此,笔者在主持2009~2010年国务院侨办重点课题《华侨华人经济资源研究——以华商资产估算为重点》时,通过对大华商最为集中的前东盟五国华商中小企业的研究(以新加坡和泰国为例),提出即使是在大华商集中的地区,华商中小企业资产也应当占华商资产总额的30%~50%。在其他地区,中小企业可能是华商的主体。

华人资本指华人所有或者华人控制的资本,其所有的资本往往表现为其拥有的财富或企业股份及资产,其控制的资本指所控企业的资产。企业是资本的载体,华人资本离不开华人企业,华人企业指由华商创办或控制的企业。④ 第二次世界大战以后,随着国际形势与东南亚各国社会政治经济环境的变化,东南亚华人逐渐融合于当地社会,成为当地国家民族的组成部分——华族。东南亚华侨社会逐渐转变为华人社会,华人经济也成为当地民族经济的重要组成部

---

① 引自冯邦彦《香港华商与"全珠华人网络"的崛兴》,《新经济》1998年第10期。
② 根据香港《亚洲周刊》1995年10月号"国际华商500"提供的数字计算,转引自郭梁《东南亚华侨华人经济简史》,经济科学出版社,1998,第202页。
③ 引自钟杏云《加强研究并充分利用好海外华人资本》,《中国软科学》1996年第6期。
④ 石维有:《战后泰国华商发展史研究——关于资本积累的变化(1945~1996)》,厦门大学博士学位论文,2005,第16页。

分。华族充分发挥自身善于经商等特点,克服种种困难,不断改进经济活动方式,抓住各种契机,扩大经济活动范围,为自己赢得了应有的经济地位,并为居住国的经济发展作出了不可磨灭的贡献。伴随着东南亚华族经济的崛起,华商网络日益形成,华人资本逐渐成为本地区乃至世界范围内一支不可忽视的经济力量。

本课题组的初步研究结论为东南亚十国的华商的资产约15057亿美元。其中,华商大企业的资产9506亿美元,中小企业3994亿美元,外来华资1557亿美元。由于各国中小企业的数据不全,对中小企业资产可能低估或大大低估。如以国别分,则华商资产在新加坡为5986亿美元(占39.77%)、在泰国为3853亿美元(占25.6%)、在马来西亚为1812亿美元(占12.04%)、在印度尼西亚为1866亿美元(占12.4%)、在菲律宾为797亿美元(占5.3%)。东南亚五国华商资产占东南亚华商资产的95%。由于对东盟后五国的数据掌握不够,只能依靠现有资料估算,对后五国估计应当远低于实际数额。但东盟后五国的华商实力较小,虽然低估,对东南亚十国华商资产总额的影响不大。东南亚华侨华人数量占世界华侨华人人口的73.5%,如其他地区的华商人均资产和东南亚华商一样,则港台和东南亚以外的世界华商,其资产总额应在5500亿美元左右。东南亚与其他地区的华商资产当在2万亿美元以上。加上港澳台地区,中国大陆以外的"世界华商"资产总额当接近5万亿美元。① 如以国家为类比单位,近5000万的华侨华人数量,在全世界224个国家和地区中(国家为193个,地区为31个),人口规模列前25位。在人口规模前25位的国家中,华侨华人群体的发达程度和经济实力可居第8位,仅次于美、日、德、法、英、意、俄。就华侨华人的人口规模和发展程度而言,其综合实力达到中等发展水平国家或地区的水平。因此,就其经济规模和实力而言,已经具备世界性的吸引力和影响力。无论是中国大陆还是其他发展中国家乃至部分发达国家,引进东南亚华商资本都是招商引资的目标之一。

---

① 庄国土等:《〈华侨华人经济资源研究——以华商资产估算为重点〉课题研究报告》,国务院侨办政法司编印,2011年10月,第8页。

二 东南亚华商的经济软实力

东南亚华商的经济成就,引发各国学者对其经济软实力的研究,并将其推及东亚社会的成功经验研究。诸如儒商文化、华人企业经营理念、华商管理模式等华商的软实力要素,都是关注的重点。

1. 以人为本的儒商企业管理模式

"儒商"的定义见仁见智。比较达成共识的是,儒商指具有儒家传统文化理念与修养,并将之用于企业经营和管理获得成功的企业家。大体而言,儒商通常受儒家道德观和价值取向的熏陶,有较高的传统文化素养,在企业经营中完全以或部分以儒家理念规范个人和企业行为。

儒商奉行的经营理念,通常包括信用、敬业、忠诚、人本和和谐。儒商可分为传统儒商和当代儒商。传统儒商指近代工业革命以前的农业社会的儒商,他们与非儒商的区别,很大程度上是儒商经营目的并非仅以利润最大化为归宿,而是同时关注经营本身对社会的贡献。此外,经营方式与非儒商也有较大差别。儒商并非一味唯利是图,他们把诚实守信、"君子爱财、取之有道"、"仁、义、礼、智、信"等儒家的道德准则作为商德,做人经商并重,以做人的追求来经商,在经商的过程中体现做人的原则。他们认为"良贾何负鸿儒",以亦儒亦商为尚。

现代儒商不仅保留传统儒商的美德,而且吸收由市场经济和现代国家所滋生的新的道德观念。首先,现代儒商及其管理团队崇尚先进知识和文化,强调知识型管理,文化型经营,注重员工知识和素质的培训和提高。其次,现代儒商善于以仁爱思想构建和谐的企业环境和广泛的人际关系。对内倡导关爱和谦让,建立等级明确但上下左右和谐的情感关系;对外以"仁义"铺路,遵循公平竞争法则,获利不忘回馈社会。最后,以仁义、诚信之心从事经营,不仅守法,而且守信,强调货真价实、童叟无欺,在让顾客得到完美服务的同时自己得到商业利益,以义取财,利以义制,公德至上。

相比西方私营企业,东亚、东南亚私营企业多以家族管理方式为主。无论在日本、韩国、中国港台地区,还是在东南亚,成功的私营企业,或多或少都有儒家文化理念的氛围。如日本丰田公司的口号是"为了人类、为了社会、为了地球",松下集团主张"更好的生活,更好的世界"等,无不体现儒家"仁者爱人"的人本思想。东南亚华商企业绝大多数是家族企业,其经营理念和方式虽与西方企业大相径庭,但其技术的先进程度和管理效率却也能与之匹敌,充分显示出华商及其企业文化的软实力。

享誉世界商界的李光前,堪称当代儒商的典型。李氏的为人和经商之道,秉持忠恕仁爱、敬老尊贤。李氏先入陈嘉庚的谦益公司,被陈嘉庚提携为部门主管,后自创南益公司,独立经营。南益公司也是家族企业,也秉持陈嘉庚的儒商情怀,关怀亲族乡亲及属下,善待职工。李氏深知公司员工的素质与忠诚是企业兴旺的关键。他视公司为大家庭,雇主有如家长,有义务维护雇员的福利。他对高级职员礼贤下士,谦虚诚恳,以兄弟之礼待之。他重金聘用一位颇有才干的年轻律师陈森茂任经理,负责公司所有契约和重要文件的起草拟订工作。有一次,李光前将一份文件增删了一些字句,殊不知这类文件有一定格式,不宜随便改动,因此引起陈森茂的不满。他对李光前直言顶撞说:"先生因为我识法律才用我,如觉得比我更高明,就请你自己起草吧!"李光前听后连忙解释说:"我不过想贡献一点意见,供你参考而已,请不要误会。"此后,他让陈森茂全权处理有关法律文件,老板、经理和谐共事,相得益彰,在星马华侨社会,传为美谈。① 对那些为南益集团作出特别贡献的高管,如李成枫等,则礼遇终身,在其退休之后仍聘为公司顾问,高薪供奉。他们则终生视公司为家庭,继续为公司效力。李氏企业招聘员工多从华文学校优秀高中毕业生中选拔,须先经过举荐。由于新加坡华文学校多以籍贯分野,举荐也多为同乡同族,导致高层管理人员以福建籍同乡为主,但是否任用仍以专业和操守为基准,要经过严格的面试,保证企业雇用的同乡或亲族为当用人才。符合条件后再进行培训,培训合格者才得以最后录用。李氏集团实行盈利分享制度,员工报酬与生产效益挂钩,职工薪金包括基本工资加奖励(花红),激励职工勤奋工作,与公司效益共浮沉。自1951年始,李氏企业就实施职工退休后领取养老金的制度,比新加坡政府规定尚早三年。李氏企业提供给职工的福利还包括

---

① 郑丙山:《李光前的企业文化》,《泉州社会科学》2007年第1期。

免费医药、购买贷款及职工子女奖助学金。较偏僻的工厂还有职工宿舍,免除职工的后顾之忧,使其能集中精力为公司服务。公司关照员工,员工效忠公司,聘用几为终身制。

当1980年代以来日本的"公司大家庭""终身聘用"的管理经验,因日本经济崛起与产业无匹的竞争力而让欧美世界大开眼界时,李光前的企业早在1930年代就已经开创了这种企业文化。

2. 中西结合、与时俱进的管理模式

新加坡多家华人家族企业,其经营管理的明显弊端是所有权与管理权不分。家族企业通常由各房分别持有股份并共同管理。这种状况常导致家族成员公私不分,滥用公款和权力,培养亲信,争权夺利。一个普遍的现象是创业者去世后,庞大的企业常因后代各房互相牵制、对立而分割乃至瓦解。因此,有华人富不过三代的说法。

鉴于新加坡多家华商家族企业因各种用人弊端而导致传统的家长式统治,属下尸位素餐,责权不分,李光前吸收西方现代企业经营管理的方法,将南益公司的所有权和经营权分而治之,董事会仅对相关业务和重大人事选拔进行决策,日常管理工作和业务推行则聘请专业经理及其所组织的业务团队负责。其经营哲学与用人之道为"知人善任"和"唯才是举",摒弃陈嘉庚家长式领导企业所衍生出的各种弊端。

累积科学知识,把握国际商务脉动,也是李光前与众不同的高明之处。李光前先后攻读暨南学堂、清华学堂和唐山路矿学堂,受较完整的理工科训练。南渡新加坡后,又入英印学堂,并修习美国函授大学的土木课程,精通中英文,兼通马来文。李氏重现代商科和理工知识累积,能把握国际商情变动和技术发展,以便企业经营和发展能与时俱进。1920~1930年代初,世界橡胶业繁荣,李氏与其他华商,如陈嘉庚、陈六使等,都赚得钵满盆溢。1930年代初以后,世界经济进入大萧条,橡胶价格飞流直下。李光前洞察先机,收缩生产规模,并及时采取各种方式降低成本,向银行融资及分散投资业务。因此,当橡胶业巨头陈嘉庚、林义顺等大企业纷纷倒闭时,李氏公司得以幸免。鉴于新加坡很多大企业都因融资问题而倒闭,李氏及时进入金融业,自1937年到1964年,担任由华侨、华商、华丰三大华商银行合并而成的华侨银行的董事主席,时间长达 27 年。

陈嘉庚和李光前同为儒商,其区别则是传统儒商和现代儒商的差异。

李光前与时俱进的中西管理模式结合,基本上能代表 1970 年代以来东南亚华人企业集团的主流经营管理模式。

首先,第二、第三代华商普遍具有现代管理与专业的教育背景。受过良好教育的年轻一代华人企业家开始参与乃至接手父辈主导企业经营管理,企业逐步走向决策和管理科学化。老一代华侨企业家普遍受教育程度低,对现代化企业的经营日益力不从心。年轻一代的华人企业家大多受过高等教育,且不少毕业于欧美著名学府,有专业技能,受过现代化企业管理系统训练,并继承老一辈的敬业精神。他们能把握世界经济发展变化的机遇,了解及时改革旧有体制和引进先进技术与现代化管理方法的重要性,并善于利用前辈开创的市场和社会关系网络拓展业务,从而使他们承接的基业能适应经济发展的潮流。与此相关的是,华人企业决策和管理也逐步科学化。1970 年代以前,华人企业大多是传统家族企业管理模式,公司决策常由企业所有者独断专行。1970 年代以来,不少华人企业进行内部机制改革,采取不少决策与管理科学化的措施,如吸收专家进入决策核心,建立科学高效的运行管理制度,所有权与经营权分离,集中管理和分层授权相结合等。如谢建隆的阿斯特拉集团建立监事委员会作为最高决策机构,吸收专家参加。再如马来西亚金狮集团(The Lion Group, Malaysia)采用非中央集权的管理方法,集团上层只管理人事、税务、法律及资金调动、市场调查、内部查账等,把生产、销售、采购等权力交下属公司总经理负责,以便发挥下层的主动性。

其次,很多华人企业大胆起用外部人才,打破传统家族企业的"任人唯亲"制度。新加坡华侨银行较早把经营权委托专家经营。1966 年,李光前主动推举陈振传担任董事长职务,之后又由杨邦孝担任董事长,二人皆非李氏家族。林绍良集团旗下的第一太平洋集团(下有 20 多家子公司)总裁曼纽·彭基利南、继陈弼臣任盘谷银行董事长的许敦茂、担任常务董事会主席的庵蕾·威拉旺,都是杰出的非林氏家族出身的专业人才。

最后,华人企业走向资本大众化和经营多样化。传统华侨企业多为独资,如需拆借,也多在亲朋好友间进行。当前东南亚华人企业集团筹资方式大都通过上市、募股、与土著资本合作、与外商合资等渠道,广泛地筹集资金。如盘谷银行为加强竞争能力,在 20 世纪 60 年代末 70 年代初修改银行组织章程,向公众募股,这一举措使盘谷银行持股人数迅速增加,实力大增。其 1980 年的资本额比 1971 年增加了 6.9 倍,平均每年增长 25.2%。

3. 国际化和多元化的经营方式

1970 年代以来,经济全球化迅猛发展,资本、产业、商品和人力资源在全球范围转移和重新配置,使全球各类产业面临巨大挑战和机遇。西方发达国家经过战后到 70 年代初的高速经济发展后,从 70 年代中期开始进入低速发展时期。日本的高速发展时期则持续到 80 年代。发达国家进行产业结构调整,把一部分劳动密集型产业、高耗能产业和对生态污染严重的企业,转移到有发展潜力的发展中国家去,同时放宽对发展中国家的劳动密集型工业产品出口的限制。

在发达国家向发展中国家产业转移的过程中,东南亚逐渐成为国际投资和发达国家产业转移的热点,首先是来自日本的投资和产业转移。日本为了占领亚洲市场,加强对东南亚的投资,转移竞争能力弱的劳动密集型和部分技术密集型的企业到东南亚,如造船、石油化工、电器、汽车零件制造等,力图迅速在东南亚建立返销日本的中间产品生产基地和最终产品出口基地。美国和西欧不甘于日本独占东南亚市场,也采取了与日本类似的措施。而新兴的工业国家和地区如韩国、中国香港、中国台湾,也随后加入了这股浪潮,致使 70 年代中期以来,东南亚一直成为国际投资的主要地区之一。70 年代以来,东南亚各国政府先后制定各种吸引外资的政策,积极引进外国资本,并鼓励外资与国内资本合作经营。外资往往需要寻找当地的合作伙伴,而华人因为熟悉当地投资环境,拥有一定的资金和产销网络,善于经营管理,商务信用良好,往往被外商视为理想的合作伙伴。东南亚华人企业在与外国资本合作中不但获得了先进的技术、经营管理经验和利润,而且还可能借助跨国资本形成自己的国际经贸网络,成为跨国经营的资本集团。

中国实行改革开放国策以来,经济飞速发展,投资环境日益改善,成为国际资本投资的热点地区。与其他外资相比,东南亚华商具有与中国相通的语言、文化、风俗习惯和地缘、亲缘纽带的优势,因此,对中国投资十分踊跃。据我国统计,1979~1989 年,东盟各国在中国实际直接投资额达 29 亿美元,

其中绝大部分是华人投资的。截至1994年年底，新加坡对华投资协议金额累计86.35亿美元，项目4567个，遍及中国主要沿海和内地城市。①马来西亚的郭鹤年集团与香港李嘉诚先生联手投资开发上海的"不夜城"和改造北京的部分旧城区。菲律宾华人巨富郑周敏的亚洲世界集团，在河南洛阳签订系列开发长期合作协议，总投资额达20亿美元，并在厦门杏林投资占地3平方公里的"亚洲工业城"②。泰国正大集团属下富泰有限公司签订上海浦东开发项目，总投资额为20亿美元。该集团还与中方合资开发广东东莞同沙旅游区，预计投资50亿港元。泰国盘谷银行为了开拓中国市场，在汕头、上海、成都设立3家分行和北京办事处，明泰集团等亦在汕头设立了"泰华国际银行"。新加坡华人的大华银行、华侨银行、华联银行，分别在上海、厦门建立分行，并在北京、广州、深圳、福州设立代表处等。据统计，1992年，东南亚华人大财团在中国签订投资金额1000万美元以上的有17个，其中超过亿美元的有11个。90年代以来，东南亚华人在中国投资向范围广、规模大、层次高的领域拓展。东南亚华人企业在中国投资创造了可观的利润，增强了本身的实力。

华人企业的经营也日趋多样化。许多华人企业突破原来单一经营模式和传统经营领域，向综合性集团转化。林绍良集团是印尼最大的综合性财团，它控制国内外350家公司，经营行业包括金融、钢铁、水泥、汽车、纺织、医药、造纸、面粉、服装、电器、食品、木材、烟草、化工产品、土特产、机器设备、运输、房地产、进出口贸易等。郭鹤年集团战前经营船务，战后主要经营食糖、大米、面粉。60年代开始向多种经营综合集团发展，业务遍及东南亚、欧美、中国等地，拥有公司100多家，目前年总资产达60亿美元，名列马来西亚首富。即使专营的金融业，战后也发生了重大变化。如黄祖耀经营的大华银行，50年代资本不过200万元（新加坡币）。70年代以来，以银行为支柱进行多种经营，经营范围包括银行、保险、投资、信托服务、黄金买卖、交通、租赁、电脑、旅游、工业制造、船务、饭店等。至1989年，该集团总资

---

① 〔新〕《联合早报》1995年6月13日、24日。
② 《福建侨乡报》1992年8月23日。

产达250亿新元，设国内外分行及办事处125家，拥有附属联营公司60多家，业务遍及全球，成为国际性多元化金融集团。其他如李光前经营的华侨银行、陈弼臣父子经营的盘谷银行，以及谢建隆经营的阿斯特拉集团、谢国民经营的正大集团、黄奕聪经营的金光集团等，都是根据国内外市场的需要，以居住国为依托，以国际市场为发展目标，大力扩展多种经营。

东南亚华人企业以人为本的儒商企业管理理念，中西结合、与时俱进的管理模式，国际化和多元化的经营方式，长期形成的国际性华人关系网络以及华人企业掌门人传统的克勤克俭和敬业守信精神，是东南亚华商及其企业最具优势的软实力。

三 东南亚华人的政治软实力

政治软实力是个人、群体、民族或国家以柔性方式运用政治资源去维护主体的利益的实力。虽然拥有政治软实力的主体更多体现在国家层面，但作为族群或社群的华人，尤其是东南亚华人，其拥有的政治软实力也可圈可点，不过，其政治软实力长期没有被关注。

参政是发挥政治软实力的最重要平台。在东南亚，新加坡华人族群主导政治权力，马来西亚华人作为少数族群参政，其他国家的华侨华人则作为个体政治家参政。无论在东南亚的哪个国家，华商的经济实力都是华人参政的重要基础。

在东南亚，新加坡是唯一由华族主导政局的国家。华人作为多数族群的新加坡岛国，处于马来人占绝对多数的印尼人和马来西亚人的汪洋大海中。华人主政者如何取得国内的马来少数民族的合作，是成功建构多元社会，从而保持与邻国良好关系的关键。因此，新加坡华人执政者考量族群政治的重点，是如何保障非华人族群的政治权利。由于马来人处于相对弱势地位，为了使马来人逐步改变弱势处境，新加坡政府给予特别照顾，提供给马来人不低于其人口比例的社会公职数量和机会。在政治上，执政的新加坡人民行动党坚持党组织成员种族成分的多元化。在政府中，不同族群的公务员大致占与其人口数量相当的比例。在1988年大选中，考虑到马来人议员有逐渐减少的趋势和马来候选

人素质问题，政府采用"集体当选制"来保证议员中有一定数量的马来人。1988年大选后组成的新国会，也特别注意推选一名马来人当副议长。在内阁有马来族和印度族的政治代表，更是自治、独立以来的一条不成文的规定。新加坡成功地通过社会多元化战略使族群政治关系基本和谐，避免了其他东南亚国家经常发生的强势民族或社会群体与弱势群体之间的激烈对抗，使国家意识能为各族群所接受。

马来亚（及以后的马来西亚）华人的主要政党马华公会目前成员约70余万人，长期与巫统、国大党合作组成联盟，参加马来西亚的选举和政府组织活动，谋求华人的政治权利和经济利益。① 马来西亚的其他华人政党如1966年3月成立的"民主行动党"（DAP）、1968年出现的"马来西亚人民运动"（Gerakan Pakyat Malaysia）等，都以谋求在当地的政治权利为己任。马华公会领导层在涉及种族间利害关系时，通常采取妥协和退让的态度，这种妥协和退让的态度常引起华人社会责难。然而，这是基于华人在马来西亚乃至东南亚人口较少、长期处于弱势的政治和军事地位的现实而采取的态度，显示华人社会为了国家长期利益做出让步的诚意。华人社会的妥协既是不得已的，也是明智的选择。马华公会强调马来西亚各民族共同的经历、共同的命运，反对在文化、宗教和种族上以马来人为中心。同时，它也注意到马来人和其他土著人在经济上的软弱，主张给予必要的支持与保护。在马来西亚2007年内阁中，共有19位华裔出任政府正、副部长（其中正部长6位），但马来西亚的内阁部长大多是由马来人担任，这与华人作为马来西亚第二大民族，占全国总人口25%以上，社会经济地位（主要反映在收入和受教育程度方面）居各民族之首的地位仍不成比例。

2008年3月8日，包括巫统和马华公会在内的执政党国民阵线惨败，反对党公正党和民主行动党大胜。执政的国民阵线，国会议席从原来的199席减少到140席，只获得简单多数，丧失通过修宪等国家重要议案所必需的2/3多数。在222个国会议席中，反对党赢得82席，超过1/3。马华公会大

---

① 张晓威：《"马来西亚华人公会"与马来西亚华人社会之研究》，台湾"中央大学"硕士学位论文，1998，第169页。

败，原有31席国会议席，只赢得15个国会议席和31个州议席。华人反对党民主行动党在此次大选中获得空前胜利。通过席位增减可见，民主行动党席位全部取自马华公会和民政党，从而决定性地改变了华人社会的政治版图。民主行动党原有12席，此次竞选47个国会议席，中选28席（胜出比率59.57%）；在州立法议会方面，竞选9个州属的101个州议席，中选73席（胜出比率72.28%）。

2008年马华公会大败，是马来西亚华人政治版图重新分割的转折点，马华公会从此一蹶不振。究其原因，是马华公会领导层长期内耗不断，暮气沉沉，缺乏革新动力，越来越让年轻人失望。其柔性诉求的结果使华人权利长期得不到改善，也累积了华人各阶层的不满。中华大会堂在第12届全国大选期间，发表《国家兴衰，华社有责》的大选建言与展望声明，提出包括恢复地方议会选举、废除《内安法令》、全面检讨媒体法规、全面检讨私营化政策、以"有竞争性的福利政策"取代"土著政策"等政见，为华人在野党竞选推波助澜。最终大选结果就是华人用脚投票，马华公会席位减少近一半，民主行动党则从12席暴增到28席。反观华人反对党民主行动党在这次大选期间的表现，可以看到，该党是一个较有生气且相当有选举智慧的政党。华人反对党不但英才如云，候选人有口才，有学识，有激情和政治智慧，其竞选策略和选后表现也可圈可点。选前打出"选的是党"的口号，消弭了党内候选人之间的竞争。胜选后也表现出相当政治智慧，及时宣示让获胜的果实与各个族群共同分享。民主行动党在大本营槟州获胜之后，党秘书长即宣布槟州设两名副部长，由马来人和印度人分别担任，是槟州有史以来首次出现华、巫、印三大民族同时出任首长和副首长共治的局面。同时，民主行动党也宣布，槟州议会将由7名民主行动党代表和3名公正党代表组成，这10名行政议员也包括上述两名副首长；公正党人出任槟州议长和副议长，唯人选将由该党本身做出决定；唯一当选的回教党议员，也将安排能相应发挥政治作用的位置。这样的安排表明，华人政党希望所主导的州领导层内，有各大族群的代表，也暗示华人政党如有机会参与主导马国政治，也将如法炮制。

虽然华人反对党民主行动党在此次大选中获得出乎意料的胜利，但就马来西亚华人社会在马来西亚的整体政治地位而言,此次大选则暴露出华人政治实力的下降。(1) 传统华人政党暮气沉沉,党争严重。马华公会内部争权夺利由来已久,原第二大华人政党(按在国会和州议会席位数量论)民政党的前党魁与现任主席长期貌合神离,马华公会与民政党之间也矛盾重重。两个最大的华人政党内部凝聚力不断下降,不少党内骨干离心离德,严重削弱了在华人社会的影响力。两党之间的矛盾,也给华人反对党提供了可乘之机。在可预料的将来,这两个参政党如果不励精图治,锐意改革,其在华社的影响力急遽下降指日可待。(2) 华族整体政治实力下降。整体实力下降首先表现在总席位的下降。虽然此次大选民主行动党席位激增,但其席位主要取自马华公会和民政党。民主行动党席位从上届的12席增加到28席,但马华公会则从31席下降到15席,民政党席位更从10席减至2席。民主行动党所获得的槟州首席部长席位,也无非夺自民政党。换言之,本届大选华人政党总席位净减少8席。而华族的主要竞争对手、以马来人为主的各政党,其总席位则相应增加。

2013年大选,马华公会再遭惨败,只获得国会7席,并兑现会长蔡细历的承诺:如遭败选,马华公会议员不入阁。这是自马来西亚独立以来华人第一次缺席内阁。华人反对党民主行动党气势如虹,竞选51个国会议席和103个州议席,获得38个国会议席和95个州议席,成为马国第二大政党。

在印尼的苏加诺执政期间,印尼华人仍有相当的社会政治地位。印尼国会中有几名华人议员和少数内阁部长,如税务、财政与审计部长陈金龙,国务部长黄自达等。土生华人参加印尼国籍协商会与其他由土生华人领导的社会政治组织,中华总会、商会、侨总等则是以新客华人为主的社团。① 中印(尼)断交后,华人社团活动被禁止。尽管在苏哈托时代有华裔参与政府内阁,甚至担任部长,但他们代表的是印尼土著政治集团的利益,并非作为华人群体的代表。在哈比比和瓦西德执政时期,印尼华人开始以华人族群身份参与社会公共事务和政

---

① 〔新〕廖建裕:《印度尼西亚华人近况》,中山大学东南亚历史研究所《华侨华人历史国际研讨会论文集》,1988年12月,第7页。

治活动,参政意识如春潮勃发。主要由华人组建的政党有大同党(PARTAI BHINEKA TUNGGAL IKA)、融合党(PARTAI PEMBAURAN)、佛教民主党(PARTAI BUDHLS DEMOKRASI)和中华改革党(PARTAI REFORMASI)。1999年6月印尼大选,大同党获得国会1席、省议会25席的成绩。华人也组建各种泛华裔社团,如印尼华裔总会、印尼百家姓协会、国家团结联合会、印尼华裔青年正义联合会,积极参与公众事务。此外,各种华人宗亲、校友和同乡社团也如雨后春笋出现。在组建华人政党和社团参政的同时,不少华人华裔精英则作为重要土著政党的骨干发挥维护华人族群利益的作用,如梅加瓦蒂的民主斗争党的骨干郭建义(Kwik Kian Gie)、印尼国民使命党的王宗海(K. Sindhunata)、人民民主党的史福仁(Aief Budiman)等。印尼华人参政的热潮正在兴起,但印尼民主制度薄弱,贫富悬殊,各种社会矛盾尖锐,一旦社会冲突激化,华人仍可能受到伤害。从1999年到2004年,印尼已有数十位各地华人精英当选国会议员、地方代表理事会议员、省议会议员和县市议会议员。在2004年的国会选举中,有300名华人作为国会、地方议员候选人参加竞选,其中70多人当选。2007年11月26日,华裔黄汉山高票当选印尼西加里曼丹省副省长,成为印尼有史以来首位当选一级地方行政首长的华人。此外,另一位华裔候选人黄少凡高票当选为该省西北部的山口洋市市长,成为印尼历史上第一位华人市长。总体而言,由于华人只占印度尼西亚总人口的4%,比例较低,加上华人社会内部不团结,喜欢各立门派等因素,因此选举成绩仍不够理想。在目前印度尼西亚内阁中,只有商务部长冯慧兰是华人。2009年印尼华社各界精英,在各县市、省区和中央国会积极参加各政党竞选,创下历来人数最多和代表政党最多的纪录,在四级议会5万多名候选人中,华裔候选人超过1000名,而所代表的政党派系,也几乎遍及大部分政党,就是一些伊斯兰政党也有华裔候选人。① 虽然选举结果不理想,但华人参政的热情高涨。印尼《国际日报》发表评论认为,从2009年起,印尼华人已成为印尼社会重要政治力量。

与印尼华人凸显华族身份而参政不同,泰国华人则基本上以华裔泰人的身

---

① 《印尼华人全面参政成主流社会重要组成部分》,《国际日报》2009年3月16日。

份参政。众所周知,泰国华人融入泰族的程度较高,华社精英通常以泰族认同为第一认同,以华族认同为第二认同。在1965~1966年泰国内阁的19名成员中,中泰混血儿占12名,包括总理他侬。① 华人血缘基本上已经不成为政治家需要掩饰的弱项。1990年针隆·西蒙竞选曼谷市长,尽管有人指责他有华人血统,但仍以压倒对手的多数票当选。② 此外,泰国华人财团通过为主要政党提供经费和邀请泰国政要参与企业管理的方式间接影响泰国政治,尤其是对华商的政策。③ 近年来在政坛争夺的红衫军和黄衫军,其领袖他信和阿披实皆为华裔。但在政坛呼风唤雨的华裔,其文化和政治认同都是泰族。或许由于有中国血统的政治家长期主导泰国政坛,中泰关系数百年来一直稳定友好,堪称国际关系史的奇迹。

1975年菲华集体入籍是菲华政治认同转向的转折点。在菲律宾绝大多数华侨已完成政治上归化于居住国后,其参政意识也逐渐发展。特别是1982年5月巴朗盖选举,菲华提出了自己的候选人。1986年2月阿基诺执政后,不少华人被任命为政府部长、驻外使节及各省、市、区的地方官员,许多华人企业家也纷纷参加竞选国会议员和地方议员。他们一改过去的心态,以其具有中国血统为荣,努力争取华人社会的选票。在1987年5月的国会选举中,至少有10多位华人及其华裔当选为国会议员。④ 华人参加1992年大选盛况空前。参加各类选举的华人人数增加,而且对总统选举起了重要影响。9个总统候选人都表示同情华人或与华人亲善。华人社会也分成7个集团分别支持7个候选人,每个候选人得票多寡在很大程度上取决于他们与华人领导层的关系。华裔阿尔弗雷多·林将军竞选马尼拉市长获得胜利,部分要归功于华人的票数和财力上的支持。⑤ 华人投票的原则更多的是基于整个菲律宾的利益而不仅是为了华人族群的利益。很多情况下华人与多数菲律宾原住民的选择是一致的,表明华人与原住民的政治倾向将逐渐趋同,有着共同的

---

① 崔贵强、古鸿廷:《东南亚华人问题之研究》,新加坡教育出版社,1978,第94页。
② 〔泰〕陈闻:《半世纪来泰国华人境遇的演变》,《华人》1990年第5期。
③ 丘立本:《从世界看华人》,香港:南岛出版社,2000,第123页。
④ 温广益:《初访菲华社会》,《华人》1992年第7期。
⑤ 〔菲〕洪玉华:《华人在菲律宾的政治地位》,《南洋资料译丛》1994年第1~2期。

政治利益。更为可喜的是菲律宾年轻一代的华人政治家正在成长,他们在坚持华族文化的同时强调华人要融入菲律宾社会,以菲律宾社会为归宿,与原住民共同建设菲律宾。2007年第14届国会的240名众议员中,至少24人为华裔。81名省长中华裔占了11名。华裔地方官员,如市长、镇长等人数更多。尤其是77岁的华裔候选人林斐洛以压倒性优势当选菲律宾首都马尼拉市市长,是菲华参政的标志性成就。在阿罗约总统的内阁中,农业部长黄严辉是纯华人血统的部长,国防部长德奥多洛也有华人血统。① 菲律宾华人社会普遍认为,在菲律宾可以积极鼓励华人参政,但不能操之过急成立华人政党,否则会使华人从主流社会中孤立出来,违背华社一贯主张的融入主流社会的立场。

菲律宾华人普遍参政是从1986年的紧急大选开始的。1983年8月21日,流亡海外的反对党领袖阿基诺参议员在马尼拉机场遭枪杀,事件引发一场对菲律宾影响深远的政治危机,迫使马科斯总统于1986年提前举行总统选举。在这场选举中,菲律宾华人首次参加国会议员选举,总统候选人阿基诺公开承认自己的华裔血统,华人选民则以前所未有的规模参加选举。当马科斯总统连任胜出的选举结果宣布后,反对党发动大规模的示威集会,抗议选举舞弊,一些华裔青年也走上街头,直接参加了后来称之为"人民力量"的2月集会。1987年,为鼓舞菲华参与选举的热情,菲律宾5家华文报纸,在选举期间公开呼吁华人积极参与选举,支持华裔候选人。1987年5月3日,《世界日报》发表评论《一次意义重大的选举:华人参政成熟的标志》,号召"让我们怀着作为一个堂堂正正的菲律宾公民的自豪感,投身到这场标志着我们华人参政成熟的重大标志的选举中去"。

推出和支持华裔候选人,成为华人积极参选的主要目标。1987年菲律宾举行国会参、众两院选举时,科拉松总统亲自提名的24位参议员候选人名单中有3名华裔,参加众议员选举的1897名候选人中,有71名华裔。虽然华裔候选人并不特别标榜代表华人的利益,但这是华人社会首次被动员起来,从族群立场支持华裔候选人。在1987年国会选举中,14名华裔当选国会众议员,

---

① 〔新加坡〕《联合早报》2008年12月14日。

占总数5.6%，高于华人人口比例数倍。另外，在许多省议会和政府公职选举中，也不乏华人当选。

1992年的大选，华人参政进一步发展，参加各级议会选举的华人华裔增多。仅在大马尼拉就有36名华人角逐市政、国会和参议院席位。15名角逐国会议员的华人中，有5人当选。而在上一次（1988年）该区选举中，只有4人参选，3人当选。在马尼拉市长选举中，由于有华裔候选人林斐洛（Alfredo Lim）参选，大多数马尼拉华人选民把选票投给他，并在经费上给予支持，成为林斐洛当选的一股助力。然而，1992年大选最让人瞩目的是华人首次公开对总统候选人的态度。在以往总统大选中，华人社会尽管有所选择，但只是暗中支持。此次总统大选期间，7位总统候选人均非华裔，都表示出对华人的善意，而华人社会则因看法不同，分别公开支持7位候选人。虽然表面上看华人的选票有所分散，却表明华人从菲律宾整体利益出发，与土著选民一样，可以公开选择自己认可的总统。

积极参政的观念已经深入华社人心，1995年的一项调查显示，79%受访华人不赞同"华人不应从政"的传统观念，仅9%的受访者仍坚持这一看法。74.1%同意华人有权向政府施压，要求政府解决华社面对的问题，仅10%认为华人没有权利向政府提类似要求。华人投票也显示多元化，华人投票的原则更多的是基于整个菲律宾的利益而不仅是为了华人族群的利益。在菲律宾的多党制下，不再有所谓整个华社支持一个选定的候选人之类的事情发生，年轻华人更以国家问题的取向来选择所支持的候选人。

到了21世纪，更多较"纯正"的华人开始从政。之前的参政华裔，以混血儿居多，即除了拥有华人血统外，其余与本土菲人一样，没有接受过华文教育、不会说华语。在2001年中期选举中，至少有5名能讲闽南话的华裔当选众议员，2人当选省长，1人当选市长，还有大约20人当选省市议员和市长。其中，当选众议员的洪于柏和张桥伟，不仅能讲他加禄语、英语和闽南语，还能讲汉语普通话。年轻一代的华人政治家在坚持华族文化的同时强调华人要融入菲律宾社会，以菲律宾社会为归宿，与原住民共同建设菲律宾。

2006年大选后，14名参议员中3人属华裔，200名众议员中8名属华裔，

71名省长中有3名华裔，1577名市社长中有102名华裔。在华人选民最多的马尼拉市第三区，参加竞选该区6席市议员的华裔候选人多达11位，4人当选。

2011年菲律宾华商联合总会（以下简称菲华商总）提供的资料显示，菲律宾政府各部、委、署、局的部级任命官员中，15人是华人（见表1）；在国会议员中，有26人是华人血统，占国会议员比例超过12%；在各省、市、社长及其副手中，有274名官员是华人。

表1 2011年菲律宾政府华裔部级官员名单

姓 名	职 位
林炳智（ROBREDO, JESSE M.）	内政部长
阿尔伯托·林（LIM, ALBERTO）	旅游部长
陈显达（LACIERDA, EDWIN）	总统府发言人
蒙特霍·吴（MONTEJO, MARIO GO）	科技部长
帕德兰加（PADERANGA, CAYETANO JR. WOO）	国家经济和发展局局长
洪钦钦（HENARES, KIM JACINTO）	国内税务署署长
黄廷光（UY, IVAN JOHN ENRILE）	咨讯暨通信科技委员会主席
曾－贾萨加（CHAN-GONZAGA, NGINA TERESA V.）	总统府廉政委员会专员
阿尔弗雷多·波（PO, ALFREDO Y.）	专业规管委员会专员
SYLIANGCO, GEORGE T.	总统通讯业务办公室副部长
TIO, CHRISTOPHER REY M.	总统通讯业务办公室副部长
里卡尔德·陈（RICALDE, PELAGIO TAN）	投资署署长
德拉拉·许（JAN MIKAEL DE LARA CO）	助理执行新闻秘书
埃尔比尼亚斯（MICHAEL P. ELBINIAS）	十诉院陪审决官
洛德斯·王（MARIA LOURDES ONG）	总统助理

菲华向候选人提供经费，与政治人物结成私人情谊也是华人参与政治的一种方式。每次竞选，政客们向工商界的募款经费中很大部分来自华人社会，这一传统由来已久。无论是在马科斯任总统时期还是在科拉松总统、拉莫斯总统时代，华人都向参选的政治家提供了大量的竞选经费。1950年代的麦格塞塞总统，就曾通过朋友找菲华商总助选。一些菲华侨领和马科斯总统、科拉松总统私交甚笃。据菲华商总李永年访谈录，科拉松在为竞选总统筹措经费期间，是他亲自开车，将科拉松送到当时商总理事长庄清泉家，收取商总提供的政治

献金。不少华商领袖也积极参与国家事务,获总统委以重任。如李永年曾获阿基诺总统委任为大使,黄呈辉、蔡聪妙、蔡其仁、施恭旗、李逢梧等人曾获阿罗约总统委任为特使。

不过,华人中的大多数仍然属于无特定政治倾向阶层。华人群体的突出经济表现,抑或导致其在政治上更加难以融入主流社会,而政治上的障碍又使华人更多地关注经济而远离政治,这样便陷入恶性循环。此外,所谓的主从关系(Patron-Client Relationship)或庇护制的菲律宾政治文化、家族主义及人情至上的政治观念,华人与当地人经济矛盾的政治化以及华人社团的山头林立因素,均影响华人作为少数族裔正常参与国家政治。

越南华人的政治权利在1986年越南实行改革开放以来有所改善,不过越南华人尚未在国家政治层面发挥重要作用。1991年11月,中越关系实现正常化,越南政府对华人采取实用政策,希望利用华人的经济能力,因此也重视保障华人的政治权利。1992年2月,越共中央在河内和胡志明市分别召开华人工作会议,称"越南党和国家对华人的政策是,既充分保障华裔公民的权利和义务,又确保实行民族平等,尊重、维护和发扬华人的美好民族文化传统,为越南各民族大家庭丰富多彩的文化作出贡献"①。此后越南政府采取了一系列改善华人政治经济地位的措施,如允许华人参军、从事工商贸易和金融行业、恢复华文中小学、允许华人子弟上大学、可以成为国家公务员等等。迄今为止,在越南尚未有代表华人族群利益的政党和代言人。华人只是作为个体参与公众事务和担任政府官员职务。胡志明市的华人工作处主任由华人何增担任,一些华人担任市、区、街道的人民代表会议副主席等。② 2007年5月20日,在越南第十二届国会代表选举中,由胡志明市祖国阵线委员会推荐的胡志明市市委委员、华人工作处主任、市委民运处副主任(越南华人)姚妙玲当选连任。总体而言,即使是担任公共管理事务的华人,其级别也较低,且被安排在不太重要的位置上。

---

① 赵和曼:《越南华侨华人在振兴该国经济中的作用》,《华侨华人历史研究》1993年第1期。
② 于向东:《战后50年来越南华人政治地位的变迁》,暨南大学华侨华人研究国际研讨会论文,2002年12月,第8页。

四 推动中国—东南亚关系发展的华商

拥有雄厚的经济实力和较大社会影响力,是华侨华人推动所在国与中国关系发展的重要基础。在中国与东南亚国家的政治与外交关系中,华侨华人或作为个体,或通过社团与华文媒体途径,为中国发展与东南亚各国的友好关系作出重要的贡献。在此仅举几个例子。

促进中国与印尼恢复外交关系的华商唐裕。唐裕1926年出生于印尼棉兰,祖籍福建安溪蓬莱镇温泉村,是东南亚地区著名的实业家,敦那士私人有限公司主席,国际儒学联合会的理事长。唐裕年幼时被父亲送往新加坡学习华文,成人后在印尼和新加坡两地经商,从事船务和经营石油公司。1950年代以后,唐裕定居新加坡,自置油轮,经营海上石油运输,鼎盛时期拥有200多万吨船队,有新加坡"船王"之称。唐氏以成功商人身份,早年就展示"民间政治家"的才华。1950年代初,唐裕配合印尼中央政府,协助消除苏门答腊巨港以及其他岛屿与中央政府之间的误解,促进甫独立的印尼各地和各族的合作。为此,时任苏门答腊巨港市长的阿邦拉萨克评价他是"为印尼独立和印尼政府付出精力、人力、财力,为独立的印尼国家作出贡献的人"。1964年,新马合并,成立马来西亚,印尼认为这是英美帝国主义支持下的新殖民主义产物。据称印尼特工在新加坡制造恐怖爆炸事件,新加坡政府不顾当时印尼总统苏加诺的要求,将两名印尼特工处死。印尼政界一片哗然,海陆两军戒备,扬言对新加坡动武。唐裕此时在新印两地都有大企业,以印尼国际贸易尚需新加坡转口为由,力劝印尼苏加诺总统不能动武。1960年代中期,印尼和马来西亚因婆罗洲的边界划分发生武装冲突,唐裕穿梭于两国之间传递信息和居间调解。1970年代后,唐裕又出面帮助协调科威特、巴林和阿联酋等国部长成功地访问了印尼,为日后印尼与这三个国家的建交作出了贡献。①

促成中国与印尼复交,堪称唐氏的得意之笔。1965年以后,中国与印尼全面交恶,乃至中断外交关系。唐氏深知,双边关系的恢复需从恢复经贸入

---

① 任越:《"民间大使"唐裕》,《东南亚纵横》2000年第6期。

手。1978年，唐氏作为在印尼有较大商业利益和影响力的印尼工商总会名誉会员，推动该会会长苏坎达尼率团访华。苏坎达尼在1993年出版的回忆录里记载，他当时也认为中国拥有世界上最多的人口，这是印尼商品极大的市场；同时，印尼也需要中国的产品，双方互有需求。为此，苏坎达尼三次向印尼时任总统苏哈托提出恢复印尼和中国两国直接贸易关系的建议。正是在唐裕和苏坎达尼的共同努力下，1985年7月，苏坎达尼终于代表印尼工商会和中国贸促会在新加坡签署了两国恢复直接贸易关系的谅解备忘录。虽然这份备忘录是以"民间形式"签署的，但为两国经贸关系的发展揭开了新的一页，也对两国1990年恢复外交关系起到了直接的促进作用。[1] 苏坎达尼后来被中国人民对外友好协会授予"人民友好使者"称号。

双边直接贸易毕竟还不是外交关系。1984年1月，印尼前副总统马利克通过唐裕致函中国驻新加坡商务代表奚业胜，希望能在年内访华。中国外交学会会长韩念龙回函由唐裕转交，邀请马利克访华。另一位印尼前副总统布沃诺也在唐裕的帮助下，由韩念龙会长向布沃诺发函邀请访华。两位印尼前副总统的顺利访华，增进了两国之间的相互了解。

1989年，唐裕访问中国，受到中国总理李鹏的接见。返回印尼后，唐裕向国务部长慕迪奥诺转达中国领导人希望恢复邦交的期待。主掌中国事务的国务部长慕迪奥诺力劝苏哈托总统做出邀请中国总理李鹏访问印尼的安排。李鹏总理于1990年8月6日抵印尼访问，与苏哈托总统签署复交文件，实现了中国与印尼的关系正常化。1998年8月25日，印度尼西亚共和国外交部长授予唐裕先生帕拉塔玛勋章（Bintang Jasa Pratama）。在唐裕先生授勋仪式上，印尼外交部长称："唐裕先生是这样的一位印度尼西亚公民。他在印度尼西亚争取独立的革命和实现独立内容的时期为帮助印度尼西亚人民的斗争，不计名利，作了诸多贡献。甚至在外交领域，唐裕先生也作了他的贡献。他帮助实现了恢复印度尼西亚共和国同中华人民共和国的邦交。"[2]

在中马友好关系和促成中马建交方面，李引桐、曾永森等人起了重要

---

[1] 孙天仁：《一生中最大的成就——访印尼友人苏坎达尼》，《人民日报》2008年11月25日。
[2] 《政府昨向华族名士唐裕颁授帕拉塔玛记功勋章》，《印度尼西亚日报》1998年8月26日。

作用。

李引桐1913年出生于福建南安芙蓉竞丰村。12岁时随父到新加坡投靠宗亲李光前先生。李引桐先后在新加坡和中国国内就学，后在李光前的公司任职，以人品和能力逐渐被重用，聘为南益公司的总巡，全权处理当时最为棘手却想大力发展和扩张的泰国橡胶业务，不久又被任命为泰国南暹公司的总经理。在李光前准备放弃南暹公司时，李引桐买下南暹公司的产业，创立了泰国德美行有限公司，该公司后成为泰国橡胶业巨擘。在朝鲜战争期间，橡胶是中国急需的重要战略物资，美国为首的西方国家及其盟友对中国实行经济封锁。李引桐通过他在香港的南宗公司，由泰国经香港、澳门两地辗转捐赠给国内大量的橡胶，并多次秘密回国考察在国内种植橡胶树的可能性。他历尽艰险，将橡胶树苗和相关仪器引进海南岛，又聘请专家到海南帮助传授橡胶栽培技术，在海南岛建立了中国第一个橡胶种植基地，弥补橡胶种植的空白。迄今，橡胶品种的"桐1号""桐2号""桐3号"等"桐"字号，就是为了纪念这位中国"橡胶之父"的功业。

1955年，李引桐冲破重重阻力，成功地组织和发动了华侨工商代表团回国，受到何香凝、廖承志的热烈欢迎。1956年，他又组织了新马工商考察团到中国访问，并参加国庆观礼活动，受到周恩来总理的接见。1970年，马来西亚发生大水灾，李引桐请求中国红十字会捐款赈灾。中国救灾代表团飞抵吉隆坡，获得坚决反共的马来西亚政府的款待。1970年，为了尽快让中马建交，李引桐力劝其密友、当时准备参选首相的大马国防部长拉扎克，以改善与中国的关系争取华人选票。拉扎克正苦于无人搭桥中国方面，李引桐自荐往北京，表达拉扎克要改善对华关系的愿望。李引桐的书面建议被送达毛泽东主席，毛主席批示："可以谈。"李引桐被破天荒地任命为中共的联络代表，直飞吉隆坡，代表北京与拉扎克会谈。1972年，中马两国展开正式谈判。① 1974年，中国和马来西亚正式建立外交关系，李引桐也因此就有了衔着橄榄枝的"和平鸽"、不拿薪水的"外交官"的美称。1993年6月5日中华人民共和国安全部、中央军委授予李引桐先生"一等功臣"

---

① 和碧君：《曾永森穿针引线乒乓球为马中破冰》，〔马〕《中国报》2009年6月2日。

荣誉称号，并颁发给他一枚国家一级和平勋章，以表彰他在中马建交中所作的贡献。①

1981年7月，李引桐还向福建省政府和厦门市发送关于厦门特区建设意见的信函。李引桐根据自己多年的国际经商经验，认为2.5平方公里的厦门特区太小，招商门槛又太高，倡议在厦门扩大特区范围和建设"自由港"。时任福建省委书记的项南看到信后，深有同感。此后每逢中央领导人来厦门视察，他必定据此汇报"自由港"事项。1984年，邓小平视察厦门，在项南再次提议下，同意将特区范围扩大到全岛。②

马华公会前会长、现任马来西亚首相对华特使兼马中商务理事会主席黄家定也是马中友好往来的推动者。黄家定1956年出生于霹雳州哥打淡板新村，华校毕业后入拉曼学院大学先修班，后获得政府助学金进入马来亚大学，获理科荣誉学位，精通中、英、巫三种语文。黄家定政治生涯始于1986年担任当时的交通部长兼马华总会长敦林良实的新闻秘书，他先后出任马华公会副总会长、总会长、卫生部政务次长、内政部政务次长、内政部副部长和房屋及地方事务部长。2008年因马华公会选举失利，引咎辞去马华公会会长和部长职位，并宣布不入阁，不蝉联。此后出任马中商务理事会主席和马来西亚首相的中国特使，迄今仍是马来西亚华人中最具影响力的政治家之一。其从政座右铭是"堂堂正正做人，清清白白做官，踏踏实实做事"。据其本人叙述，其政风深受朱镕基影响。③ 1996年时任副总理的朱镕基访问马来西亚时，黄家定被指定为朱镕基在马时的"侍卫部长"。朱镕基在政务上所展现出来的魄力与执行力，尤其是肃贪方面的决心，被黄家定视为楷模。他曾公开表示："我最敬仰的一位国际领袖就是中国总理朱镕基。他的两大特点是：办事时铁面无私，待人时心细如尘。"④

黄家定在部长和副部长任内，对推动中马关系不遗余力。2003年，黄家

---

① 百度百科：人物·李引桐条，http://baike.baidu.com/link?url。
② 钟兆云：《1984年邓小平视察厦门内情》，http://www.people.com.cn/GB/paper2086/。
③ 2008年，黄家定先生应作者之邀，受聘为厦门大学南洋研究院客座教授。
④ 黄文斌、叶汉伦：《做事、做官、做人：黄家定的政治人生》，吉隆坡：嘉阳出版有限公司，2009，第74、76页。

定在部长任内，随同候任首相巴达维访问中国。在访问厦门大学时，得知厦门大学南洋研究院对马来西亚有较深研究后，黄家定向巴达维建议，在马来西亚大学设立中国研究所，厦门大学也同时设立马来西亚研究所，两个机构常年合作，每年轮流在厦门和吉隆坡召开中马关系研讨会。2007年，他以马华公会会长身份访问北京、山东和上海，目的是建立和中国共产党的政党关系、建立马华和中国地方政府的关系。

2011年，黄家定接任马来西亚—中国商务理事会主席，同时被任命为马来西亚首相对华特使。自就任以来，黄家定把工作重点放在国家重点项目上，始终按照马中商务理事会的宗旨，促进和加强马中两国经贸、金融、制造、服务等行业双边合作，准确有效地传达两国之间的商务信息，吸引中国大型国有或原国有企业到马来西亚投资。在两国一些重大的合作项目上，马中商务理事会充分发挥了与中国各级政府部门进行协调和沟通的重要作用。在黄家定的策划和奔走下，2011年4月28日，正在马来西亚进行国事访问的中国国务院总理温家宝出席中马经贸投资合作论坛时提议双方共建中马钦州产业园，作为双方在中国西部地区合作的第一个工业园。2012年4月1日，两国总理出席了中马钦州产业园开园仪式。6月15日，在马来西亚进行友好访问的中共中央政治局常委贺国强和马总理纳吉布共同签署了两国关于共建马中关丹产业园的意向协议，以带动马来西亚东海岸经济特区的发展。中马在短短一年多的时间里，落实了中国—东盟合作框架下"两国双园"的合作模式。

在巴达维和纳吉两届总理任内，中马政治、经济和军事合作关系迅速发展，作为两任总理的政治盟友与私人密友，黄家定功不可没。

作为厦门大学的客座教授，黄家定和时任高教部副部长的何国忠博士自2011年起就参与筹备和全力推动厦门大学马来西亚分校的设立。2013年2月，贾庆林访问马来西亚期间，出席了厦门大学在马来西亚建立分校签字仪式。10月，中国国家开发银行、马来西亚新阳光集团、厦门大学在中马经济合作高峰论坛上签订全面支持厦门大学马来西亚校区建设的协议。中马双方还宣布，将依托厦大马来西亚分校，建设中国东盟海洋学院。这是中国首次同意公立大学在海外设立分校。厦门大学马来西亚分校一校连两国，体现出中马人文交流的深化和发展。

在中菲建交过程中,菲律宾华侨也扮演重要促进角色。1974年,马科斯总统夫人访问北京后,由晋江旅菲知名人士吴永源、杨振殊、施天津、吴礼祥、洪宗凯等人在当年发起创立菲华联谊会,以促进中菲友谊、增进双方互相了解为宗旨。菲华联谊会首先为中菲建交造势,在菲首都马尼拉放映中国电影,举办马科斯夫人访问中国图片展。

中国与东南亚各国建交以后,各地华侨华人力促中外地方和民间关系的发展。如印尼华人,在促成中国与印尼缔结友好省市、友好城市、发展政府和民间的合作与交流方面做了大量的工作。① 祖籍广州开平的印尼侨领胡建章便是一代表性人物。早在2005年,胡建章率领印尼华裔青少年夏令营一行20多人回到开平寻根问祖。截至2010年,胡建章组织了四次印尼华裔参加中国(江门)侨乡华人嘉年华活动,让他们认识祖籍国,增进对祖籍地的感情,并借机前来家乡开展友好交流活动。每次他都组织印尼不同城市的华人参加,以便让更多的印尼华人与祖籍国祖籍乡友好交往,以增进相互了解和友谊。为使中华文化可以在泗水传承下去,胡建章在泗水市为贫苦的华人子弟设立了助学金、奖学金,自己出资每年选送青少年到广州学习中国武术。另外,他还多次率领泗水华侨音乐社赴江门、珠海、中山、香港特区等多个城市进行过艺术文化交流表演。他还和ADIJASA基金会的同事们一起连续几年每年资助20多位印尼青年赴重庆师范学校深造,为培养印尼华文师资积极努力。在胡建章的牵线搭桥和积极会商下,2009年江门幼儿师范学校和泗水小太阳三语国民学校签订为"友好姐妹学校",开创了两市学校合作交流的新篇章。

2009年7月在泗水市政府办公厅举行的泗水建市716周年仪式上,市长班邦先后向在泗水市的建设与发展、环保、社会医疗、对外文化交流等方面作出杰出贡献的人士颁发奖状,胡建章获得了"印中文化艺术交流贡献奖"。他的积极联系和精密配合促进了江门市和泗水市两市的政府间往来,2009年江门市市长王南健访问泗水市并和泗水市班邦市长签订了《两市友好合作交流纪要》。时隔一个月,胡建章全程陪同班邦市长回访江门市,开展两市的"蜜

---

① 黄丽嫦:《中国与印尼关系发展中软实力的提升及华侨华人的推动作用》,暨南大学硕士学位论文,2010。

月之旅",并展开了对广州、中山、珠海的政府访问。2010年7月,他又协助促成了江门市政府代表团率艺术团赴泗水市参加文化艺术旅游节,努力推动两市的友城建设。①

表2 东亚、东南亚国家与中国建立友好城市(省)概况(截至2013年年底)

国 别	省/州	城市	合计
菲律宾	9	18	27
印 尼	7	10	17
泰 国	18	11	29
马来西亚	4	6	10
新加坡	0	1	1
越 南	5	24	29
缅 甸	0	6	6
老 挝	4	2	6
柬埔寨	7	4	11
韩 国	15	129	144
朝 鲜	3	5	8
日 本	35	216	251
合 计	107	432	539

资料来源:根据中国国际友好城市联合会网站的相关统计数据整理。

结 语

就中国的对外关系而言,东南亚是中国巩固周边关系的关键,是中国外交的核心利益所在。3600多万华侨华人,约占东南亚总人口的6%。其人口素质(教育和现代技能)较高,多从事经贸、技术和管理行业,形成规模庞大、实力雄厚的华商群体。他们与中国是天然盟友。共同的文化和民族认同、密切的地缘、亲缘关系和某种程度的利益相关,都使东南亚华商一直秉持促进当地国与中国友好关系的意愿,成为中国改善与东南亚政治与外交关系的管道和动力之一。

---

① 《印尼侨领胡建章情系桑梓致力中印交流誉满两地》,http://www.chinanews.com/zgqj/2011/05-18/3048761.shtml。

人口分布篇

Report on Distribution of Population

B.2
21世纪初欧洲华侨华人人口构成概览

李明欢*

摘 要: 全面搜集、整理从20世纪30年代到21世纪初欧洲各国华侨华人人口总量的发展变化,并与相关国家外来移民的总体数量进行比较,进而划分欧洲华侨华人的基本类别,剖析年龄和地缘结构的基本特征,以深化对该群体的全面认识。

关键词: 欧洲华侨华人 人口统计 年龄与地缘结构

本文集中呈现笔者多年来搜集整理的关于欧洲华侨华人人口数量及结

---

* 李明欢:女,籍贯广东汕头,荷兰阿姆斯特丹大学博士,厦门大学社会学系教授、博士生导师,国务院侨务办公室专家咨询委员。主要从事欧洲华侨华人、国际移民政策、海外华人社团研究。本文系作者主持的中国侨联2014~2015年度特别委托课题"海外华侨华人人数的国别统计资料搜集与分析"的阶段性研究成果。

构变化的基本数据，以作为深化对该群体全面认识之基础，并就教于大方之家。

一 人口统计

进入21世纪以来，源自中国大陆的新移民在迁移地域、路径、人群等方面全面拓展，移民模式多种多样，促使欧洲华侨华人数量直线攀升。近年较保守的说法是欧洲华侨华人总数已经达到"150万"，而有些耸人听闻的说法则认为高达"500万"。① 2008年9月，欧洲华侨华人社团联合会（简称欧华联会）在柏林召开了第15届代表大会。这是一个旗下有数百团体会员的全欧性华侨华人联谊组织，来自全欧各地的500多名华侨华人社团代表前往参加此次大会。会上，联会秘书长公布了该会通过其下属社团网络对欧洲华侨华人社会现状进行调研而完成的报告，指出目前在欧华侨华人总数约250万，并罗列了欧洲27个国家华侨华人的人数统计。笔者以为，上述数据由欧华联会通过其隶属社团进行广泛调查得出，反映的是各国华侨华人社团主要领导从民间层面对本国侨情的认识，有一定可信度。

由台湾"侨务委员会"（简称"侨委会"）于2012年出版的侨情报告，也提供了他们所掌握的2011年欧洲华侨华人的国别数据。由于移民人数统计上的困难与路径之不同，台湾"侨委会"2011年数据在总体上比欧华联会2008年的数据少了近50万人，差距明显。

笔者通过对以上两个数据的比较分析，注意到如下现象：欧华联会提供的大多数国家华侨华人统计数据都比台湾"侨委会"的数据高出约25%。但是也有特例。最突出的是俄罗斯华侨华人数据，台湾"侨委会"的数据是总人数447199人，而欧华联会数据仅30万人，前者比后者高出约14.7万人。又如挪威的数据，台湾"侨委会"数据比欧华联会高出近1倍；芬兰、保加利亚两国的统计数据中，台湾"侨委会"数据也比欧华联会数据明显高出数千人。反之，台湾"侨委会"关于比利时、爱尔兰、乌克兰的统计数据则仅为

---

① 笔者曾多次应邀参加过关于欧洲华侨华人的国际学术研讨会。笔者注意到，俄罗斯学者给出的欧洲华侨华人数据往往高得惊人，"500万"之说就是一位俄罗斯远东研究院学者给出的数据。详情下文还将作进一步分析。

欧华联会相应国家数据的20%～30%。

虽然不同数据来源存在诸多差别,但是,通过对不同数据的比较,仍有助于了解欧洲华侨华人人口规模的总体发展趋势和基本的国别分布态势。笔者根据历年搜集整理的资料,制作表格,展示1935～2011年欧洲华侨华人数量的相关统计数据(见表1)。

表1 欧洲主要国家华侨华人人口统计(1935～2011年)

国别\年度	1935	1955	1965	1975	1985	1995	2008	2011
英国	8000	3000	45000	120000	230000	250000	600000	401022
法国	17000	2000	6000	90000	210000	200000	500000	441745
荷兰	8000	2000	2353	30000	60000	120000	160000	111450
德国	1800	500	1200	8000	30000	100000	150000	110000
比利时	500	99	565	2000	11400	20000	40000	9005
意大利	274	330	700	1000	5000	60000	300000	201744
西班牙	273	132	336	2000	5000	21000	168000	140623
奥地利		30		1000	6000	12000	40000	20000
葡萄牙	1200	120	176	300	6800	4700	30000	14463
丹麦	900	900		1000	3753	6500	18000	12074
卢森堡		1	10	20	200	100	1500	1356
瑞士	148	30	120	1500	6000	7500	10000	10828
希腊		2	16	10	130	300	12000	7472
爱尔兰						10000	60000	17909
瑞典				1000	9000	12000	30000	27432
挪威				500	1000	2000	7450	14440
芬兰		共有 2347人				1000	2000	6141
波兰	139					1500	2000	3174
捷克	250					10000	4000	3460
匈牙利						20000	16000	12653
俄罗斯(独联体)						200000	300000	447199
罗马尼亚							10000	7050
阿尔巴尼亚							2000	
保加利亚							3000	5000
斯洛伐克							5000	
克罗地亚							800	
黑山							200	

续表

国别\年度	1935	1955	1965	1975	1985	1995	2008	2011
塞尔维亚							10000	
乌克兰							30000	6560
马耳他							1000	
斯洛文尼亚							800	
马其顿							50	
立陶宛							350	
拉脱维亚							200	
爱沙尼亚							120	
冰岛								450
总　计	38484	11491	56476	258330	584283	1058600	2514470	2033250

资料来源：

1935年：中华民国侨务委员会1935年的统计数据，其中"西班牙"的统计数原文标明是"西班牙及其他国家"。

1955年：台湾中国侨政学会《今日侨情》。因原材料缺奥地利华侨华人统计数，表中所引数据取自马良《维也纳往事回忆》。"德国"仅限于"联邦德国"。

1965年：台湾华侨经济年鉴编辑委员会《华侨经济年鉴》1968年版，各国华侨华人统计数分别取自1962~1968年的统计资料。"德国"仅限于"联邦德国"。

1975年：台湾华侨经济年鉴编辑委员会《华侨经济年鉴》1977年版，各国华侨华人统计数多取自1975~1976年。"德国"仅限于"联邦德国"。

1985年：台湾"侨务委员会"《华侨经济年鉴》（1986年版）。"德国"仅限于"联邦德国"。

1995年：台湾"侨务委员会"《华侨经济年鉴》（1996年版）。书中引用数据主要为1995年或1996年，个别系1994年数据。原数据中还包括独联体华人200万，由于俄罗斯地跨欧、亚两大洲，该国华侨华人绝大部分居住在隶属于亚洲的远东地区，因此，仅列入"20万"作为参考数据。

2008年：欧洲华侨华人社团联合会（欧华联会）秘书处提供。

2011年：中正大学编《华侨经济年鉴·2011》，"中华民国侨务委员会"2012年出版。

如果对欧华联会2008年的数据和台湾"侨委会"2011年的数据进行综合考量，将欧洲华侨华人规模按国别进行类型划分，那么，大致可以辨析出四个层次及一个特殊类别。[①]

第一层次是法国和英国。按照台湾"侨委会"的数据，进入英、法两国的华侨华人各已形成大约40万人规模。欧华联会的数据则显示：英、法两国华侨华人群体已经分别达到50万~60万人的规模。另外，法国学者皮埃尔曾

---

① 笔者在发表于2009年的《欧洲华人社会剖析：人口、经济、地位与分化》一文中，将欧洲华侨华人规模区分为"三个层次和一个特殊类别"（详见《世界民族》2009年第5期）。笔者在写作本文时，根据最新调研资料，认为应当区分为"四个层次及一个特殊类别"。

经在接受法国报刊访问时说道:"2007年光是法国就有100万华人。"①《欧洲时报》是在巴黎出版的一份华文大报,该报于2013年6月7日发表一篇文章,借法国一华人社团主要领导人之口提出,法国华人社会人口已达"近80万"。② 本研究认为,统计上的差别主要涉及是否将以下三类人统计在内:一是英、法两国的中国留学生,如前所述,2013年时英国的中国留学生总数已达13万人,法国的中国留学生总数也达到3.5万人;二是数万在当地国生活的无证移民;三是通过各类短期签证进入这些国家务工的中国人。但无论是哪一数据来源,都无一例外地显示法、英两国华侨华人总量位居欧洲各国之首。

第二层次是德国、荷兰、意大利、西班牙,这些国家的华侨华人总数分别在10万~30万。其中,德国、荷兰华侨华人数量基本属于稳步增长;而意大利、西班牙华侨华人数量则呈现出跳跃式的增长,原因是20世纪80年代以来多次付诸实施的各类无证移民身份合法化行动。③ 这类行动产生了如下结果:一是获得合法身份的华人总数猛增;二是为获得大赦而通过灰色途径进入相关国家的新移民人数也随之猛增;三是获得合法身份后的新移民随即又设法将国内的亲朋好友引入所在国,从而形成新一轮连锁迁移潮。

第三层次是华侨华人人口总数在1万~6万的国家,爱尔兰、比利时、葡萄牙、瑞典、奥地利等12国属于这一层次。其中,爱尔兰、奥地利、比利时、葡萄牙、瑞典、乌克兰的华侨华人总数大约居于3万~6万,丹麦、匈牙利、希腊、瑞士、罗马尼亚和塞尔维亚的人数在1万~2万。西欧的比、瑞、奥等国对移民进入控制较严,也没有实施过大规模的大赦,中国新移民进入的渠道相对有限。东欧国家则处于转型期,容量不大,因此,虽然如匈牙利在20世纪90年代初曾一度出现过一个高达5万人的中国新移民群体,但很快也就因

---

① 参阅罗慧珍、谢晓阳《欧洲华人创造奇迹》,《亚洲周刊》2007年第42期(电子杂志网址:http://www.yzzk.com/cfm/Content_Archive.cfm?Channel=ae&Path=2222470742/42ae1a.cfm)。
② 《法国侨界首次联合组团参访中国将开启"寻梦之旅"》,http://www.chinanews.com/hr/2013/06-06/4904214.shtml。
③ 自20世纪80年代至21世纪初,意大利先后六次大规模实施无证移民合法化行动,大约有200万无证移民实现了身份合法化;同期西班牙也实施了六次大赦行动,截至2013年3月31日,西班牙的外国移民总数已经从1995年的约50万人,猛增至5467955人,超过西班牙总人口的11%,西班牙每年人口增长率的一半是由接纳外来移民而实现的。

市场机会有限、身份转换困难而出现回归或向其他国家分流。在此需要特别指出的是，欧华联会的数据显示爱尔兰有6万华侨华人，但台湾"侨委会"的数据仅为约1.8万人，差距甚大。根据台湾"侨委会"的说明，爱尔兰允许在校生每周可以打工20小时，因此，实际上"有为数近5万名中国学生在此合法求学打工"①。没有将这部分人计入当地华侨华人总数之内，是形成二者统计数据差别的重要原因。

第四层次是西、北欧小国及东欧剧变之后形成的小国家。芬兰既是北欧的高福利国家，又是仅有数百万人口的小国，对移民接纳一直非常严格。而克罗地亚、斯洛文尼亚、立陶宛、黑山、拉脱维亚、爱沙尼亚、马其顿等都是东欧剧变后形成的小国家，本身人口、资源、机会都非常有限，当地的中国新移民几乎都是20世纪90年代末、21世纪初之后才移居入境，数量基本在千人以下。

另一个需要特别关注的国家是俄罗斯。换言之，笔者认为，俄罗斯华侨华人社会的发展属于"特殊类别"。如前所示，台湾"侨委会"与欧华联会关于俄罗斯华侨华人的统计数差别明显。欧华联会的统计数据显示俄罗斯华侨华人总数约为30万，但台湾"侨委会"的数据则高达44.7万人。还值得注意的是，俄罗斯媒体曾经发表过惊人的数据：2007年2月，在俄罗斯西伯利亚的伊尔库茨克市，一群激进分子占领了该市移民局办公大楼，要求驱逐当地华人，当时的相关报道提出："在俄罗斯的中国人人数从1989年的数千人增至2002年的326万人。"②笔者认为，俄罗斯中国新移民人口众多是不争的事实，但绝不是几百万的数字。一些中国报刊既不了解实际情况，也不加分析，就照章引用，可能产生负面影响。关于俄罗斯华侨华人数量统计存在较大差距，除了少数人别有用心夸大其词外，也存在若干影响正确统计的客观原因：一是对于生活在远东地区大片隶属于亚洲版图的那部分华侨华人是否应计入"欧洲华侨华人"，各说不一；二是在俄从事跨地区、跨国界大小商贸活动的华人数量可观，流动性大；三是留俄学生人数流动性大，变数也大。总之，由于俄罗斯与中国有

---

① 中华经济研究院：《华侨经济年鉴·欧非篇》，台北："中华民国侨务委员会"，2004，第137页。

② 东方网2007年2月14日报道《俄罗斯激进分子占领移民局要求驱逐华人》，http://news.eastday.com/w/20070214/u1a2628785.html。

着漫长的边界，与中国接壤的西伯利亚地广人稀，与相邻的中国东北地区人口密度形成天壤之别，越界往来的商贸、劳动人口众多，因此，俄罗斯的中国新移民总数一直是两国政府都十分谨慎的话题。笔者认为，欧华联会给出的数据，即全俄罗斯（包括远东地区）华侨华人总共约30万，应当是比较切合实际情况的。

要而言之，尽管上文所援引的欧洲华侨华人统计数据仅可作为参考，但是，以不同年代的有关数据为基础，仍然可以大致描绘出欧洲华侨华人社会发展的总体趋势：欧洲华侨华人总数已从20世纪50年代的1万余人增加到21世纪初大约250万，增幅以百倍为计。就相对规模而言，21世纪初欧洲华侨华人的总数大约占海外华侨华人总数的5%，次于亚洲（78%）、美洲（14%），但高于大洋洲（2%）和非洲（1%）。①

另者，如果就相对比例而言，那么，尽管欧洲华侨华人人口在过往半个多世纪中增长明显，但相对于来自其他国家的移民，中国新移民的数量仍然十分有限。根据欧盟数据网公布的欧盟27个成员国接纳的外来移民的数量，仅在罗马尼亚、匈牙利和意大利三个国家中，中国新移民进入了所在国接纳外籍移民比例最高的前五国之列（详见表2）。

表2 欧盟国家接纳中国移民相对比例最高的国家*

2013年**

国家	中国移民（万人）	中国移民/外籍移民（%）	外籍移民最多的前五个国家
罗马尼亚	0.64	9.1	①摩尔多瓦②土耳其③中国④意大利⑤德国
匈牙利	1.15	8.2	①罗马尼亚②德国③中国④乌克兰⑤斯洛伐克
意大利	21.36	4.9	①罗马尼亚②阿尔巴尼亚③摩洛哥④中国⑤乌克兰

资料来源：欧盟数据库"移民与移民人口统计资料"（Migration and migrant population statistics），http：//epp.eurostat.ec.europa.eu/statistics_explained/index.php/Migration_and_migrant_population_statistics。

* 该数据中的"中国移民"和"外国移民"仅包括"持原籍国国籍"及在当地国正式居留的移民。

** 根据原数据表说明，相关统计资料截止于2013年1月，相关梳理分析的最新更新日期为2014年5月。

---

① 有关21世纪初全球各大洲华侨华人数量统计，参见庄国土《世界华侨华人数量和分布的历史变化》，《世界历史》2011年第5期，第14页。

欧洲华侨华人在各相关国家总人口当中所占比例同样非常低。表3罗列了在欧洲华侨华人人数较多的18个国家中华侨华人人口在当地国人口总数中所占比例。① 从表3中可以清楚地看出，即使在华侨华人人口相对比例较高的英、荷、法等国，华侨华人在当地国人口中的比例也不到1%。

欧洲华侨华人作为移民群体在欧洲的宏观人口态势，于此可见一斑。

表3 欧洲华侨华人在所在国人口中比例（2008年）

国家 \ 类别	本国人口总数（万人）	华侨华人人口总数（万人）	华侨华人/本国人口（%）
英国	6095	60	0.98
荷兰	1650	16	0.97
法国	6380	50	0.78
意大利	6011	30	0.50
奥地利	811	4	0.49
比利时	1036	4	0.39
西班牙	4520	16.8	0.37
瑞典	883	3	0.34
丹麦	552	1.8	0.33
葡萄牙	1085	3	0.28
俄罗斯	14100	30	0.21
德国	8211	15	0.18
匈牙利	1019	1.6	0.16
塞尔维亚	740	1	0.14
瑞士	770	1	0.13
希腊	1046	1.2	0.11
乌克兰	4689	3	0.06
罗马尼亚	2268	1	0.04

* 欧洲各国人口数据引自维基百科"欧洲国家人口数量列表"，http://zh.wikipedia.org/wiki/欧洲国家人口数量列表。

二　年龄结构

就总体而言，目前欧洲华侨华人社会仍然以第一代移民为主，而且不断有大量年轻力壮的新移民加入其中。因此，倘若与人口构成接近或已经步入老龄

---

① 欧华联会统计数据中，爱尔兰华侨华人有6万人。笔者认为此数据明显过高，因而此处未选爱尔兰。

化的欧洲主体社会相比,那么,欧洲华侨华人社会基本为"成年型"人口结构,处于社会赡养系数较低的群体,也就是处于为所在国社会提供大量青壮年劳动力的阶段。然而,倘若与第二次世界大战前的欧洲华侨华人社会人口构成相比,那么,今日欧洲华侨华人社会中,属于赡养对象的人群(即未成年儿童及已进入退休年龄的老年人)总数已明显上升。

以西班牙为例。按照人口学的标准,14岁以下和65岁以上均为被抚养人口,15~64岁为成年劳动型人口。根据西班牙统计局2013年6月30日关于外国移民的统计数据①,西班牙华侨华人主体为成年劳动型人口,共计135082人,占华侨华人总数的74.58%,比西班牙本国人口中劳动力人口占67.50%高出7个百分点;反之,西班牙华侨华人中65岁以上老年人口仅有2657人,在西班牙华侨华人总人口中占比不到1.5%,与西班牙本国人口中的同一比例相比,还不到后者的1/10(见图1)。

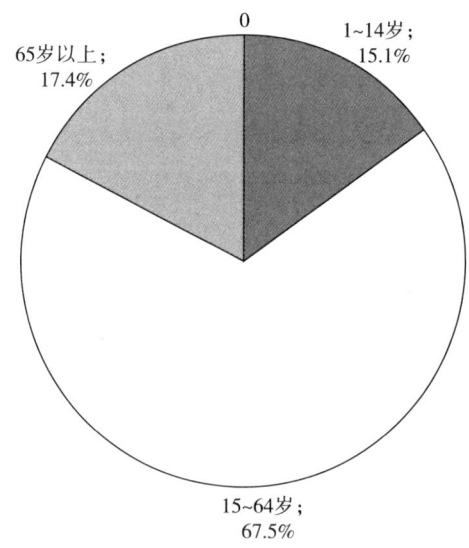

图1 西班牙本国人口年龄结构(2012年)

资料来源:欧盟数据库网站"欧盟国家人口年龄结构"(Population age structure, 2012), http://epp.eurostat.ec.europa.eu/statistics_explained/index.php/File:Population_age_structure_by_major_age_groups,_2002_and_2012_(%25_of_the_total_population)_YB14.png。

---

① 这是笔者于2014年7月定稿时能够查到的最新数据。

21世纪初欧洲华侨华人人口构成概览

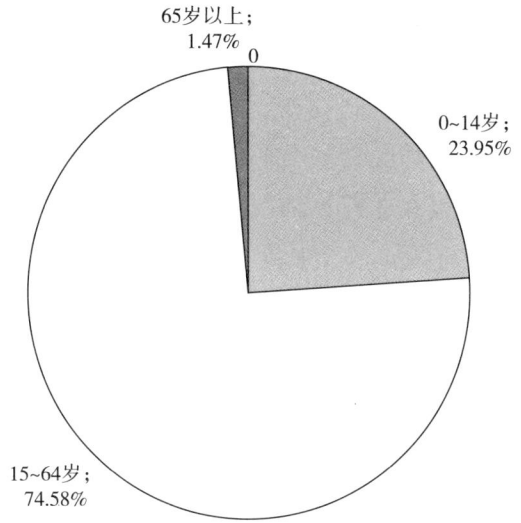

图 2　西班牙中国移民人口年龄结构（2013年6月30日）

资料来源：西班牙政府就业与社会保障部（Gobierno de Espana Ministerio de Empleo Y Seguridad Social）《在西班牙的外国人（2013年3月31日）》（*Extranjeros Residentes en Espana: A 31 de Marzo de 2013*），西班牙政府就业与社会保障部2013年5月印制，第9页。

人口学中另一组重要概念是"抚养系数"，包括"总抚养系数"（total dependency ratio）、"儿童抚养系数"（child dependency ratio）和"老年人抚养系数"（aged dependency ratio）。"总抚养系数"指总人口中非劳动年龄人口（14岁以下及65岁以上）与劳动人口数之比；"儿童抚养比"指0～14岁儿童人口与15～64岁劳动人口之比；"老年人抚养系数"指65岁以上老年人口与15～64岁劳动人口之比。与西班牙本国人口相比，西班牙华侨华人的总抚养系数低于西班牙本国人口14个百分点，而且，其中又以成长型的"儿童抚养系数"为主，老年人抚养系数则远远低于西班牙本国人口中的同一系数（见表4）。

表 4　西班牙本国人与华侨华人人口抚养系数比较*

单位：%

类　别	总抚养系数	儿童抚养系数	老年人抚养系数
西班牙本国人	48	22	26
西班牙华侨华人	34	32	2
西班牙本国人：西班牙华侨华人	＋14	－10	＋24

*西班牙华侨华人统计数据系2013年6月30日统计数据（资料来源与图2同）；西班牙本国人口数据系2012年统计数据（资料来源与图1同）。

匈牙利学者也注意到本国中国新移民群体极其年轻的人口构成。据匈牙利有关方面对布达佩斯4663份中国新移民材料的剖析，其中61%年龄在20~40岁。[1] 另据笔者在意大利调查时当地侨领介绍的情况，20世纪90年代末意大利华侨华人以二三十岁年龄层居多，总体平均年龄估计不会超过35岁。笔者在意大利访问过由新移民开设的皮革厂、服装厂，在周末去过主要面向中国新移民的餐厅及由当地华侨开办的"卡拉OK"歌舞厅，所到之处，无不活跃着年轻人的身影。

就法国中国新移民而言，浙、辽、闽三省新移民显示出完全不同的年龄结构，值得关注。

根据笔者从法国非政府组织"语言文化辅导协会"[2] 获得的统计资料，法国的中国新移民中，浙江新移民的主年龄段是17~40岁，占比90%，不存在明显的男女性别差异，年龄中位数是28。福建新移民群体中，年龄在21~40岁的占比87%，女性90%和男性80%集中于这一年龄段，年龄的中位数是30，略高于浙江新移民群体。辽宁新移民的情况比较特殊，该群体的年龄中位数为37（比福建新移民群体还高），80%集中于31~45岁年龄段，82%的女性和74%的男性集中于这一年龄段（见表5）。

表5 在法国的浙、闽、辽新移民年龄结构

单位：岁

省份 \ 类别	年龄中位数			最大年龄		最小年龄	
	全体	男	女	男	女	男	女
浙江	28	28	28	78	73	17	17
福建	30	31	29	57	47	17	17
辽宁	37	36	38	59	55	20	21

法国的中国新移民数据中关于年龄构成显示的另一特征是年龄跨度在不同来源地群体之间的差别。在此需要说明的是，根据法国政府的相关规定，非正

---

[1] 参见 Pal Nyiri《中国新移民在欧洲：关于匈牙利华人社会的个案研究》（*New Chinese Migrants in Europe: the case of the Chinese community in Hungary*），Ashgate，1999，第32页。

[2] 该组织是一个为法国外国移民提供法律和慈善服务的非营利机构。

规移民中17岁以下的未成年人必须另外由专门管理未成年人的机构受理,因此,"语言文化辅导协会"只接受17岁以上的新移民独立进行登记。鉴于政策限制,浙、闽两省的最小年龄均为17岁,但辽宁的最小年龄线则为20岁。反之,最大年龄线则出现在浙江新移民群体,在浙、闽、辽三省总计16365人当中,年龄在55岁以上共179人,其中150人(即84%)来自浙江,其中,男性最年长者已78岁,女性最年长者也达73岁(见表5)。

关于法国新移民年龄结构的特殊性,笔者曾在《法国的中国新移民人口构成剖析》一文中进行了比较详细的剖析。概而言之,地域性传统路径的依赖关系、国家制度政策的规制力量,以及市场需求关系的绩效原则,在跨国互动中共同作用于三个不同省份的人口跨境迁移模式,从而形成了人口构成特征上的明显差异。了解这一点,有助于我们深刻认识传统、制度和市场三重因素如何相互影响,并作用于海外移民人口的内在构成。①

三 地缘结构

海外华侨华人的血缘、地缘、方言纽带,在形成海外华侨华人社会次级群体的过程中起着不可缺少的重要作用,是了解海外华侨华人社会构成的又一重要因素。目前欧洲主要国家的华侨华人群体以浙江人为主,福建人、广东人(包括香港人)次之,进入21世纪后东北人(或北方人)数量呈上升趋势。

表6是笔者根据法国非政府组织"语言文化辅导协会"所提供数据库资料对法国的中国新移民原省籍的分析统计,从中可以清楚了解法国的中国新移民的原籍地省份构成具有大集中、广分散的特点,即原籍为浙江省的新移民高达58.5%,来自福建省的新移民占11.3%,有18.7%来自辽宁、山东、吉林、黑龙江等"北方"省份,而来自全国其他省市自治区的总数仅为11.5%。

---

① 详见拙文《法国的中国新移民人口构成剖析》,《厦门大学学报》2008年第3期。

表6 法国的中国新移民原省籍分布

2005年1月统计

省、直辖市、自治区		总人数	%	
浙 江		12038	58.5	
福 建		2318	11.3	
辽 宁	"北方人"或"东北人"	2018	9.8	18.7
山 东		1210	5.9	
吉 林		468	2.3	
黑龙江		151	0.7	
上 海		1043	5.1	
天 津		606	2.9	
广 西		96		
广 东		93		
江 苏		92		
河 南		81		
河 北		70		
江 西		58		
四 川		39		
湖 南		38		
北 京		35		
湖 北		34		
安 徽		27	3.5	
山 西		21		
新 疆		10		
贵 州		7		
云 南		7		
甘 肃		5		
内蒙古		5		
海 南		4		
重 庆		4		
青 海		3		
香 港		3		
宁 夏		1		
西 藏		1		
总 计		20586	100.0	

在南欧国家中,西班牙是中国新移民增长最快的一个国家。笔者根据西班牙华侨华人协会名誉会长徐松华先生提供的资料,对西班牙华侨华人原省籍分布制作成表7。其中,原籍地为浙江省的新移民高达61.71%,原籍福建的新移民占21.49%。换言之,西班牙华侨华人中来自浙江和福建两省的人数占总人数的83.21%。在此需要说明的是,由于移民统计数据搜集十分不容易,表7显示的人数统计与本文前引西班牙政府就业与社会保障部的数据有所不同,但因为是通过西班牙华人社团搜集统计的数据,其所显示的华侨华人原省籍分布的情况值得参考。

表7 西班牙华侨华人原省籍分布*

2010年3月统计

序号	省、直辖市、自治区	总人数	%
1	浙江	100530	61.72
	青田县	65400	
	温州市	32000	
	其他县市	3130	
2	福建	35000	21.49
	135530		83.21
3	上海	5200	3.19
4	山东	4500	2.76
5	辽宁	3000	1.84
6	台湾	2800	1.72
7	河南	2600	1.60
8	广东	1980	1.22
9	吉林	1800	1.11
10	黑龙江	1700	1.04
11	江苏	960	
12	北京	360	
13	四川	320	
14	湖南	280	
15	广西	250	2.31
16	香港	230	
17	云南	225	
18	天津	180	
19	安徽	150	
20	江西	140	

续表

序号	省、直辖市、自治区	总人数	%
21	重庆	110	
22	陕西	98	
23	河北	85	
24	湖北	72	
25	西藏	68	
26	海南	60	
27	贵州	60	2.31
28	新疆	31	
29	澳门	30	
30	甘肃	18	
31	内蒙古	18	
32	山西	17	
33	青海	10	
34	宁夏	7	
	总计	162889	100

* 笔者由衷感谢西班牙华侨华人协会名誉会长徐松华先生多次提供西班牙华侨华人的统计数据，并就其中问题进行必要说明。

欧洲各国的台湾移民是欧洲华侨华人群体的组成部分。由于两岸政治原因，近半个世纪以来，在那些直接从中国台湾移居欧洲的新移民当中，有的也依据自身的地缘关系组建了自己的社团。台湾"侨务委员会"于2012年出版的《华侨经济年鉴》中，详细列出2011年欧洲25个国家中台湾省籍侨胞的人数，总计共33434人。就国别而言，以法国最高，英国次之，在卢森堡、葡萄牙等九个国家中，中国台湾省籍侨胞人数仅在50人以下（见表8）。

以上统计数据有助于我们比较全面地认识欧洲华侨华人的地缘结构。在此还需要指出的是，随着移民人群总量不断增加，欧洲华侨华人的构成也在不断发生变化。例如，原先人数很少的北京人、上海人、四川人等，如今在匈牙利、俄罗斯、法国、罗马尼亚、荷兰、西班牙等国都组织起了自己的地缘团体，可见其人数也都已经达到了一定规模，并且建立起了自己的地缘性网络群体。

表8 2011年欧洲各国华侨华人与台湾省籍侨胞人数

省份\国别	华侨华人总数	台湾侨胞人数
法国	441745	11000
英国	401022	6000
德国	91510	5075
荷兰	111450	2698
奥地利	20000	2550
西班牙	140623	1450
瑞典	27432	1181
意大利	201744	630
瑞士	10828	584
波兰	3174	515
比利时	9005	418
挪威	14440	403
丹麦	12074	266
俄罗斯	447199	221
芬兰	6141	116
爱尔兰	17909	100
卢森堡	1356	45
葡萄牙	14463	40
匈牙利	12653	40
希腊	7472	38
捷克	3460	20
冰岛	450	20
罗马尼亚	7050	12
乌克兰	6560	7
保加利亚	5000	5
总计	2014760	33434

资料来源：中正大学编《华侨经济年鉴·2011》，"中华民国侨务委员会"，2012。

综上所述，时至21世纪初，欧洲各国华侨华人人口总数已经从20世纪50年代初仅仅1万余人，猛增至21世纪初250万人，尤其是自20世纪90年代以来，欧洲华侨华人不仅伴随着欧洲一体化的进程，扩展了与欧洲各国政府、政党、社团与普通民众之间的沟通、交往与合作，而且在全球海外华人的政治、经济、文化活动中，也表现得空前活跃。今日欧洲华侨华人引人注目的整体实力自然是由多方面因素相互促进而成的，其中，人口基数的大幅度增长是推动发展的前提，是承载变化的基础。希望本文所整理提供的相关数据，有助于全面认识今天的欧洲华侨华人社会，并为同人们提供进一步探索分析的量化基础。

B.3
台籍华人全球人口分布变化趋势探析

游国龙 周义员 刘光耀*

摘　要： 除因两岸关系紧张外，台湾民众表现出安土重迁的倾向，近6年来海外移民仅增加了2.8万人。台籍海外华人主要聚集在西方发达国家，尤其是在美国的人数最多，占一半之强。他们的考量是"生存安全"，求学也占很大一部分，近年来也有为养老或追求更好生活环境者。在东南亚的人数虽多，但多为早期移民，近些年除台商投资越南外，几乎不再往那里移民。现今的台湾民众与早期因生存困难而向外迁移已不一样，聚集地也有很大变化。

关键词： 台籍华人　华侨华人　数量变化　移民

早期关于华侨华人的研究多关注华侨华人与侨居地关系、与侨乡的联系、侨社的组织等。近年来已有国内学者开始对中国移民及其后裔数量进行整体估算。① 台湾方面也一直关注海外华人的数量变化，自2007年起，"侨委会"单独统计台籍华人的数量。② 台湾民众的迁移表现出什么特点，与全球华人的总体分布有什么差异是本文试图厘清的问题。本文将根据"侨委会"公布的数据进行分析。"侨委会"的数据主要根据各国的人口普查数据、移民署（局）

---

* 游国龙，法学博士（北京大学国际政治学专业），现为华侨大学国际关系研究院/华侨华人研究院助理研究员、北京大学文化与国家行为研究中心学术委员。研究方向：国际政治理论、文化与国家行为、心理文化学、华侨华人与国际关系。周义员、刘光耀，华侨大学国际关系研究院/华侨华人研究院研究生，研究方向：亚太国际关系、海外华人研究。

① 庄国土：《世界华侨华人数量和分布的历史变化》，《世界历史》2011年第5期。
② 海外台籍华人系指从台湾（即台澎金马）移出之侨民及其后代。

的移民统计资料、联合国公布的人口增长资料,以及外派机构搜集的最新数据推估而出的,有一套较为翔实可靠的计算方法。

一 全球海外华人移民视野下的台籍华侨华人概况

(一)21世纪全球海外华人数量变化

根据"侨委会"的统计数据,21世纪初,全球海外华人数量有3504.5万人。其中亚洲人数最多,有2736.3万人,美洲其次,有595.9万人,欧洲有95.5万人,大洋洲有63.1万人,非洲最少,仅有13.7万人。①

2007年,全球华人数量有3894.8万人,增加了390.4万人。其中亚洲增加219.8万人,占增加人数的56.3%,总数达到了2956.1万人;美洲增加119.8万人,占增加人数的30.69%,总数达到715.7万;欧洲增加18.9万人,占增加人数的4.84%,总数达到114.4万人;大洋洲增加23.7万人,占增加人数的6.07%,总数达到86.8万人;非洲增加8.2万人,占增加总数的2.1%,总数为21.9万人。②亚洲总数虽大,增幅却小,只有8.03%。非洲总数虽少,增幅却最大,达到了59.85%,大洋洲的增幅同样高达37.56%。"侨委会"统计的数量与大陆学者的计算有较大的差异。庄国土的研究表明,到2008年,世界华侨华人总数超过4500万人③,值差为600万人左右④。

表1 2000~2007年全球海外华人数量变化

单位:千人,%

地 区	2000年	2007年	增幅
亚 洲	27363	29561	8.03
美 洲	5959	7157	20.10
欧 洲	955	1144	19.79
大洋洲	631	868	37.56
非 洲	137	219	59.85
总 计	35045	38948	11.14

① 《2000侨务统计年报》,"侨委会",2000,第4页。
② 《2007侨务统计年报》,"侨委会",2008,第10页。
③ 庄国土:《世界华侨华人数量和分布的历史变化》,《世界历史》2011年第5期。
④ 庄国土的表述是到2008年,台湾方面的统计是2007年,所以两者的比较仍是合适的。

（二）台籍华人数量与全球华人数量的差别

据"侨委会"的统计，2007年台籍华人数量为177.9万人，占全部海外华人数量3894.8万人的4.57%。从洲别来看，亚洲为57.5万人，占全球华人亚洲总数的1.95%。美洲为112.3万人，占美洲华人总数的15.69%。欧洲为24万人，占欧洲华人总数的2.1%。大洋洲为46万人，占大洋洲华人总数的5.3%。非洲为10万人，占非洲华人总数的4.57%。

与全球华人数量相比，一组有意思的数据是，台籍华人在美洲的数量占总台籍海外华人总数的63.13%，这意味着在美洲，每6.37个华人就有1个来自台湾。但是在亚洲这个比例要提高到51.4个人，因为全球华人在亚洲的比例高达76%，而台湾仅占其中的1.95%。全球华人数量比重的排序分别是亚洲、美洲、欧洲、大洋洲与非洲，但台湾的排序依次为美洲、亚洲、大洋洲、欧洲与非洲。除非洲同样垫底之外，还有一个区别，台湾地区前往大洋洲的总人数比欧洲要多得多，尽管总数只多出22万，但多出的比例则近50%。

表2　2007年全球华人与台籍华人数量统计数据

单位：千人，%

	全球	台湾	比例
亚洲	29561	575	1.95
美洲	7157	1123	15.69
欧洲	1144	24	2.10
大洋洲	868	46	5.30
非洲	219	10	4.57
其他	6		
总计	38948	1779	4.57

（三）2007~2012年台籍华人各洲数量变化

从2007年到2012年已公布数据来看，台籍华人数量增加了2.8万人。但在这期间，总数并非持续增加，2007~2009年3年，总数持续下降，共减少了1万人，降幅达5.6%。2010年才开始增加，到2012年，达到了180.7万人。它有以下特征：

(1) 2007～2009年数量减少的主要原因是大洋洲的变化。这3年间大洋洲突然减少了9000人,到了2012年,它的总数才回到4万,但仍不及2007年的4.6万人。

(2) 欧洲数量在近6年增加了1万人,增长比例高达41.6%。

(3) 亚洲的增加虽然缓慢,仅有1.8万人,比例为3%,但呈现持续增加的趋势。

(4) 非洲无明显变化,曾连续4年都保持在1.1万人。

(5) 美洲的数量变化不大,但个别国家变化很大(详后)。

表3　2007～2012年台籍华人各洲数量变化

单位:千人

	2007年	2008年	2009年	2010年	2011年	2012年	值差
亚　洲	575	578	579	581	590	593	18
美　洲	1123	1112	1112	1118	1122	1131	8
欧　洲	24	25	30	33	33	34	10
大洋洲	46	47	37	38	39	40	-6
非　洲	10	11	11	11	11	10	0
总　计	1779	1773	1769	1781	1795	1807	28

资料来源:根据《2007～2012侨务统计年鉴》自行统计

二　台籍华人的分布概况

(一)2012年台籍华人各洲分布概况

2012年,台籍华人共有180.7万人,美洲最多,共113.1万人,占台籍华人总数的62.6%;亚洲其次,共59.3万人,占台籍华人总数的32.8%;大洋洲位居第三,共4万人,占台籍华人总数的2.2%;欧洲位居第四,共3.4万人,占台籍华人总数的1.9%;非洲则最少,只有1万人,仅占台籍华人总数的0.6%。①

---

① 《2012侨务统计年报》,"侨委会",2013,第14页。

1. 美洲

总体来看,美洲的台籍华人主要分布在美国、加拿大、巴西、哥斯达黎加和阿根廷。根据2012年的统计数据,美国是台籍华人分布最多的国家,共有93.4万人,占美洲台籍华人的82.6%。加拿大共有9.5万人,占8.4%。巴西有7万人,占6.2%。阿根廷有1.1万,占1%。哥斯达黎加共有8000人,占0.7%,其余1.2万人。

2. 亚洲

亚洲台籍华人主要分布在印尼、泰国、日本、越南、马来西亚、新加坡和韩国。印尼分布的台籍华人最多,共有20.9万人,在全世界排名第二,占亚洲台籍华人的35.3%。其次是泰国有14.1万人,占23.8%。日本和越南并列第三,均有6万人,占10.1%。马来西亚有4.4万人,占7.4%。新加坡3万人,占5.1%。韩国有2.1万人,占2.6%。其余有2.8万人,占4.7%。

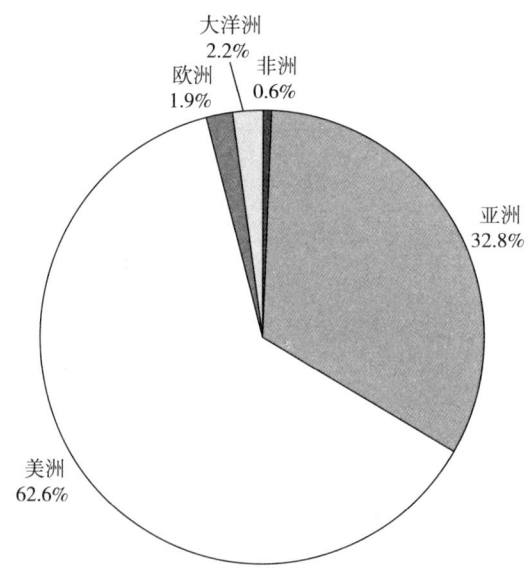

图1 海外台湾侨民各洲之分布

资料来源:《2012侨务统计年报》,"侨委会",2013,第14页。

3. 欧洲

欧洲的台籍华人主要分布在英国、法国和德国。数据显示，法国有台籍华人1.1万人，占欧洲台籍华人的32.4%。英国有6000人，占17.6%。其余的国家，约有1.7万人。2011年的统计数据显示，德国有台籍华人5000人，数量不算少（2012年未统计）。①

4. 大洋洲

大洋洲的台籍华人主要分布在澳大利亚和新西兰，其中澳大利亚分布的人数较多。数据显示，澳大利亚共有台籍华人2.9万人，占72.5%。新西兰共有1万人，占25%。在其余的大洋洲岛国，如新几内亚、斐济等，还有1000名台籍华人的踪迹。

5. 非洲

非洲的台籍华人主要分布在南非。数据显示，南非共有9000人，占所有非洲台籍华人的90%。其余1000人，散居在非洲各个国家。

（二）台籍华人在全世界17个国家的分布概况

台籍华人分布最多的国家，依序是美国93.4万人，印度尼西亚20.9万人，泰国14.1万人，加拿大9.5万人，巴西7万人，日本6万人，越南6万人，马来西亚4.4万人，新加坡3万人，澳大利亚2.9万人，韩国2.1万人，阿根廷1.1万人，法国1.1万人，新西兰1万人，南非0.9万人，哥斯达黎加0.8万人，英国0.6万人。亚洲国家最多，有7个（印度尼西亚、泰国、日本、越南、马来西亚、新加坡、韩国），共56.5万人。美洲国家位居第二，共5个国家（美国、加拿大、巴西、阿根廷、哥斯达黎加），共111.8万人。欧洲有法国和英国两国，共1.7万人。大洋洲有澳大利亚和新西兰，共3.9万人。非洲只有南非，有0.9万人。这17个国家的总数量达174.8万人，占所有海外台籍华人总数的96.7%。台籍华人的分布相对集中，主要侨居在这些国家。

而全球海外华人分布最多的国家，依序是印度尼西亚812万，泰国751

---

① 《2011侨务统计年报》，"侨委会"，2012，第14页。

万，马来西亚678万，美国424万，新加坡283万，加拿大156万，菲律宾141万，缅甸106万，越南100万，秘鲁99万，澳大利亚87万，日本68万，俄罗斯47万，法国46万，英国42万，巴西28万，意大利20万，韩国18万，老挝15万，新西兰15万。两者的排名有比较大的差别。

表4　2012年台籍华人与全球华人分布国家的比较

单位：千人，%

排名	台籍华人	人数	全球华人	人数
1	美国	934	印尼	8120
2	印度尼西亚	209	泰国	7510
3	泰国	141	马来西亚	6780
4	加拿大	95	美国	4240
5	巴西	70	新加坡	2830
6	日本	60	加拿大	1560
7	越南	60	菲律宾	1410
8	马来西亚	44	缅甸	1060
9	新加坡	30	越南	1000
10	澳大利亚	29	秘鲁	990
11	韩国	21	澳大利亚	870
12	阿根廷	11	日本	680
13	法国	11	俄罗斯	470
14	新西兰	10	法国	460
15	南非	9	英国	420
16	哥斯达黎加	8	巴西	280
17	英国	6	意大利	200
18			韩国	180
19			老挝	150
20			新西兰	150

1. 美国

美国一直是台籍华人分布最多的国家，占总人数的一半之强。2007年台籍华人85.8万人，占总数的48.23%，但到了2012年，这个数量已达到93.4万人，增加了7.6万人。考虑到台籍华人全球数量只增加了2.8万人，这个数字显得更加惊人。这意味着在某些国家，数量是减少的，而美国则持续增加。

以增长率来看,美国的数量在这6年间增长了8.9%,而同期,全球数量只增长了1.6%。

1785年,三名中国海员乘坐美国商船抵达美国,这是华人抵达美国国土的最早纪录。1848年以前美国华人人数不超过1000人,加州发现金矿后,华人移民才大量增加,到了1880年总人数达到了10万人。① 但1882年美国国会通过了排华法案,华人移民人数大大减少。第二次世界大战之后,美国废弃了种族歧视的移民政策,并通过新移民法令,台湾民众才有机会移民美国。

战后初期,移居美国的台湾民众并不多。从1960至1979年,近20年间仅有5万人赴美。② 移民的高潮出现在20世纪80年代。1979年美国与台湾"断交"是重要的契机,1982年起,美国给予大陆与台湾每年各2万个移民配额(此前,两岸共享2万个配额),数量急速增多,计10年增加了近20万人。这股热潮一直保持到90年代中期速度才放缓,但90年代仍增加了13万余人。2000年之后,每年保持在7000~8000人。2003年是历史低点,仅有7000余人。

"侨委会"委托龙立彬、黄国枏于2002年调查的数据比美国国土安全部的数据更高。据他们估算,1960年,在美台籍华人总数为12280人。1970年为55758人。1980年为178406人。1990年为362940人。2000年为529147人。③ 而美国统计的数据1820~2008年才有435783人,总人数差距在10万人左右。但"侨委会"公布的2012年的数据则显示,2007年美国的台籍华人达到了85.8万人,2012年总数则为93.4万人。这个数据比前者要高。④ 近年,台籍华人在美国的数量仍然持续增加,从2007年到2012年这6年间,年均增长1万余人,总人数增加了7.6万人,增加幅度高达8.9%。⑤ 所占全球台籍总人数比例也不断提高,由48.23%增加到51.69%。

---

① 《各国华人人口专辑(第三辑)》,"侨委会",第3页。
② 龙立彬、黄国枏:《台湾及两岸三地华人人口推估方法——理论构建与实证探讨〈以美国为例〉》,"侨委会",2002,第27页。
③ 龙立彬、黄国枏:《台湾及两岸三地华人人口推估方法——理论构建与实证探讨〈以美国为例〉》,"侨委会",2002,第36页。
④ 《2012侨务统计年报》,"侨委会",2013,第14页。
⑤ 《2012侨务统计年报》,"侨委会",2013,第13页。

表5 美国华人移民人数统计*

单位：人，%

	合计	%	从台湾移入	%	从大陆移入	%	从香港移入	%
1820~2008年总计	2399076	100.0	435783	18.2	1481895	61.8	481398	20.1
1989年以前	1137916	100.0	218584	19.2	609022	53.5	310310	27.3
1990年	57194	100.0	18952	33.1	23514	41.1	14728	25.8
1991年	53752	100.0	15067	28.0	23121	43.0	15564	29.0
1992年	64107	100.0	17905	27.9	29461	46.0	16741	26.1
1993年	87507	100.0	15736	18.0	57761	66.0	14010	16.0
1994年	70800	100.0	11157	15.8	47694	67.4	11949	16.9
1995年	51805	100.0	10725	20.7	30381	58.6	10699	20.7
1996年	62296	100.0	15228	24.4	35751	57.4	11317	18.2
1997年	52328	100.0	10828	20.7	33526	64.1	7974	15.2
1998年	48413	100.0	9764	20.2	31270	64.6	7379	15.2
1999年	43397	100.0	7285	16.8	29579	68.2	6533	15.1
2000年	58442	100.0	9457	16.2	41804	71.5	7181	12.3
2001年	73416	100.0	12457	17.0	50677	69.0	10282	14.0
2002年	73771	100.0	9932	13.5	55901	75.8	7938	10.8
2003年	49525	100.0	7168	14.5	37342	75.4	5015	10.1
2004年	65015	100.0	9314	14.3	50280	77.3	5421	8.3
2005年	79280	100.0	9389	11.8	64887	81.8	5004	6.3
2006年	96649	100.0	8545	8.8	83590	86.5	4514	4.7
2007年	84427	100.0	9053	10.7	70924	84.0	4450	5.3
2008年	89036	100.0	9237	10.4	75410	84.7	4389	4.9

注：以上一个永久居留地为统计标准而非以出生地统计。

*转引自《各国华人人口专辑（第三辑）》，"侨委会"，第6页。

资料来源：美国国土安全部（Department of Homeland Security, DHS）《移民统计年报（2008）》（Yearbook of Immigration Statistics）。

台籍华人聚居在加州、纽约利诺州、新泽西州、宾州、马理兰州、密执安州、俄亥俄州等地。加州约占一半，人数为旧金山的一倍；纽约州则集中在纽约市；新泽西州则多在紧邻纽约市的扭沃克；依利诺州则多在芝加哥；纽澳良与休斯敦旗鼓相当。长期看来，移居地点有愈来愈集中之趋势。①

---

① 龙立彬、黄国枢：《台湾及两岸三地华人人口推估方法——理论构建与实证探讨〈以美国为例〉》，"侨委会"，2002，第29页。

表6 2007~2012年台籍华人在美国的数量变化

单位：千人，%

	2007年	2008年	2009年	2010年	2011年	2012年
人　数	858	877	910	919	926	934
总人数	1779	1773	1769	1781	1795	1807
百分比	48.23	49.46	51.44	51.60	51.59	51.69

2. 印度尼西亚

印度尼西亚是台籍华人在亚洲分布最多的国家，人数有20余万，全世界排名第二，占亚洲台籍华人总数量三成多。

1945年印度尼西亚宣告独立后，实行同化政策，许多华人被迫放弃中国国籍。1975年年底，印度尼西亚中央统计局曾对各族裔人口进行调查，并宣布已有250余万华人加入印度尼西亚籍，保留中国籍者约91万人，无国籍者有12万人，总计华人人数约364万人。① 可是，许多学者认为此项调查中的华人数据被严重低估。由于近年印度尼西亚官方并无任何有关华人之统计可以利用，台湾根据3.3%的华人比例，以印度尼西亚总人数进行推估，2008年印度尼西亚华人人数约为772万人，2011年则突破了800万人。②

台湾统计的台籍华人总数在2007年只有20.7万人。此后几年几乎没有变化，每年增幅仅数百人。到2012年，6年间只增加了2000人，增幅不到1%，增长幅度落后于其他亚洲国家，也落后全球增长速度3.37%甚多。所占亚洲台籍华人的比例由2007年的36%下降到2012年的35.3%。

3. 泰国

泰国的台籍华人一直位居亚洲第二位，仅次于印度尼西亚，2012年的数据显示，共有14.1万人，占亚洲台籍华人总数的23.8%。

泰国原为中国朝贡体系之一员，华人数量相当多。根据史金纳的统计，1922年泰国的华人总数即超过百万人。台湾推估2003年泰国华人数量达到了700万之多。③ 但泰国户籍部门公布之中国籍侨民的数据相当少。1980年，仅

---

① 《各国华人人口专辑（第三辑）》，"侨委会"，第52页。
② 《各国华人人口专辑（第三辑）》，"侨委会"，第51~53页。
③ 《各国华人人口专辑（第一辑）》，"侨委会"，第128~129页。

有29.4万余人,到了1988年,降为25万人。① 这是因为泰国向来并不以血统来规范籍别,而采属地主义,即"泰人所生之子女都为泰人"。泰国户籍部门公布数据,并不包括入泰籍者(泰籍华人)及其后代(泰籍华裔)。

台湾统计的台籍华人数据2007年为14万人,此后5年没有变化,直到2012年才增加到14.1万人。而此间,全球台籍华人移民的总数共增加了2.8万人。泰国台籍华人,所占全球比例从2009年的7.91%,降到了2011年的7.79%。

4. 加拿大

近年来,加拿大的台籍华人不断增加,目前位居美洲台籍华人第二位,仅次于美国。加拿大的台籍华人共有9.5万人,占美洲台籍华人总数的8.4%,占全球台籍华人总数的5.3%。

华人移民加拿大始于19世纪下半叶。1858年,弗勒泽尔河(Fraser River)沿岸发现金矿,吸引了很多华人移民。但第一次世界大战结束后,出现反对亚裔移民之声浪,1923年通过了"华人移民条例"(Chinese Immigration Act),禁止中国人或具有中国血统者以移民身份入境,华人数量大大减少。

第二次世界大战后,加拿大宣布废除1923年的"华人移民条例",华人数量才逐渐增加。20世纪60年代开始有台湾留学生毕业后定居加拿大,但数量较少。80年代台籍华人数量才扩大到每年千人以上规模,此后移民呈倍数增长,至90年代达到移民之高峰,每年平均近8000人。这与加拿大强调教育移民、技术移民和计划移民,不计较人种与肤色,以教育水平及工作技术为衡量标准不无关系。1994年加拿大政府于台北设立移民办事处,使台湾民众不必再透过第三国,在台北就可以申办移民签证及面试。申请手续简化及时间的缩短,吸引更多台湾人移民加拿大。1997年移民数量达到顶峰,有1.3万人,此后缓慢下降,2000年之后,保持在每年2000人上下。②

台湾统计的数量,2007年加拿大的台籍华人总数为8.2万人,2012年为9.5万人,6年间,共增加1.3万人,增加幅度达到了15.8%。考虑到此期间

---

① 《各国华人人口专辑(第一辑)》,"侨委会",第128~129页。
② 《加拿大华人人口统计推估》,第5页,www.ocac.gov.tw/OCAC/File/Attach/248/File_252.pdf。

全球台籍华人的增长幅度只有1.5%,增幅不能不说相当大。

台籍华人在加拿大居住相当集中,近59.7%住在卑诗省,27.8%住在安大略省,7.1%住在魁北克省,3.7%住在埃布尔达省(Alberta)。在其余的几个省分布相当零散,只有十几人、数十人不等。①

表7 2007~2012年台籍华人在加拿大的数量变化

单位:千人,%

	2007年	2008年	2009年	2010年	2011年	2012年
人数	82	84	92	92	94	95
全球台籍华人总人数	1779	1773	1769	1781	1795	1807
百分比	4.61	4.74	5.20	5.2	5.2	5.3

5. 巴西

巴西台籍华人约7万人,位居美洲台籍华人的第三位,占美洲台籍华人总数的6.2%,占全球台籍华人的3.9%。

巴西被列为金砖四国之一,是拉丁美洲最重要的经济体,目前已超过英国,成为全球第六大。巴西与台湾一直有经济往来,金融风暴之前,双边贸易额达50亿美元。台湾对巴西出口在全球130个国家和地区中排名第14,进口巴西产品排名第24。目前已有10家台湾大厂在巴西投资设厂,主要都在电脑、通讯领域。

据台湾的统计数据,2003年,巴西华人总数为146190人,其中台籍华人占60%,约有8.7万人。2007年,达到高峰,有14.1万人,但2008年遭遇金融风暴,人数降为11.1万人,2008年降低到7.2万人,此后一直稳定维持在7万人左右。

目前约有10万华人聚集于巴西第一商业大城圣保罗(Sao Paulo),尤其以"自由区"为巴西华人最密集的地区,其次里约市(Rio de Janerio)的侨民也不少。②

---

① 《加拿大华人人口统计推估》,第8页,www.ocac.gov.tw/OCAC/File/Attach/248/File_252.pdf。
② 中正大学编著《91~92年版华侨经济年鉴美洲篇》,"侨委会",2010。

表8　2007~2012年台籍华人在巴西的数量变化

单位：千人，%

	2007年	2008年	2009年	2010年	2011年	2012年
人数	141	111	72	70	70	70
全球台籍华人总人数	1779	1773	1769	1781	1795	1807
百分比	7.93	6.26	4.07	3.9	3.9	3.9

6. 日本

近年来，日本的台籍华人增长较快，日本现已是亚洲第三大台籍华人的聚居国。2012年的统计数据显示（见表9），日本的台籍华人共6万人，占亚洲台籍华人的10.1%，占全球台籍华人的3.3%。

表9　2007~2012年台籍华人在日本的数量变化

单位：千人，%

	2007年	2008年	2009年	2010年	2011年	2012年
人数	50	59	60	61	60	60
全球台籍华人总人数	1779	1773	1769	1781	1795	1807
百分比	2.80	3.30	3.4	3.4	3.3	3.3

日本一向严格限制外国人移民日本，早期获准归化的台湾华人人数并不多。1970年代台湾与日本"断交"时期，台籍华人总数在2万余人，约占华人总数的一半。此后移民人数缓慢增长，1980年代才达到3万多人，1990年代初期在4万人上下。①

2007~2012年，日本的台籍华人从5万人增加到了6万人，增长了20%。其中，2008年的增幅最大，较2007年增长了0.9万人，增长了18%。近6年，在全世界各个国家中，日本与英国的台籍华人增长幅度同居第一。

早期东京都华人移民人数较少，目前则是华人移民最多的地区，其余排名依序为大阪府、爱知县、神奈川县、兵库县、琦玉县、千叶县、静冈县等。这

---

① 这个数据是根据日本法务省入国管理局的统计而来，远较台湾给的数据为低。它给出的2008年台籍华人数据只有43580人，比台湾方面估计少了1万余人。见《各国华人人口专辑（第三辑）》，"侨委会"，第57页。

与当地的经济发展水平有密切的关系。

7. 越南

近年来越南的台籍华人不断增加，现已与日本一样并列亚洲台籍华人的第三位。越南的台籍华人共有6万人，占亚洲台籍华人的10.1%，占全球台籍华人的3.3%。

冷战时期，台湾与越南属于无交往状态，1992年台越签署相互设处协定，才有台籍华人赴越南投资。越南人工成本低廉，许多台资企业前往投资，尤其在大陆人工大幅上涨之后，对越南的投资更加快速。2014年，台湾在越南投资额约280亿美元，占整体外资投资额11.95%，在所有外资中排名第四，次于新加坡、韩国及日本。

从2010年到2012年，越南的台籍华人从5.6万人增加到了6万人，增加了7.1%。侨居越南的台籍华人，以中小企业者居多，亦有不少跨国企业之台籍干部。台资企业以平阳省、同奈省及胡志明市等南部地区为主要投资地点，此亦为台籍华人主要聚集地。但2014年5月越南反华，台资企业受损惨重，平阳省175家、同奈省41家、胡志明市6家、巴地头顿省1家、河静省1家被砸，18家被烧毁。台籍华人总数估计有一定程度下跌。值得一提的有10万名越南人嫁到台湾、13万越南劳动人口在台工作，相比之下，越南民众移往台湾的数量要更多。①

8. 马来西亚

近年来，马来西亚的台籍华人已经十分稳定，维持在4万多人，占全球台籍华人的2.4%。

1957年马来西亚联邦成立，马国政府宣布在当地住满15年的华人，可实时申请归化为公民，因此当时住满15年以上的华人，纷纷办理归化的程序，成为马来西亚公民。马来西亚1970年举行第一次人口普查，公布的数据是总人口881万人，华人约313.1万人，华人比例为35.5%。根据2008年的统计，华人则有639.9万人，约占该国人口的1/4。马来西亚的华人数量增加了300

---

① 《驻台越南代表吁台商续留越南》，"中央社"，2014-05-18，http://www.cna.com.tw/news/aipl/201405180251-1.aspx。

多万，主要是依靠人口之自然增加，而不是依靠移民。华人所占人口比例逐年下降，是因为其他族裔人口增长超过华裔。①

台湾统计的在马来西亚的台籍华人数据2010年为4.5万人，2011年减少1000人，2012年不变，仍有4.4万人，人数变化不大。

9. 新加坡

新加坡的台籍华人共有3万人，目前位居亚洲台籍华人的第四位，占全球台籍华人的1.7%。

新加坡古称"淡马锡"，原为马来西亚柔佛王国的一部分。1824年成为英国的殖民地，战后新加坡取得完全自治，1965年8月9日退出，正式成立新加坡共和国。根据新加坡统计局数据，2008年居民总计364.3万人，其中华人272.2万人，占74.7%，马来人占13.6%，印度人占8.9%，其他族裔占2.8%。②

而据台湾的统计数据，从2010年到2012年，新加坡的台籍华人并未发生任何变化，人数稳定在3万人。

10. 澳大利亚

澳大利亚是大洋洲台籍华人分布最多的国家。据2012年的统计数据，共有2.9万人，占大洋洲台籍华人的73.4%，占全球台籍华人的1.6%。

1972年"白澳政策"解禁以来，才有台湾民众开始前往澳洲，在此之前一直受到澳洲移民政策的限制。1980年代末及1990年代初，澳洲为促进经济发展，将一些地区（包括台湾）定为引进经济与商业移民之目标，大量核准此一地区之经济移民。因此，自1980年代晚期开始，台湾移民澳洲的人数显著增加，其中还包括大量的留学生。到1990年代中期，台籍华人已经有1万人左右，占全体华人比例约四成，此后10年又增加了1万多人。③

从2007年到2012年，澳大利亚的台籍华人从2.6万人增加到了2.9万人，增加了11.5%。增长速度仅次于日本、英国与加拿大三个国家。但台湾

---

① 《各国华人人口专辑（第三辑）》，"侨委会"，第41~43页。
② 《各国华人人口专辑（第三辑）》，"侨委会"，第45页。
③ 《各国华人人口专辑（第三辑）》，"侨委会"，第95页。

华人在澳洲所占全体华人的比例反而不足一成，这是因为从大陆移居澳洲的人数要比台湾增加更快、更多。

表10　2007～2012年台籍华人在澳大利亚的数量变化

单位：千人，%

	2007年	2008年	2009年	2010年	2011年	2012年
人数	26	26	27	28	28	29
全球台籍华人总人数	1779	1773	1769	1781	1795	1807
百分比	1.46	1.47	1.53	1.5	1.6	1.6

11. 韩国

近年来，韩国的台籍华人增长迅速，达到了2.1万人，占亚洲台籍华人的2.6%，占全球台籍华人的1.2%。

1954年韩国华人总数估计有2.2万余人，多数祖籍山东，约占全体华侨人数的90%，但朝鲜战争结束后，韩国政府采取改革货币措施，限制每人兑换新发行之货币的额度，压制外侨经济实力，抑制中国侨民大量流入朝鲜半岛，致使华人移民人数增加缓慢，至1980年代，华侨人口约有3.2万人。其后华侨因在韩国谋生不易，逐渐移往海外，人数逐年递减。2010年韩国的华侨仅有24058人，台籍华侨有2561人。①

2010年出现转折，台湾和韩国共同签署了打工度假的双边备忘录。此备忘录让双方在18到30岁的年轻人在韩国或台湾度假时，得以用打工的方式来资助旅费。台湾民众在韩国打工最长可达一年。台籍华人快速增加，到了2012年数量已猛增到2.1万人，增加了6倍之多。②

12. 阿根廷

阿根廷的台籍华人共有1.1万人，占美洲台籍华人总数的1%，占全球台籍华人的0.6%。从2010年到2012年，阿根廷的台籍华人数量并未发生任何变化，均为1.1万人。

---

① 中正大学编著《2010华侨经济年鉴》，"侨委会"，2011，第182页。
② 《"中华民国"国情简介——外交政策与对外关系》，"行政院"，2014-03-25，http：//www.ey.gov.tw/state/News_Content3.aspx?n=A88B8E342A02AD0A&s=F1B6AD3B065E43D8。

阿根廷是个传统的移民国家，从 1857 年到 1920 年，其吸收移民人数在全世界仅次于美国，位居第二。早年，不少华侨从广东、浙江青田和山东移民阿根廷，他们在那里落地生根。目前有许多华人第二代或第三代，并不会说汉语，甚至外貌上也失去了东方人的轮廓。根据 2010 年的统计，阿根廷的华人共有 84750 人。

1970 年代台湾民众开始向阿根廷移民，现有 1.1 万人，主要聚居在首都布宜诺斯艾利斯市。近十年来，因为阿根廷的经济动荡不安，治安持续恶化，约有百余名侨民返回台湾就读大学或研究所。他们学成后大多选择留在台湾发展，或移民他国，返回阿根廷定居的人数则较少。①

13. 法国

法国的台籍华人数量虽然只有 1.1 万人，却是欧洲台籍华人聚集最多的国家，占欧洲台籍华人的 32.6%，占全球台籍华人的 0.6%。

华人移居法国，可追溯到第一次世界大战期间。1916～1918 年，法国招募了 4 万名华工，从事兴建军营、养护公路、制造军火等工作。1919～1921年，中国掀起"勤工俭学"运动，约有 2000 名学生来到法国留学接受训练。法国华人除了来自中国之外，还有许多来自中南半岛。中南半岛上的越、柬埔寨、老挝三国，过去都曾是法国的殖民地，1975 年越战后，许多华人移民法国。

依据李明欢的研究，1955 年估计华人人口约为 2700 人，至 1985 年华人人口增为 21 万人。② 1999 年法国普查局公布的两岸三地出生华人合计约 3.4 万人，其中台湾出生华人仅略超过 2000 人。③ 根据台湾的统计数据，到 2009 年，共有台籍华人 9000 人。2010 年上升到 1 万人，2011 年为 1.1 万人，2012 年不变。法国台籍人数虽少，增长幅度却不低，13 年间增加了 9000 人，增长了 3.5 倍。

---

① 中正大学编著《2010 华侨经济年鉴》，"侨委会"，2011，第 329 页。
② Li Minghuan, *The Chinese Community in Europe*, *Under supervision and Responsibility of the European Federation of Chinese Organizations*, Sponsored by the Dutch Ministry of Public Health Wellbeing and Sports, 1999, p. 19.
③ 《各国华人人口专辑（第二辑）》，"侨委会"，116 页。

14. 新西兰

新西兰的台籍华人共有1万人,占大洋洲台籍华人的25.3%,占全球台籍华人的0.6%。

新西兰是个移民国家,总人口约432万人,依据该国2006年普查结果,约64.8%为欧洲移民的后裔,当地原住民毛利人占14.0%;亚洲移民的后裔占8.8%,其中以华人最多,占新西兰全国人口的3.7%。

1987年新西兰开放移民,华人移居人数大大增加。普查数据显示,1991年华人为44793人,1996年为81309人,2001年为104580人,2006年为147570人①,增加了2.29倍。

据台湾公布的数据,2007年新西兰有台籍华人2万人,2008年维持不变,但2009年急剧减少到1万人,此后4年保持在1万人左右。占大洋洲台籍华人的比例由2007年的43.5%减少到了2012年的25.3%。

15. 南非

南非是台籍华人在非洲分布最多的国家,但人数并不多,只有9000人,占非洲台籍华人的90%,占全球台籍华人的0.5%。

南非曾是个立法施行种族歧视与隔离政策的国家。在1994年新南非实行民主改革之前,华人只能在少数白人统治阶级与多数的黑人被统治阶级之间的夹缝中生存,人数相当少。在英国殖民时期,对华人人口有较明确的记载,在1891年有215人,1904年有1380人,1912年有812人,1921年有732人。

1976年,南非与"中华民国"正式建交。不久,南非陷入经济困境后,积极从台湾招商引资。故自80年代后期开始,台湾移民急剧增加。90年代前期,平均每年约有1500人移民南非。但此波热潮在1994年后趋于缓慢,1997年双方"断交"后,每年仅有百余人移民。

1990年的统计数据显示,台籍华人总数有2295人。1994年上升到7485人,增加2.26倍。但此后,至2005年12年间才突破了1万人。自2005年7月起,南非政府不再对外公布各国移民数字。根据台湾的统计数据,2007年有9000人,2009年增加到1万人,2012年又降为9000人。

---

① 《各国华人人口专辑(第三辑)》,"侨委会",第100页。

表11 南非两岸三地华人移民人口（1979～2005年）*

单位：人

年别	合计	台湾	大陆	香港	年别	合计	台湾	大陆	香港
总计	15982	9597	4415	1970	1992	1969	986	222	761
1979	10	2	—	8	1993	2293	1471	409	413
1980	7	2	—	5	1994	914	584	264	66
1981	1	—	—	1	1995	415	247	112	56
1982	4	4	—	—	1996	426	244	158	24
1983	7	2	—	5	1997	391	182	180	29
1984	1	1	—	—	1998	523	329	171	23
1985	2	2	—	—	1999	317	133	178	6
1986	7	7	—	—	2000	527	219	281	27
1987	148	129	—	19	2001	422	153	254	15
1988	314	286	—	28	2002	491	127	361	3
1989	497	460	—	37	2003	731	149	561	21
1990	1496	1382	—	114	2004	708	131	543	34
1991	2198	1959	3	236	2005	1163	406	718	39

注：1. 移民人口系以上一个永久居留地区分。

2. 自2004年起香港改列其他亚洲国家和地区，不再单独列出，故以1999～2003年趋势估计。

3. 自2005年7月起南非政府不对外公布各国和地区移民入境之人数，故2005年之移民数系以2005年1～6月之资料加以估计。

4. 2005年7月后无相关移民人数资料可供披露。

资料来源：1. Karen L. Harris and Jan Ryan, (1998), "Chinese Immigration to Australia and South Africa: A Comparative Analysis of Legislative Control (1979-1986)".

2. "Tourism and migration (1987-1996)", "Documented migration (1997-2005)", Statistics South Africa.

* 《各国华人人口专辑（第三辑）》，"侨委会"，第108页。

16. 哥斯达黎加

哥斯达黎加的台籍华人共有8000人，占美洲台籍华人总数的0.7%，占全球台籍华人的0.5%。

华人来到哥斯达黎加的最早时间是1855年。1873年哥斯达黎加为修建大西洋铁路大量引进中国劳工。他们大多数来自广东的中山、四邑和宝安等地。在19世纪末20世纪初，哥斯达黎加政府通过多项歧视华人的法令，使华人移民的数量受到限制。20世纪40年代初，通过几位华人领袖的努力交涉及其他各种因素的影响，哥斯达黎加政府终于在1943年通过法令废除以往所有的歧视性法规。当时哥斯达黎加约有华侨2000人。

1967年哥斯达黎加的华侨华人增至3000人，1984年哥斯达黎加的华侨华人达到7000多人。① 2004年哥国的华人数量约有5万到6万人，其中有台籍华人1万余人。② 2007年6月1日哥国宣布与中华人民共和国建交，台籍华人数量急剧下降，2011年从1.4万人下降到8000人，2012年维持在8000人不变。不过，许多人是以哥国为跳板，最终目的是前往美国或者加拿大。

17. 英国

英国台籍华人数量不多，仅有6000人，占欧洲台籍华人的11.8%，占全球台籍华人的0.3%。

据记载，最早移民英国的华人沈福荣，早在1685年随着传教士到达英国，在牛津Bodleian图书馆做中文图书分类工作。早期移居到英国的华人不多，到第二次世界大战结束，华人数量不过千人。

英国自1991年起人口普查才有"Chinese"之族裔分类。在此之前所谓华人还包括了马来西亚、新加坡、香港等地之华人。根据1991年英国的普查结果，华人共有15.7万人（不含北爱尔兰），其中英国本地出生为4.5万人左右，大陆籍有1.9万人，台籍有1600余人。2001年的普查结果，华人为24.7万人，较1991年增加9万人，其中在英国出生者约有7万人，出生在英国以外地区者，有17.7万人，包括大陆籍3.2万余人，台湾出生者3800余人，占2.2%。③

表12 1991～2001英国人口普查数据

出生地	1991年人数	2001年人数	增长人数
英国本地	45000	70000	25000
中国大陆	19000	32000	13493
中国台湾	1634	3800	2166
其他	91366	141200	49341
合　计	157000	247000	90000

---

① 中正大学编著《2010华侨经济年鉴》，"侨委会"，2011，第424页。
② 中华经济研究院编辑《华侨经济年鉴"中华民国"91～92年美洲篇》，"侨委会"，2004。
③ 《各国华人人口专辑（第三辑）》，"侨委会"，第70～71页。

根据台湾的统计，2007年，台籍华人总数为5000人，2010年增加到6000人，此后保持不变。增长幅度高达20%，与日本同时位居全世界第一。1991～2001年增长了2200余人，而2001～2011年也增加了2200余人，年均增长保持在220人。

三 台籍华人移民动机之分析

台湾于2002年曾针对海外侨民之人口结构、移居原因、区域分布、生活概况、工作情形、家庭关系及海外地址等，做过海外侨民调查。调查分为邮寄问卷及电话访问两种，邮寄问卷成功访问594户，共1193人，再对每一户进行户中抽样，共抽出594人。电话访问部分，成功访问2119人，而扣除电访及邮寄皆有者的60人（以邮寄为主），成功样本数为2653人。分析时扣除移居大陆、港澳侨民369人，实际分析样本数为2284人。以下为调查记录之部分统计结果。① 这个调查有助于了解台湾民众移民的原因。

1. 基本概况

在这个调查中，移民人口中男性为45.6%，女性为54.4%。女性高出8.8%。

青年占大多数，15～44岁青壮年者占61.9%；45～64岁中老年约占29.7%，未满15岁人数仅占2.3%。

未婚比例达到35.0%，已婚者有60.8%。

在教育程度方面，硕士及博士程度者占28.2%；高中、中专及以下者仅有28.7%。

大多数侨民在台湾仍有亲人，父、母亲各占60.0%与64.6%，配偶大多跟到了国外，只有4.9%仍在台湾；子女大多也跟到了国外，仅有7.7%仍在台湾。

经济来源主要依靠自身的收入占57.1%；倚赖台湾家人者只有20.5%；依靠当地家人占19.3%。

---

① 《台湾地区移居海外侨民概况调查报告》，"侨委会"，第3～4页。

2. 移居时间

从移居时间来看，超过5年者有69.1%，以年龄35~54岁的人居多，占51.9%。移居3~5年者有13.5%，以年龄20~34岁的人居多，有56.5%。2~3年者只有8.9%；其余少于2年者为7.4%。

移居时间较短，未婚比重相当高，1~5年的侨民，占56.8%以上。移居时间超过5年以上的侨民，大多成家，只有29.1%未婚。①

3. 移居原因

台湾居民移民的主要原因是为了求学，占38.0%；工作居次，占27.5%，投资移民占5.5%。

（1）求学移民。

女性更多因求学移民，占52.8%，男性也有47.2%。他们大多为了学习高科技，12.6%为博士学位，硕士学位有31.5%。其中半数以上得到了暂时居留的身份，取得永久居留身份者仅有18.0%；但也有23.1%已经归化侨居国。

（2）工作移民。

男性更多因工作移民，占62.0%，女性只有38.0%。他们移民的时间相对较长，超过5年者占80.3%。教育程度也不低，有硕、博士学位者占31.1%。归化侨居国者达到了41.3%，取得永久居留权者占23.1%，暂时居留身份者仅有24.8%。

（3）投资移民。

与前两种原因移民不同，投资移民者年龄偏高，教育程度较低，有博硕士学位者仅占5.6%。他们的移居时间都很长，不到5年者仅有12.7%。而且大多数已归化侨居国，占60.3%。26.2%取得了永久居留权，仅7.9%维持暂时居留身份。②

根据台籍华人在全世界各国的分布概况以及移民动机之分析，可得出以下几点结论。

---

① 《台湾地区移居海外侨民概况调查报告》，"侨委会"，第8页。
② 《台湾地区移居海外侨民概况调查报告》，"侨委会"，第10~12页。

1. 移民数量取决于移民国的政策

排华似为不同国家的普遍现象。早期华人不论是被迫还是自愿前往移民国，历经一段时间普遍被所在国排斥。此后的移民人数取决于当地的移民政策。当一国的移民政策放宽，华人人口的数量才有增加的可能。台籍华人数量的分布也同样受此因素的影响。

2. 取决于国际情势

台湾的最大规模移民潮发生在20世纪80年代。主要原因是1979年台湾与美国"断交"，台湾民众担心美国政府不再协防台湾，许多中产阶层人士、企业家、富商移民美国、加拿大。10年间移民人数近20万人。同样的情形亦发生在1996年。当年发生台湾海峡导弹危机，移民前往美国的人数比往年激增50%。前往加拿大的人数同样由7694人激增到13225人。

3. 取决于该国的文明程度

战后台籍华人的迁移更注重移民国的文明发展程度。台籍人数较多的国家清一色是发达国家，尤以美国与加拿大为代表。近7年，增长比率最高的依序是英国20%，日本20%，加拿大15.85%，澳洲11.54%，美国8.86%。考虑到这期间台籍华人的增长率仅有1.57%，更凸显其集中趋势。

4. 求学逐渐成为移民最主要之原因

早期华人移民主要是为了生存而不得不远走他乡，但后来台籍华人求学的比例越占越高，近年来更高达六成以上。欧美国家有较先进的教育，故吸引台湾民众的目光。目前仍在侨居国求学者，四成六在攻读学士学位，三成多在攻读硕、博士学位。侨居美国者，教育程度为各地区最高者，硕、博士合计占移民之39.3%。17.7%从事教学研究[1]，所占比例亦为全世界之最高。这代表有许多台湾民众获得学位后，选择留在当地从事教学科研工作。

5. 养老赋闲也成为移民的考量之一

加拿大虽然也是发达国家，但台湾民众到那里更多是为退休养老，或者追

---

[1] 《台湾地区移居海外侨民概况调查报告》，"侨委会"，第21页。

求良好的生活质量。有13.6%的人是以投资移民的名义办理移民,但照顾家庭及养老赋闲者比重反而高达30.2%,就业人口也不到1/3。① 投资移民的条件是必须拥有价值80万加元的资产。早期华人移民主要是为了维持生计,务工收入多汇往台湾,而养老赋闲则是把台湾的资产往国外汇。这是与以前不同的现象。值得一提的是,2014年年初加拿大取消了投资移民这一政策。澳洲本是退休养老考量的主要国家之一,可以预期未来澳洲的台籍华人会有一定程度的增加。

6. 企业追求更低的人工成本、原料或市场

东南亚国家的台籍华人总数虽然近50万,但近些年除越南外,其他国家华人人数几乎没有大的变化。当地台籍华人增长取决于自然生育率。越南的台籍华人增加与台商的投资有密切关系,台商赴当地经营事业者居多,男性远多于女性,且多为企业主管人员,已婚者占72.5%,为各地区最高。② 同样的情况也出现在南美洲的一些国家。这代表随着台湾经济成熟,台湾也出现一些跨国企业为了寻求更低的人工成本、原料或者市场而移动的现象。

7. 整体而言,安土重迁

台湾近年经济虽没有大幅成长,但2013年人均GDP超过2万美元,排在全世界第38位。尽管仍不如西方发达国家,但生活水平差距不大,某些方面,甚至超过。因此,除非出现重大国际形势变故,台湾民众表现出安土重迁的特点。2007~2012年,移民数量只增加了2.8万人。2007~2010年还一度持续减少。当然,这与交通较以前便利也有关系。台籍华人回台的频率相当高。以澳洲为例,每年回台3~5次者有22.7%,1~2次者有51.1%,2年未曾回国者仅有17.7%。③

---

① 《台湾地区移居海外侨民概况调查报告》,"侨委会",第22页。
② 《台湾地区移居海外侨民概况调查报告》,"侨委会",第22页。
③ 《台湾地区移居海外侨民概况调查报告》,"侨委会",第24页。

华商财富变化篇

Report on Distribution and Change of Overseas Chinese Fortunes

B.4
海外华商财富变化趋势研究

饶志明*

摘　要： 研究海外华商①财富实力和来源结构的变化及海外华商财富增长的国家或地区与行业差异，主要结果有：（1）海外华商财富区域分布发生了较大的变化，港台及其他地区华商财富实力已超过东盟地区华商财富实力，美国华商财富实力明显增强；（2）海外华商财富来源结构也发生了明显变化，高新技术产业、商贸业和消费品制造业财富来源比率明显提高，而金融业和重化工业财富来源比率明显下降；（3）海外华商财富来源多元化和国际化对于降低经济和汇率波动对财富增长带来的风险具有积极的作用；（4）海外华商家族企业继承权压力对财富持续增长构成重大挑战。

---

* 饶志明：博士，华侨大学经济与金融学院副教授，主要研究方向：海外华商研究。本文系国务院侨办课题（编号 GQBY2014018）与福建省社科规划课题（编号 2014B191）的阶段性成果。
① 华商指具有一定财富和经营实力的华侨华人企业家，包括中国大陆华商和中国大陆境外的华侨华人企业家，后者称为海外华商。

关键词： 海外华人　富豪榜　财富　变化

一　引　言

国内关于海外华商问题的研究，第一次热潮始于20世纪90年代中国大规模引进外资时期，现在可以说进入第二次研究热潮，这时无论是世界经济、亚太经济或中国经济都发生了巨大变化，其中，海外华商及其财富经受了1997年亚洲金融危机和2008年开始的美国次贷危机的冲击。与此同时，海外华商通过在中国大陆的投资和经营，其财富也伴随着中国大陆经济的成长而增长。中国大陆经济已进入新的结构转型和发展战略阶段，包括鼓励境内企业走出去。海外华商结构也发生了较大变化，许多白手起家的老一代华商逐渐退出历史舞台，新一代华商既有继承发展的群体，也有白手起家的群体，家族财产继承也进入了另一个高峰期。

这些历史变迁和现实背景促使更多的人重新认识海外华商研究的意义和价值。其中一个热点是研究华商网络在中国大陆引进外资和对外投资中的作用，例如，华商网络在信息、机会、知识和资金获取中的作用机制[1]，华商网络对中国民营企业国际化时机选择的影响[2]，海外华商对中国大陆投资的网络效应变化[3]，等等。

选择与本文研究密切相关的主题词对国内外文献搜索结果发现，以较长时

---

[1] Gao T., "Ethnic Chinese Networks and International Investment: Evidence from Inward FDI in China", *Journal of Asian Economics*, 4 (2003): pp. 611 – 629. Tong S. Y., "Ethnic networks in FDI and the impact of institutional development", *Review of Development Economics*, 4 (2005): pp. 563 – 580.

[2] Ge G. L & Wang H. Q., "The impact of network relationships on internationalization process: An empirical study of Chinese private enterprises", *Asia Pacific Journal of Management*, 30 (2013): 1169 – 1189.

[3] Krislert S., "The rise of China and foreign direct investment from Southeast Asia", *Journal of Current Southeast Asian Affairs*, 30 (2011): pp. 65 – 75. Huang Y., Jin L. and Qian Y., "Does ethnicity pay? Evidence from overseas Chineses FDI in China", *The Review of Economics and Statistics*, 95 (2013): pp. 868 – 883.

期（特别是亚洲金融危机以来）且较为系统的数据为基础对海外华商财富发展演变进行全面统计分析和比较研究的文献极其少见。与海外华商财富变化发展较为相关的文献主要包括华人企业发展的国别研究①，或是以海外华商动态资料集合形成的研究报告②，以及华人上市公司资本分布研究③，等等。还有一些文献专门研究海外华人家族企业的可持续发展问题，例如，海外华人企业家族治理模式的优势、劣势和治理结构的演变④，绩效管理、关系管理和变革管理对华人家族企业可持续发展的作用⑤，家长式集权、关系依赖和关系网络对华人家族企业代际传承和持续成长的不利影响⑥，等等。但关于海外华人企业发展演变的许多文献对文化和制度规范分析多，统计分析与实证研究少，其原因一方面是客观上的确存在着海外华商相关数据可获得性的困难，另一方面是主观上没有悉心跟踪搜集相关信息数据作为论证基础。

本文通过对海外华商富豪及其财富的数据整理，建立华商研究样本数据，运用统计分析和比较研究方法，研究亚洲金融危机以来海外华商财富变化趋势。研究结果将有助于从宏观结构和微观基础两个视角深入思考海外华商财富及其经营发展的历史变迁、现实状态和未来趋势及应变对策。

二 海外华商财富研究样本概况

1. 样本选取与数据来源

为了便于比较分析和确保数据来源的一致性，本文研究样本统一选自福

---

① 黄兴华：《1997年东南亚金融危机以来新加坡华人企业集团变化发展分析》，《东南亚纵横》2011年第7期，第69~74页。林联华：《美国华商发展概况、投资特点及未来展望》，《东南亚纵横》2011年第6期，第92~95页。
② 《2009年世界华商发展报告》，中国新闻社，www.chinanews.com/2010-05-20。
③ 李鸿阶、林心淦：《海外闽商资本研究及其政策建议：以国际华商500为例进行分析》，《亚太经济》2005年第3期，第85~88页。
④ 林勇：《东南亚华人家族企业可持续发展的路径选择》，《东南亚研究》2002年第5期，第54~58页。
⑤ 王莉、石金涛、陈亚玉：《华人家族企业可持续发展的P-R-C模型研究》，《华侨华人历史研究》2006年第1期，第12~17页。
⑥ 杨飞光：《家族式权威、关系契约和华人家族企业的组织成长》，《社会科学》2009年第11期，第41~47页。

布斯（Forbes）富豪榜。首先从各国或各地区中选取净资产排名居前且个数固定的华人富豪组成"海外华商180强样本"，该样本中每年富豪名称有变化（非连续排名），属于个数固定的非连续排名样本，其中，菲律宾、印尼、泰国、马来西亚和新加坡（以下统称为东盟五国）各20个，香港30个，台湾40个，美国及其他10个。然后再根据研究需要调整研究样本的选取范围。

本文中的海外华人富豪及其财富数据根据下列原始来源进行处理：（1）2008~2013年的原始数据来源于福布斯中文网（www.forbeschina.com）和福布斯英文网（www.forbes.com）各国各地区内部净资产排名前40~50强富豪榜和福布斯世界亿万富豪榜（净资产10亿美元及以上），其中，马来西亚由于2013年没有公布相关排名，以2014年净资产（截止时间是2014年2月）代替2013年的净资产。（2）1995年和1996年的原始数据来自香港《Forbes资本家》杂志（已停刊）世界华人富豪榜。此外，在海内外华商比较研究中，中国大陆富豪相关数据来自福布斯中国大陆富豪榜。

虽然最近几年福布斯每年也另外发布世界华人富豪榜，但由于该排行榜将中国大陆富豪包含其中，且主要选取净资产在10亿美元及以上的富豪，导致入榜的海外华人富豪个数大为减少，相关数据对于研究海外华商财富变化不具有代表性，因此，本文将富豪选取范围扩大到各国或各地区内部排名前40~50强的富豪，然后再从中识别出华人富豪。由于菲律宾、印尼和泰国华商绝大多数采用当地姓名，且有一些已传承到第二、第三代，要从排行榜中识别出华人富豪并非易事，笔者主要根据长期追踪研究，识别出知名华商和一些不太知名的华商，因此，可能存在着富豪榜中有些华商富豪被遗漏而没有列入本文统计范围的情形。

本文选取三个关键年度作为研究海外华商财富变化的分界点，其中，1996年是亚洲金融危机爆发之前和香港回归祖国之前的一年，是研究东南亚和港台华商财富变化的一个关键分水岭，2008年是美国次贷危机对亚洲经济产生实质影响之前的一年，2013年是能够获得最新的可比数据的一年。海外华商180强样本在这三个年度的描述统计量见表1。

表1 海外华商180强样本描述统计量

单位：亿美元

国家/地区		菲律宾	印尼	泰国	马来西亚	新加坡	香港	台湾	美国及其他	东盟五国	总计
样本个数		20	20	20	20	20	30	40	10	100	180
极小值	1996年	1.5	5.00	20.00	5.00	2.00	6.00	3.00	2.00	1.50	1.50
	2008年	0.39	1.75	1.40	1.60	2.60	11.00	5.70	14.00	0.39	0.39
	2013年	2.9	11.70	4.05	7.60	9.10	16.00	8.55	15.00	2.90	2.90
极大值	1996年	130	80	80	70	55	115	70	9	130	130
	2008年	31	20	40	100	70	320	85	51	100	320
	2013年	120	150	126	115	106	300	106	86	150	300
和	1996年	397	473	633	389	276	756	468	41	2168	3433
	2008年	99	141	195	338	277	1637	774	264	1049	3724
	2013年	466	639	647	527	571	1724	971	382	2850	5927
均值	1996年	19.83	23.65	31.65	19.45	13.80	25.20	11.70	4.10	21.68	19.07
	2008年	4.94	7.04	9.74	16.91	13.84	54.57	19.34	26.40	10.49	20.69
	2013年	23.32	31.97	32.33	26.36	28.53	57.46	24.28	38.20	28.50	32.93
标准差	1996年	31.11	20.29	16.27	18.86	16.89	25.70	16.18	2.08	21.77	21.47
	2008年	7.09	5.51	12.16	24.52	19.35	74.99	17.73	10.72	15.82	37.10
	2013年	28.57	32.39	40.74	28.33	26.74	67.89	20.89	25.20	31.30	39.31

2. 研究样本的基本特征

（1）年龄结构。

根据图1统计结果，2013年无论是海外华商180强样本或超级富豪样本（本文将个人或家族财富在10亿美元及以上的富豪统称为超级富豪），平均年龄都在68～69岁。而且，2013年超级富豪样本的平均年龄高于1995年超级富豪样本。在180强样本中，70岁以上东盟五国占37%，港台占42%，而60岁以下东盟五国和港台都只占19%。因此，海外华商尤其是超级富豪年龄总体结构偏大而且呈现老化趋势。

（2）创富渠道。

根据180强样本的统计结果（见图2），海外华商180强白手起家比率已从1996年的58%下降到2013年的52%，其中，东盟五国100强华商白手起家比率从59%下降到53%，香港30强华商白手起家比率从47%大幅度下降到

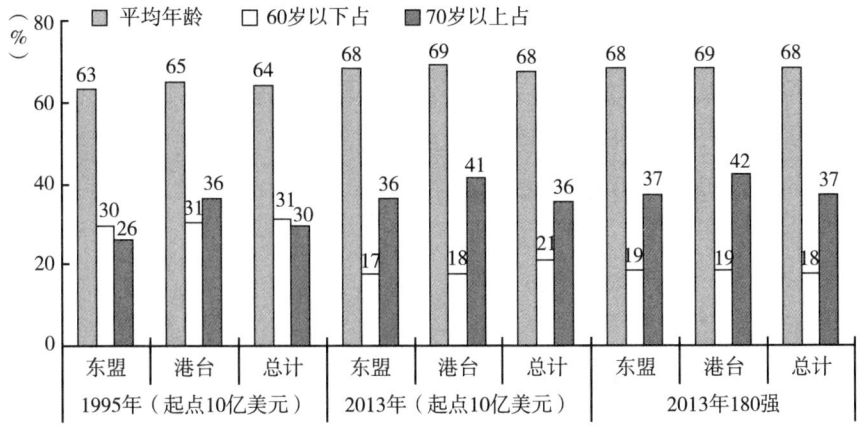

图 1　海外华商年龄结构

27%，台湾 40 强华商白手起家比率从 60% 下降到 55%，而美国及其他地区 10 强华商 2013 年全部是白手起家的第一代创业者。总的来说，海外华商白手起家富豪比例在下降，继承发展富豪接近甚至超过白手起家富豪数量。

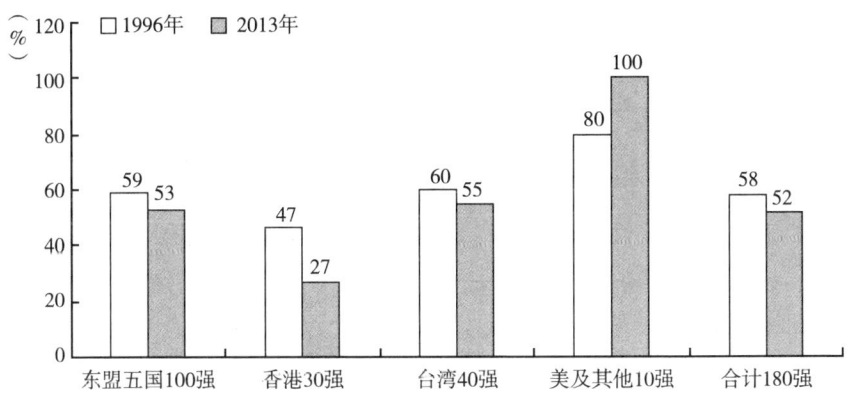

图 2　海外华商白手起家比率

（3）财富流动性。

富豪排行榜的更新比率（退出或新进排名个数占排名总数比重）反映了富豪排名的流动性，排名流动性又反映了财富的流动性。根据海外华商 180 强样本 1996～2013 年排名更新比率的统计结果（见图 3），台湾、新加坡、香港和马来西亚华商的财富流动性居前,排名更新比率都达到或超过50%,分别是68%、55%、53%和50%,美国及其他地区华商排名更新比率最低,为35%,东盟五国总计更新率为47%,180强总计更新率为54%,也就是说,1996年进入海外华商180强排名行列的富豪到2013年有一半以上不再出现在2013年海外华商180强排名行列。因此,海外华商富豪财富的流动性较高。

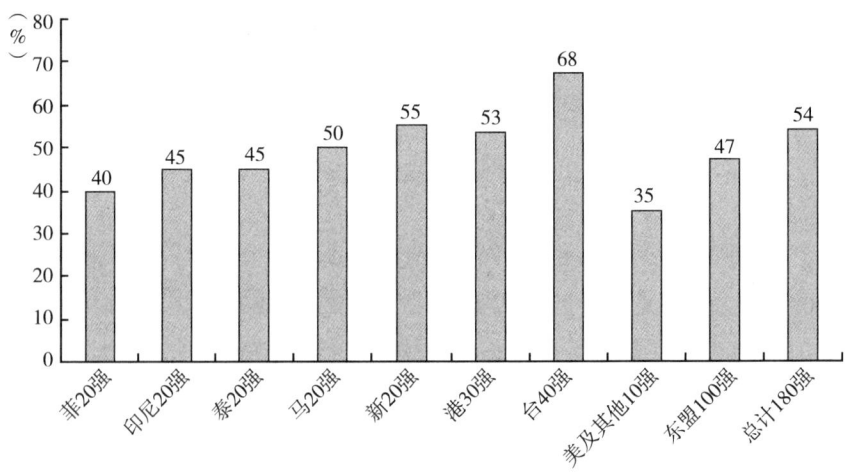

图3 海外华商180强排名更新比率(1996~2013年)

(4)年龄与财富相关性。

根据表2的相关性检验结果,2013年海外华商180强样本、东盟五国华商100强样本年龄与财富都呈现显著的正相关,而在东盟五国超级富豪样本中,年龄与财富的相关性则从1995年不存在显著相关性向2013年的显著负相关转变。可见,海外华商年龄与财富之间从不相关向正相关或负相关转变。富豪年龄与财富的正相关说明越具有财富实力的富豪年龄越大,从而面临的财产继承压力自然越大,而超级富豪年龄与财富的负相关则说明,如果不能及时完成新老交替,财富将随着富豪年龄的增长而减少,家族财富持续增长和家族企业的持续发展将经受更大的考验,因此,海外华商家族继承权压力对财富的持续增长和家族企业的持续发展已经构成了重大挑战。

表 2 海外华人富豪年龄与财富相关性

样本组别		有效样本数	Pearson 相关性	显著性（双侧）
180 强样本 （2013 年）	东盟五国	92	0.284**	0.006
	港台地区	69	0.208	0.087
	全部	170	0.217**	0.004
超级富豪样本 （1995 年）	东盟五国	57	-0.13	0.335
	港台地区	36	0.015	0.929
	全部	94	-0.052	0.616
超级富豪样本 （2013 年）	东盟五国	75	-0.34**	0.008
	港台地区	78	0.182	0.111
	全部	168	0.227**	0.003

说明：相关系数标注 ** 为显著相关（显著性<0.05）。

三 海外华商财富实力地位变化

下面通过分析海外华商财富的区域（东盟地区与其余地区）和地域（国别或地区别）分布格局的变化来考察海外华商财富实力地位的变化，首先分析海外华商总体财富实力及区域、地域分布的变化，然后分析东盟五国华商在所在国总财富中的地位变化和东盟五国华商财富实力和地域分布的变化。

1. 海外华商总体财富实力变化

第一，海外华商平均财富实力处于上升态势，全体华商间财富实力差距不断扩大，不同国家或地区华商间财富实力差距也有所扩大。

根据对 180 强样本华商财富均值统计，虽然 2008 年与 1996 年相比，菲律宾、印尼和泰国三国华商平均财富大幅度下降，但 2013 年与 1996 年和 2008 年两个年度相比，所有国家或地区华商平均财富都有提高。其中，2013 年与 2008 年相比，东盟五国华商平均财富提高最为明显，华商平均财富提高幅度依次为：印尼（24.93 亿美元/个）、泰国（22.59 亿美元/个）、菲律宾（18.38 亿美元/个）、新加坡（14.69 亿美元/个）、美国及其他地区（11.8 亿美元/个）、马来西亚（9.45 亿美元/个）、台湾（4.94 亿美元/个）、香港（2.89 亿美元/个）（见表 1 和图 4）。

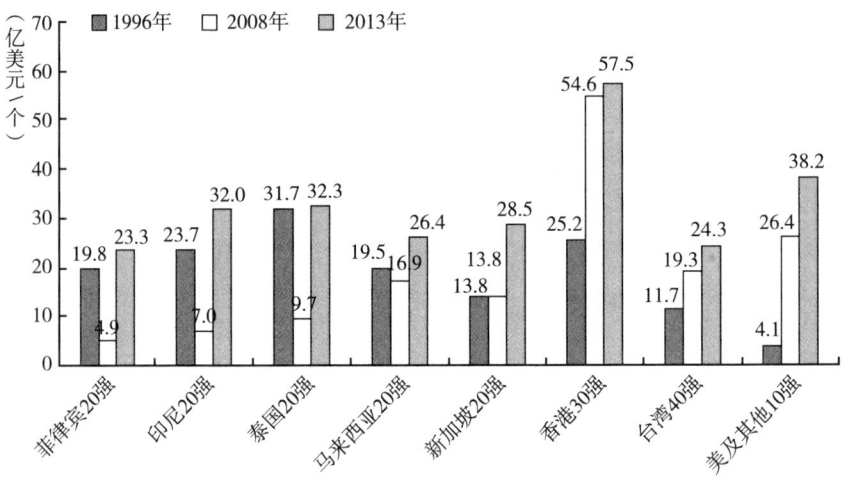

图4 海外华商平均财富比较

海外华商180强样本财富总体标准差从1996年的21.5亿美元提高到2008年的37.1亿美元，2013年进一步提高到39.3亿美元（见表1），这说明180强华商间的财富实力差距不断扩大。另外，根据对180强样本8个国家或地区华商间平均财富标准差的统计，标准差从1996年的8.6亿美元提高到2008年的15.9亿美元，2013年虽然降到11.1亿美元，但仍高于1996年，这说明不同国家或地区华商间财富实力差距有所扩大。

第二，海外华商财富区域分布格局已发生较大的逆转，港台及其他地区华商超级富豪财富实力已超过东盟五国华商超级富豪财富实力。

亚洲金融危机前的1996年，东盟五国华商总体财富实力超过港台及其他地区华商总体财富实力，但是，经过亚洲金融危机的冲击，港台及其他地区华商财富总体实力反超东盟五国华商财富总体实力。以10亿美元及以上超级富豪为例，东盟五国华商超级富豪财富总额从1996年的2178亿美元下降到2008年的778亿美元，财富份额从67.4%降到22.8%，而港台及其他地区华商超级富豪财富总额则从1996年的1054亿美元提高到2008年的2635亿美元，财富份额从32.6%升至77.2%。到2013年，东盟五国华商超级富豪财富总额尽管已回复到2717亿美元，但财富份额却未能恢复到1996年的水平，2013年东盟五国华商超级富豪财富份额为45.3%，而港台及其他地区华商超级富豪财富份额则为54.7%（见表3）。

表3 海外华商超级富豪财富实力变化

国家/地区	个数			财富总额（亿美元）			占财富总计比重（%）		
	1996年	2008年	2013年	1996年	2008年	2013年	1996年	2008年	2013年
东盟五国	79	27	79	2178	778	2717	67.4	22.8	45.3
香港	24	35	44	711	1689	1888	22.0	49.5	31.5
台湾	13	28	35	343	682	927	10.6	20.0	15.4
美国及其他	0	10	17	0	264	470	0.0	7.7	7.8
港台及其他	37	73	96	1054	2635	3285	32.6	77.2	54.7
总　计	116	100	175	3232	3413	6001	100.0	100.0	100.0

注：统计起点为个人或家族财富10亿美元。

第三，美国及其他地区华商超级富豪财富实力明显增强。

美国及其他地区华商超级富豪（以美国华商为主）在海外华商超级富豪中的财富份额虽然较小（见表3），但财富实力有明显提升，行业分布也从原来以高科技创业为主向商贸、消费品、房地产等领域扩展，而且这些富豪年龄结构年轻化，绝大多数通过白手起家致富。

表4列示了美国及其他地区20个华商超级富豪近几年的简况。2014年19个华商财富合计700亿美元（其中，美国华商占12个，占财富总额58.7%），接近2013年台湾地区前20强富豪财富总额，财富行业分布为（占财富总额比重）：高新技术产业占69%，商贸业占19.7%，消费品制造业占5.7%，房地产业占5.5%。

表4 美国及其他地区华人富豪简况表

姓名		2014年年龄	国籍	财富来源	净资产（亿美元）			
中文	英文				2014	2013	2010	2008
陈颂雄	Patrick Soon-Shiong	62	美国	医药	100	80	50	35
张东文	Do Won Chang	59	美国	时装零售	57	45		
王恒	Roger Wang	65	美国	零售	31	38	28	16
孙大卫	David Sun	62	美国	计算机	45	26	25	25
杜纪川	John Tu	73	美国	计算机	45	26	25	25
冯国经	Victor Fung	68	美国	贸易	23	25	33	25
高民环	Min Kao	65	美国	导航设备	25	21	16	31
程正昌	Andrew Cherng	/	美国	连锁餐厅	27	20		

续表

姓名		2014年年龄	国籍	财富来源	净资产(亿美元)			
中文	英文				2014	2013	2010	2008
杨致远	Jerry Yang	45	美国	互联网	21	15	13	23
孙宏斌	Hongbin Sun	51	美国	房地产	10.5	12		
黄凯	Kieu Hoang	69	美国	医药	16.5			
张法俊	Fred Chang	57	美国	网络零售	10			
孙正义	Masayoshi Son	56	日本	互联网	184	86	59	51
黄炳文	Bingwen Huang	60	澳大利亚	印刷	17	10		
蔡崇信	Joseph Tsai	50	加拿大	电子商务	37			
戴秀丽	Xiu Li Hawken	51	英国	房地产	12	15	24	
潘日旺	Pham Nhat Vuong	45	越南	房地产	16	15		
徐宇	Jacky Xu	/	圣基茨	服装	12	15		
黄茂如	Huang Maoru	48	伯利兹	房地产		10	12	14
刘名中	Ming Chung Liu	51	巴西	造纸	10.5	11	17	19

第四，海外华商财富地域分布格局已发生明显变化，财富地域分布集中度有所提高。

以8个国家或地区华商超级富豪财富分布比重为例，东盟五国华商财富份额除新加坡外其他四国华商财富份额呈现下降趋势，香港华商财富份额一度从1996年的22%提升至2008年的49.5%，尽管2013年回降到31.5%，但在海外华商财富中的份额仍然最高。台湾华商财富份额从1996年位居第五提升至2008年和2013年位居第二的地位。美国及其他地区华商财富份额处于上升态势。泰国华商财富份额下降幅度最大，从1996年一度高达23.8%（位居第一）下降到2013年的10.3%（位居第四）。到2013年，海外华商财富份额地域分布格局依次为：香港（31.5%）、台湾（15.4%）、印尼（11%）、泰国（10.3%）、新加坡（9%）、马来西亚（7.9%）、美国及其他（7.8%）、菲律宾（6.9%）（见图5）。

根据对8个国家或地区超级富豪样本财富地域分布标准差统计，标准差从1996年的7.7%提高到2008年的16%，尽管2013年回降到8.1%，但仍高于1996年的标准差，这说明财富分布地域集中度有所提高。

2. 东盟华商财富实力地位变化

第一，东盟五国华商财富占所在国入选富豪财富份额基本保持稳定态势。

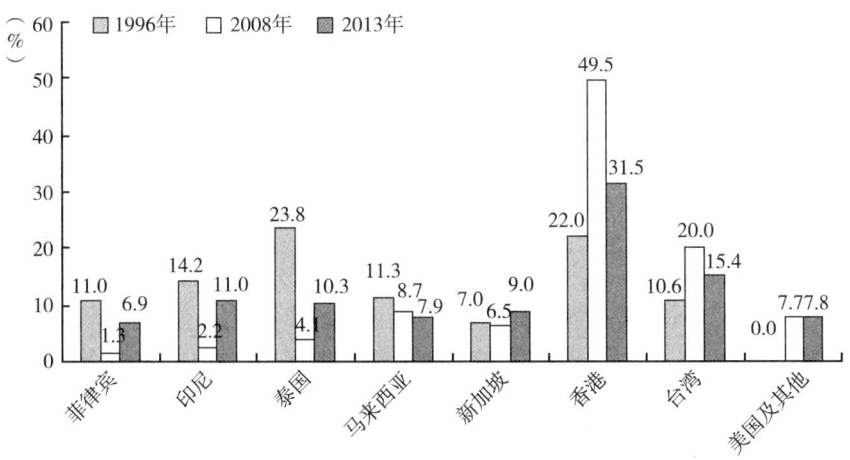

图5 海外华商超级富豪财富地域分布

根据对东盟五国各国内部前40强富豪及其中可识别的华人富豪的统计，2008~2013年华人富豪占所在国40强富豪总数菲律宾和泰国最少，均为20~23个，新加坡最多，为34~38个，马来西亚为24~29个，印尼为25~26个，在东盟五国合计200强富豪中，华人富豪占总数的65%~66.5%。

从华人富豪财富占所在国40强富豪总财富比重来看，2013年比重依次为：新加坡（87.9%）、泰国（79.4%）、印尼（77.9%）、菲律宾（73.8%）、马来西亚（72.3%）。2013年与2008年相比，印尼、菲律宾和泰国华商财富份额分别提高7.3个百分点、4.3个百分点和1.1个百分点，新加坡和马来西亚华商财富份额则分别下降10.1个百分点和2.4个百分点，从而导致华商总体占东盟五国200强富豪总财富份额从2008年的79.5%略微下降到2013年的78.3%，下降1.2个百分点（见图6）。

第二，东盟五国内部华商财富地域分布格局发生明显变化，地域分布集中度趋于下降。

根据对个人或家族财富在10亿美元及以上的华商超级富豪的财富统计，1996年东盟五国华商财富份额地域分布依次是：泰国（35.4%）、印尼（21.1%）、马来西亚（16.8%）、菲律宾（16.3%）、新加坡（10.4%）。但到2008年，泰国、印尼和菲律宾三国华商财富份额都大幅度下降，分别下降

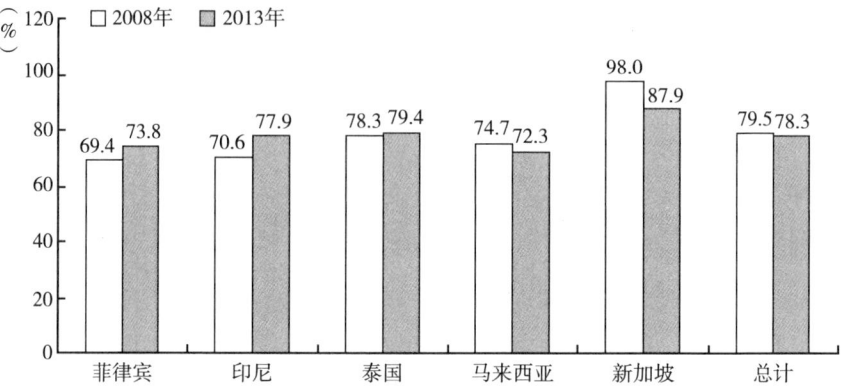

图6 东盟华商占所在国40强富豪财富比重

17.6个百分点、11.3个百分点和10.4个百分点,而马来西亚和新加坡华商财富份额则大幅度提升,分别上升21.3个百分点和18个百分点。再经过2008~2013年的发展演变,印尼、菲律宾和泰国华商财富份额都恢复性回升,分别回升14.6个百分点、9.4个百分点和5.1个百分点,而马来西亚和新加坡华商财富份额则分别回降20.6个百分点和8.4个百分点(见表5和图7)。

表5 东盟五国华商超级富豪财富实力变化

国家	个数			财富总额(亿美元)			占财富合计比重(%)		
	1996年	2008年	2013年	1996年	2008年	2013年	1996年	2008年	2013年
菲律宾	8	2	12	356	46	416	16.3	5.9	15.3
印尼	18	5	22	460	76	662	21.1	9.8	24.4
泰国	30	5	14	770	139	621	35.4	17.8	22.9
马来西亚	16	8	14	365	297	476	16.8	38.1	17.5
新加坡	7	7	17	227	221	543	10.4	28.4	20.0
合计	79	27	79	2178	778	2717	100.0	100.0	100.0

注:统计起点为个人或家族财富10亿美元。

到2013年,东盟五国华商财富份额地域分布依次是:印尼(24.4%)、泰国(22.9%)、新加坡(20%)、马来西亚(17.5%)、菲律宾(15.3%)。与1996年财富份额相比,泰国华商下降12.5个百分点,菲律宾华商下降1个百分点,新加坡华商提升9.6个百分点,印尼华商提高3.3个百分点,马来西

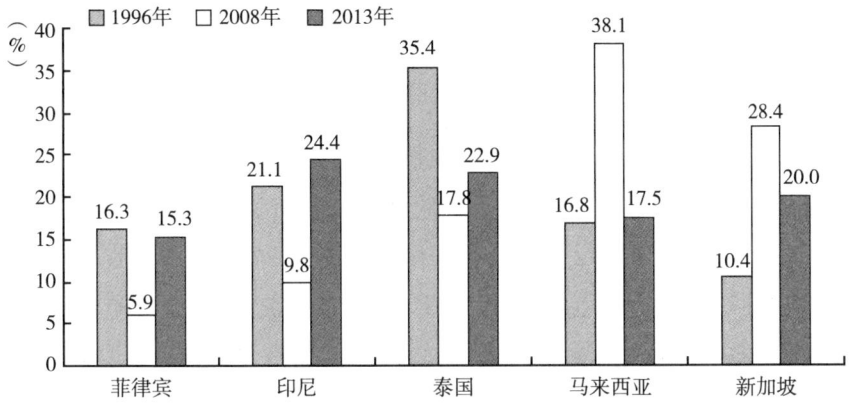

图7 东盟五国华人超级富豪财富地域分布

亚华商提高0.7个百分点（见表5和图7）。与1996年财富实力排序相比，印尼华商从第二提升到第一，与泰国地位调换，新加坡华商从末位上升到第三，菲律宾从第四降到末位，马来西亚华商从第三变为第四。

根据对5个国家超级富豪财富地域分布标准差统计，标准差从1996年的9.4%提高到2008年的13.3%，2013年下降到3.8%，这说明东盟华商财富分布地域集中度趋于下降。

第三，东盟全体华商间财富实力差距趋于扩大，但不同国家华商间财富实力差距却趋于缩小。

根据对东盟五国华商100强样本财富标准差统计（见表1），标准差虽然从1996年的21.8亿美元下降到2008年的15.8亿美元，但2013年却提高到31.3亿美元，这说明东盟全体华商间财富实力差距趋于扩大。另外，根据对东盟五国华商间平均财富标准差（平均财富差距）统计，标准差从1996年的6.59亿美元下降到2008年的4.89亿美元，2013年进一步降到3.81亿美元，这说明东盟不同国家华商间财富实力差距趋于缩小。

四 海外华商财富来源结构变化

由于海外华商尤其是超级富豪财富来源已向多元化发展，要从财富总额角度统计财富来源结构实非易事,因此,下面主要从华人富豪财富首要来源角度(有多种来源的富豪只选取第一大来源),统计海外华人富豪在各个行业的个数分布。

根据海外华商行业分布特点,本文将行业重新划分为九大类:A. 房地产业;B. 金融业,包括银行、证券、保险、股权投资;C. 商贸业,包括零售、批发、贸易、餐饮、运输、物流;D. 休闲娱乐业,包括酒店、旅游休闲、博彩、传媒;E. 建筑业,包括建筑、基建和工程服务;F. 农业,包括农林牧渔产品种植、养殖、加工等农业综合经营;G. 高新技术产业,包括电子科技、信息技术、互联网和电信、医药与生物技术、新能源、新材料、环保技术及其产品;H. 消费品制造业,包括食品饮料、电器、纺织、服装、服饰、玩具、造纸;I. 重化工业,包括建材、钢铁、汽车、石化、装备、电气、矿业、水电气供应、修造船。

1. 海外华商总体财富来源及其变化

第一,房地产业、消费品制造业、金融业和商贸业是海外华商的主要财富来源。

根据上述行业分类,按财富首要来源统计(见图8),1996年海外华商180强行业分布个数比率依次为:金融业(22.2%)、房地产业(21.1%)、重化工业(14.4%)、消费品制造(12.8%)、商贸业(8.3%)、高新技术产业(6.7%)、休闲娱乐业(5.6%)、农业(5%)、建筑业(3.9%)。2013年行业分布个数比率依次变为:房地产业(19.4%)、消费品制造业(15.6%)、金融业(15%)、商贸业(13.3%)、高新技术产业(12.8%)、重化工业(10.6%)、农业(6.1%)、休闲娱乐业(5.6%)、建筑业(1.7%)。

第二,以高新技术产业、商贸业和消费品制造业为财富首要来源的华商比率明显提高,而以金融业和重化工业为财富首要来源的华商比率明显下降。

2013年与1996年相比(见图8),以高新技术产业、商贸业、消费品制造和农业为财富首要来源的华商比率分别提高6.1个百分点、5个百分点、2.8个百分点和1.1个百分点,而以金融业、重化工业、建筑业和房地产业为财富来源的华商比率则分别下降7.2个百分点、3.8个百分点、2.2个百分点和1.7个百分点,休闲娱乐业比率不变。从分布排序格局变化来看,房地产业从第二升至第一,消费品制造业从第四升至第二,金融业从第一降到第三,商贸业从第五升至第四,高新技术产业从第六升至第五,重化工业从第三降到第六,休闲娱乐业从第七降到第八,农业从第八升至第七,建筑业居于末位不变。

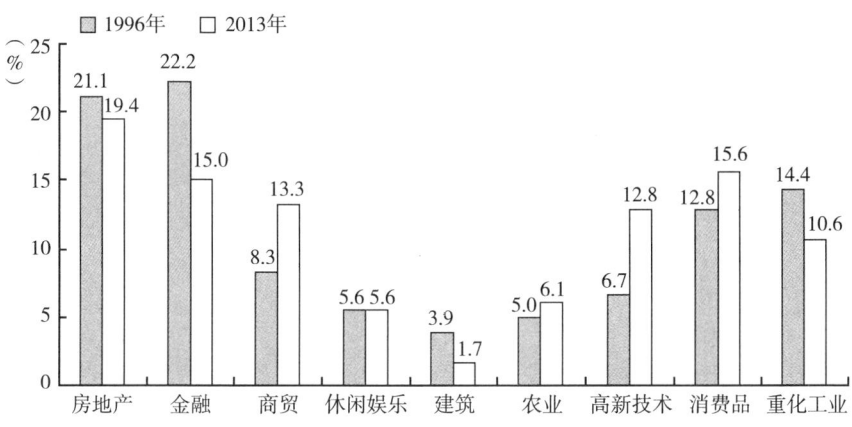

图8 海外华商180强行业分布(按财富首要来源统计)

第三,财富来源的行业分布集中度有所下降。

根据对海外华商180强财富首要来源个数分布比率标准差统计,标准差从1996年的6.9%降到2013年的5.7%,这说明行业分布集中度趋于下降。

2. 东盟华商财富来源及其变化

第一,东盟华商的主要财富来源与海外华商总体类似,只是占比和位次有所差异而已。

根据对东盟华商100强财富首要来源行业分布个数比率的统计(见图9),1996年以金融业、房地产业、消费品制造业和商贸业为财富首要来源的华商比率分别为27%、16%、13%和10%,2013年上述比率分别变为19%、14%、22%和11%。

第二,东盟华商农业综合经营较具优势,但高新技术产业处于弱势。

以农业为财富首要来源的华商比率从1996年的9%提高到2013年的11%,位次居于第五,以高新技术产业为财富首要来源的华商比率1996年与2013年均为6%,位次居于第八(见图9)。

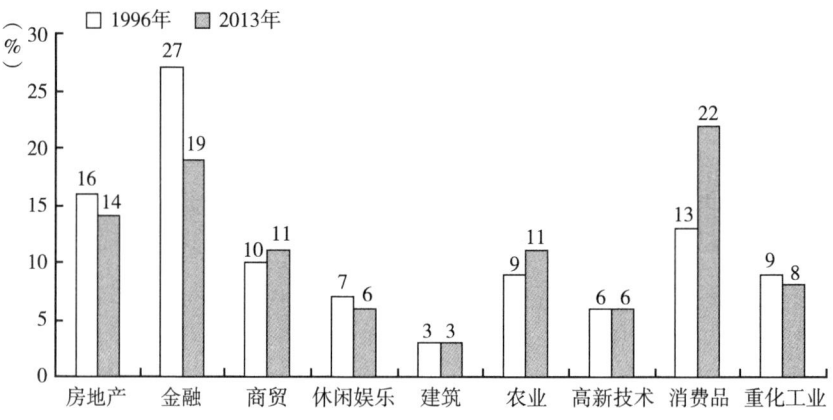

图9 东盟华商100强行业分布(按财富首要来源统计)

第三,东盟华商财富来源格局基本保持稳定。

2013年与1996年相比,按财富首要来源统计,金融业华商比率下降8个百分点,位次从第一降为第二;房地产业华商比率下降2个百分点,位次从第二降为第三;消费品制造业华商比率则提高9个百分点,位次从第三升至第一;商贸业华商比率提高1个百分点,位次仍居第四。其他五个行业华商比率和位次基本没有太大变化(见图9)。

第四,东盟华商财富来源的行业分布集中度有所下降。

根据对东盟华商100强财富首要来源个数分布比率标准差统计,标准差从1996年的7.1%下降到2013年的6.3%,这说明行业分布集中度有所下降,但行业分布标准差略高于海外华商180强总体。

3. 台湾华商财富来源及其变化

第一,重化工业、高新技术产业和金融业是台湾华商的主要财富来源,财富来源结构变化明显。

根据对台湾华商40强财富首要来源行业分布个数比率的统计(见图10),以重化工业为首要财富来源的华商比率虽然从1996年的37.5%降低到2013年的27.5%,下降10个百分点,但占比一直稳居首位;高新技术产业华商比率则从1996年的7.5%大幅上升到2013年的22.5%并升至第二位;金融业华商比率则从1996年的27.5%大幅度下降到2013年的15%,从第一退居到第三;

房地产业华商比率从 1996 年的 7.5% 升至 2013 年的 12.5%，位居第四；商贸业和消费品制造业华商比率上升，但位次不变。

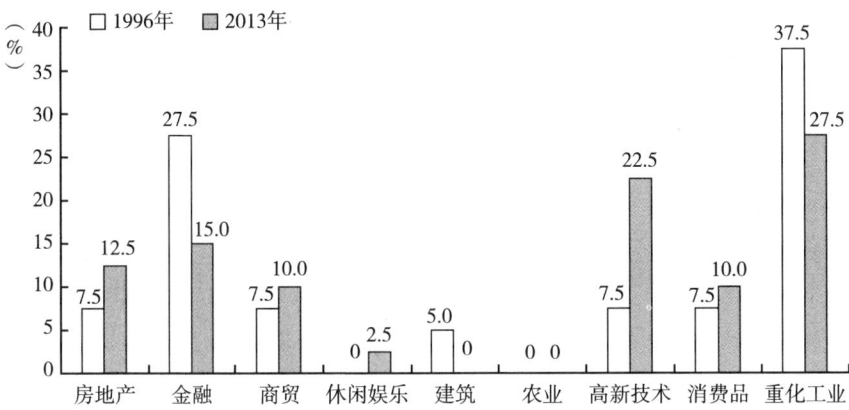

图 10　台湾华商 40 强行业分布（按财富首要来源统计）

第二，台湾华商财富来源的行业集中度高于海外华商 180 强总体，但也呈现下降态势。

台湾华商 40 强财富首要来源个数分布比率标准差从 1996 年高达 12.7% 下降到 2013 年的 9.6%。

4. 香港华商财富来源及其变化

第一，香港华商与其他华商最大不同在于行业分布高度集中于房地产业。

根据对香港华商 30 强财富首要来源行业分布个数比率的统计（见图 11），以房地产业为财富首要来源的华商比率从 1996 年的 50% 提高到 2013 年的 53%。

第二，香港华商财富来源结构变化明显。

消费品制造业和商贸业华商比率变化最为明显，消费品制造业华商比率一度高达 20%，位居第二，但 2013 年降到 7%。商贸业华商比率则从 1996 年的 3% 大幅度提高到 2013 年的 17%，位居第二。高新技术产业华商比率明显上升。休闲娱乐业（10%）和金融业（7%）华商比率维持不变（见图 11）。

第三，香港华商财富来源行业集中度在海外华商中最高且有所上升。

香港华商 30 强财富首要来源个数分布比率标准差从 1996 年的 15.8% 提高到 2013 年的 16.6%。

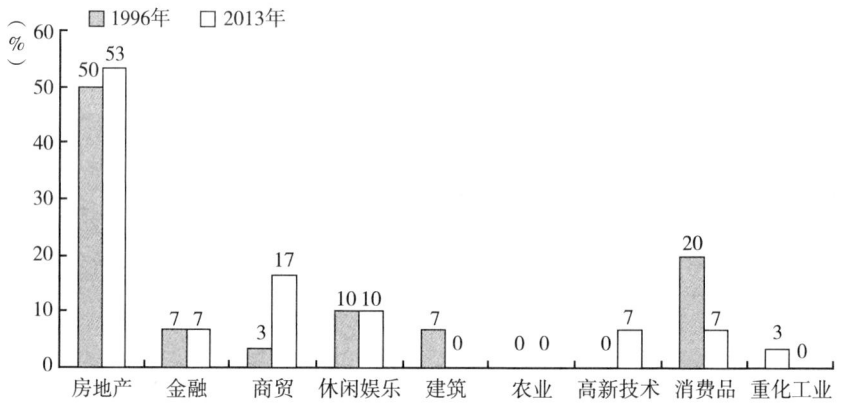

图 11　香港华商 30 强行业分布（按财富首要来源统计）

五　海外华商财富增长差异分析

外部经济环境和内在结构特征导致不同国家或地区华商或不同财富来源华商在财富增长方面存在差异，下面分别从国家或地区别与行业别两个角度考察海外华商财富增长差异。

1. 不同国家或地区华商财富增长差异

不同国家或地区经济增长、资本市场及汇率波动与华商经营差异都可能影响到华商财富增长差异。为了便于对财富增长作比较分析，这里在海外华商 180 强样本基础上将华商财富统计范围调整为 187 家，其中，香港增加 3 个，印尼增加 5 个，马来西亚增加 4 个，美国及其他地区从原来的 10 个调整为只统计美国 5 个，其他国家或地区的个数不变。这 187 强华商财富（按美元计算）1996～2008 年增长率和 2009～2013 年共 5 个年度增长率累计见表 6。为了分析经济环境变化对不同国家或地区华商财富增长差异的影响，相关国家或地区的名义 GDP 增长、股票指数变动和汇率变动一并列于表 6。

第一，由于经济波动和金融危机对不同经济体的影响深度和广度不同，以及不同国家或地区华商财富来源结构不同，面对外部冲击的承受力不同，导致

表6 华商财富、GDP、股指和汇率变化

国家/地区	华商个数	2009~2013年年变动率累计(%)				1996~2008年变动率(%)		
		华商财富增长	名义GDP增长	股指变动	汇率变动	华商财富增长	名义GDP增长	汇率变动
香港	33	51.4	25.0	98.5	0.5	116.1	35	-0.7
台湾	40	37.4	25.5	21.2	9.9	65.3	38	-19.1
新加坡	20	79.9	52.6	99.9	10.5	0.3	100	-0.6
印尼	25	218.1	58.5	147.7	-27.0	-70.7	125	-314.1
马来西亚	24	61.5	51.3	96.3	0.2	-15.9	129	-32.8
泰国	20	141.8	42.2	146.9	0.9	-69.4	49	-31.4
菲律宾	20	183.9	52.6	164.9	-0.8	-75.1	89	-69.1
美国	5	46.9	13.5	79.2	—	442.3	82	—

注：财富和GDP均按美元计算，两者都是名义变动且都没有剔除汇率变动的影响；汇率变动率负值是本币贬值，正值是本币升值。
资料来源：GDP来自世界银行和IMF，台湾GDP来自中国国家统计局，股票指数来自《标准普尔全球股票市场手册》。

不同国家或地区华商财富增长存在着较大差异，而且，经济越是不稳定时期，不同国家或地区华商财富增长差异越大。

187个华商财富增长统计表明（见图12），2008年与亚洲金融危机之前的1996年相比，如果按照美元计算，东盟五国华商除了新加坡华商财富略有增

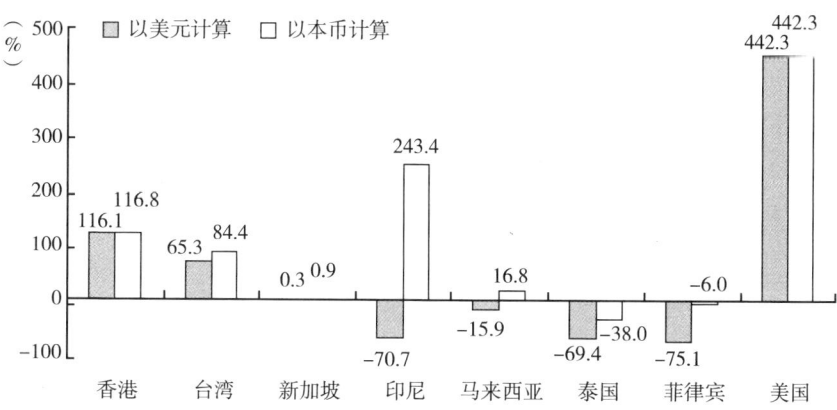

图12 按国家或地区区分的华商财富增长（1996~2008年增长率）

长外，其他四国华商财富均显示负增长，其中，菲律宾、印尼和泰国华商财富下降幅度都接近或超过70%，马来西亚下降15.9%。可见，亚洲金融危机对东盟华商财富产生的冲击是深远的。与此同时，美国华商财富增长幅度最大，达到442.3%，香港华商财富增长116.1%，台湾华商财富增长65.3%。

2008～2013年，除了印尼盾有较大贬值外，其他国家或地区的币值总体较为稳定（见表6），汇率对财富及其增长的影响较小。根据图13的统计结果，这期间东盟各国华商财富增长速度都超过美国、香港和台湾华商，2008～2013年东盟五国华商财富（按美元计算）累计增长分别为印尼218.1%、菲律宾183.9%、泰国141.8%、新加坡79.9%、马来西亚61.5%，港、台、美华商财富增长明显放缓。

2008～2013年虽然不同国家或地区华商的财富增长继续呈现多元分化的发展态势，但财富增长差异明显缩小，8个国家或地区华商财富增长率标准差从1996～2008年的173.1%明显缩小到2008～2013年的69.4%，年平均标准差分别为14.4%和13.9%，这主要是这期间东盟五国华商财富随着经济增长而获得较快增长。由于1996～2008年与2008～2013年相比，外部经济环境更加不稳定，因此，经济越是不稳定时期，不同国家或地区华商财富增长差异越大。

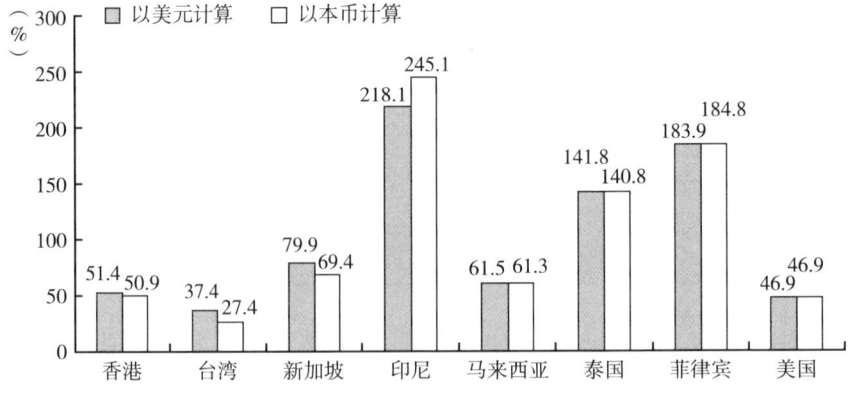

图13 按国家或地区区分的华商财富增长（2009～2013年年增长率累计）

第二，汇率波动对不同国家或地区华商财富增长差异的影响不存在简单的一致的结论。汇率波动可能导致按美元计价的华商财富增长差异扩大，但对于投资和经营国际化程度较高的华人富豪来说，以美元作为财富及其增长的衡量标准更加合理和符合实际。

由于东盟五国经过亚洲金融危机的冲击，货币都大幅度贬值（见表6），如果按本币计算财富（剔除汇率波动的影响），1996～2008年印尼和马来西亚华商财富不降反升，其中，印尼华商增长243.4%，马来西亚华商增长16.8%，泰国和菲律宾华商财富下降幅度也大幅度缩小（见图12）。

另外，对不同国家或地区华商财富增长与汇率波动的相关性检验表明（见表7），1996～2008年，华商财富增长与汇率波动之间存在着正相关，说明本币贬值不利于华商财富增长，但也不显著；而2008～2013年，华商财富增长与汇率波动之间存在着显著负相关，说明本币适度贬值反而有利于华商财富增长。

表7　华商财富增长与GDP、股指和汇率变动的相关性检验

检验结果	2009～2013年年变动率累计			1996～2008年变动率	
	华商财富与名义GDP	华商财富与股指	华商财富与汇率	华商财富与名义GDP	华商财富与汇率
Pearson相关性	0.703	0.844**	-0.758**	-0.220	0.512
显著性（双侧）	0.052	0.017	0.048	0.600	0.240

说明：名义GDP和财富均按美元计算，相关系数标注**为显著相关（显著性<0.05）。

因此，汇率波动对不同国家或地区华商财富增长差异的影响不存在简单的一致的结论。财富实力应以国际化货币作为衡量标准，尤其是跨国跨地区比较时更应如此，更何况绝大多数华人富豪都已经进行国际化投资与经营，以美元作为衡量其财富及增长的统一标准是合理的选择。

第三，不同国家或地区华商财富增长差异与GDP增长也不存在一致的简单结论。相关性检验表明，1996～2008年华商财富增长与GDP增长之间存在着负相关，但很不显著，而2009～2013年华商财富增长与GDP增长之间近似显著正相关（见表7）。这从另一个侧面说明华商经营和投资国际化有助于降

低国家或地区经济增长差异带来的财富波动风险。

第四,资本市场波动对不同国家或地区华商财富增长影响显著。相关性检验表明,2009~2013年华商财富增长与股票价格指数变动之间存在着显著正相关(见表7)。

2. 不同财富来源华商财富增长差异

第一,海外华商传统行业和高新技术产业财富增长相对稳定。

2008年与1996年相比,财富增长幅度位居前列的是以商贸业和高新技术产业为财富首要来源的华商,分别增长296.6%和231.9%;以房地产业和农业为财富首要来源的华商财富也呈现正增长,分别为38.1%和17.6%,其他行业都呈现负增长而且下降幅度都较大(见图14)。其原因是商贸业、房地产业和农业综合经营(农业以东盟华商为主)是海外华商的传统核心领域,而高新技术产业适应了经济转型升级的发展趋势,受经济波动的影响相对较小。

2013年与2008年相比,所有行业华商财富都呈现正增长,其中,以消费品制造业为财富首要来源的华商财富增长幅度最大,达到193.5%,其他依次为商贸业(70.3%)、农业(69.3%)、休闲娱乐业(60.9%)、金融业(59%)、高新技术产业(48.6%)、重化工业(37.9%)、房地产业(26.8%)、建筑业(22%)(见图14)。

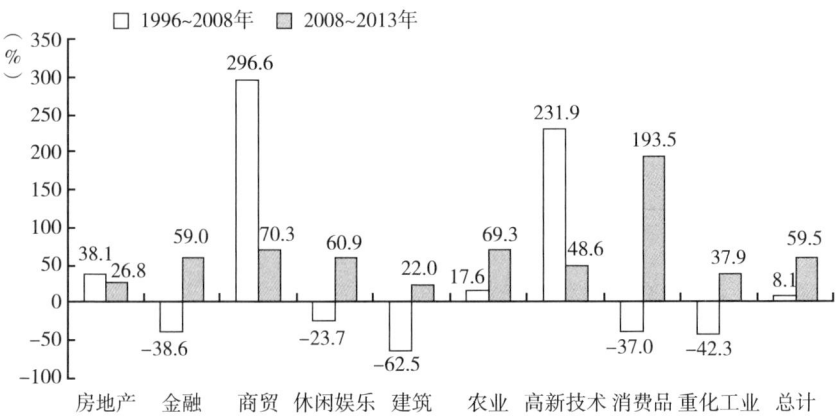

图14 按财富首要来源区分的华商财富增长(180强)

第二，不同财富来源的华商财富增长差异较大，但其差异与经济环境稳定性没有必然的联系。

1996～2008年海外华商180强9个行业增长率标准差为130.7%，年平均标准差为10.9%，2008～2013年增长率标准差为51.1%，年平均标准差为10.2%。如果从此时期增长标准差来看，显然，不同财富来源的华商财富增长存在着较大的差异，但如果从年均增长率标准差来看，虽然两个时期外部经济环境不同，特别是前一个时期海外华商财富经历了1997年亚洲金融危机的巨大冲击，但是，两个时期不同财富来源华商的年平均财富增长标准差没有什么差异，这说明不同财富来源的华商，其财富增长差异与经济环境稳定性没有必然的联系。其中重要原因是海外华商富豪绝大多数都已进行多元化和国际化发展。

六 海内外华商富豪及其财富比较

比较研究中国大陆富豪（海内华商）与海外华人富豪特征和财富实力，有助于进一步认识海外华商财富的发展变化特征，也有助于海内外华商认识到自身的优势与不足。

海外华人富豪与中国大陆富豪财富积累和发展变化存在的共同特征是：家族财富的积累基本上都经历白手起家过程，并随着家族企业的发展壮大将财富分散到其他地域和多元化行业，尤其是新兴市场和房地产行业。同时，随着资本市场的发展，家族企业也善于利用股市进行公司并购、业务分拆上市来重组公司和扩展业务，楼市和股市是影响财富增长的重要因素。

但是，由于海内外华商发展历史不同和政治经济环境存在着较大的差异，进入排行榜富豪的年龄结构、创富历史、财富实力及其增长、财富来源结构存在着较大的差异，有其各自的优势和不足。

第一，由于中国大陆富豪是伴随着中国改革开放而逐渐成长起来的新一代富豪，而海外华人富豪多数在20世纪50年代甚至更早就开始创业，许多家族财富已传承到第二或第三代，因此，中国大陆富豪最大的优势是年轻有为，还没有进入家族企业财产继承阶段，家族企业还掌握在创业起家的第一代手中，而海外华人富豪却不时受到家族企业财产继承权纷争的困扰。2013年海外华商180强70岁以上占37%，60岁以下占18%，而中国大陆富豪180强70岁以上仅占2.8%，60岁以下占77%。中国大陆富豪180强平均年龄53岁，海外华商180强平均年龄68岁。2013年海外华商180强白手起家占52%，中国大陆富豪180强100%属于创业起家一代。

第二，由于中国大陆富豪成长历史较短，中国大陆创富机会随着经济发展和改革开放的深入还在增多，因此，中国大陆富豪排行榜更新比率高于海外华人富豪，财富稳定性较差，富豪间财富差距较小。从富豪排行榜的更新比率来看，2013年与2008年相比，180强海外华人富豪排名更新比率为26%，而中国大陆180强富豪排名更新比率高达50%，是海外华商180强的1.84倍。2013年海外华商180强财富标准差是39亿美元，中国大陆富豪180强财富标准差是21亿美元。

第三，海外华人富豪年龄与财富实力之间呈现正相关关系，而且在海外华人超级富豪样本中，年龄与财富实力之间甚至存在着负相关，这说明如果不能顺利实现家族企业财产继承权的顺利交接，将影响到海外华商财富的持续增长，因此，家族企业和财产的继承压力是海外华商面临的一个重要问题。而大陆富豪尽管还没有进入家族企业的权力交接时期，年龄与财富实力不相关（2013年中国大陆富豪400强年龄与财富实力相关性检验结果是相关系数为－0.016，显著性为0.748），但海外华商家族继承权纷争问题却是值得汲取的教训。总的来说，家族治理模式对财富增长可谓利弊参半，在创业和财富积累初期应该说利大于弊，但随着财富的增长、业务的扩大和创业一代年龄的增大，家族治理如果不能及时引入现代公司治理模式，就可能重蹈"富不过三代"的覆辙。

第四，中国大陆富豪财富增长速度超过海外华人富豪，财富实力也赶上甚至超过海外华人富豪。2013年与2008年相比，中国大陆180强富豪总财富增长率是海外华商180强的4倍，中国大陆100强富豪总财富增长率是东盟华商100强的1.5倍，中国大陆40强富豪总财富增长率是台湾地区华商40强的9.7倍，中国大陆30强富豪总财富增长率是香港地区华商30强的58.6倍。2008年海外华商180强、东盟华商100强、台湾华商40强和香港华商30强的财富都分别超过中国大陆富豪180强、100强、40强和30强的总财富。但到了2013年，中国大陆富豪180强总财富虽然仍小于海外华商180强总财富，但差距大幅度缩小，而且中国大陆富豪100强、40强和30强的总财富都已分别超过东盟华商100强、台湾华商40强和香港华商30强的总财富（见图15）。

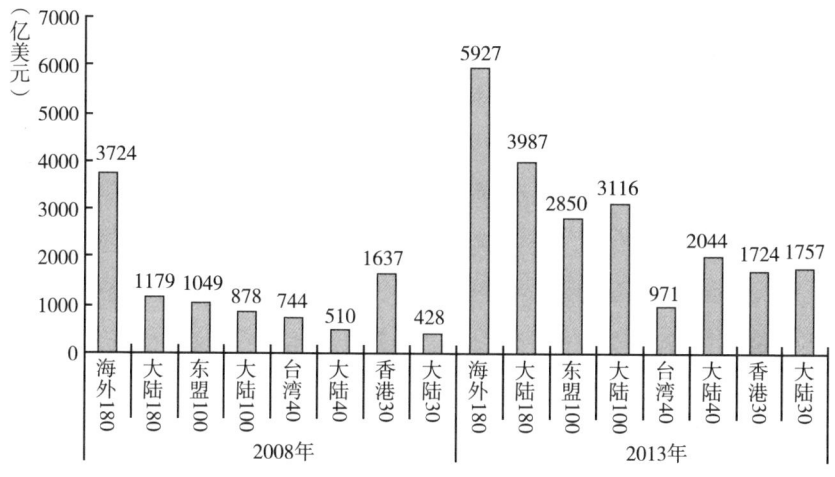

图15 中国大陆与海外华人富豪财富比较

第五，中国大陆富豪财富集中于高新技术产业、重化工业、房地产业三大行业，海外华人富豪财富集中于房地产业、消费品制造业和金融业三大行业，但海外华人富豪比中国大陆富豪投资和经营领域更加多元化和国际化。2013年以房地产业、消费品制造业和金融业三大行业作为财富首要来源的华商占海外华商180强总数的50%，而2013年大陆富豪180强以高新技术产业、重化工业、房地产业三大行业作为财富首要来源的富豪分别占到总数的24.4%、23.9%和22.2%，三者合计占总数70.5%。因此，海内外华商具有较大的产业互补性和分工协作空间，双方应充分利用各自产业优势扩大双向跨国或跨境投资和经营合作。

七 结论与展望

本文以海外华人富豪180强作为研究样本，运用统计分析和比较研究方法，阐述海外华商及其财富的总体特征，研究海外华商财富实力地位和财富来

源结构的发展变化,分析不同国家或地区华商和不同行业华商的财富增长差异,比较海外华人富豪与中国大陆富豪及其财富的不同特征。总的来说,亚洲金融危机以来,海外华商财富的发展变化特征主要表现在:

(1) 海外华商尤其是超级富豪年龄总体结构呈现老化趋势,白手起家富豪比例在下降,继承发展富豪接近甚至超过白手起家富豪数量,富豪榜更新率较高,年龄与财富之间从不相关向正相关或负相关转变,多数华商财富的持续增长面临着家族企业财产继承权的挑战。

(2) 尽管海外华商平均财富实力不断增长,但全体华商间财富实力差距不断扩大,不同国家或地区华商间财富实力差距也有所扩大,财富实力区域分布格局已发生较大的逆转,财富地域分布格局已发生明显变化,财富地域集中度有所提高。港台及其他地区华商财富实力已超过东盟五国华商财富实力,美国及其他地区华商在海外华商中的财富份额虽然较小,但财富实力提升明显,到 2013 年,海外华商财富份额地域分布格局依次为:香港(31.5%)、台湾(15.4%)、印尼(11%)、泰国(10.3%)、新加坡(9%)、马来西亚(7.9%)、美国及其他(7.8%)、菲律宾(6.9%)。

(3) 东盟五国华商财富占所在国入选富豪财富份额基本保持稳定态势,但华商财富份额地域分布格局发生了明显变化,财富地域分布集中度和不同国家华商间财富实力差距趋于缩小,但全体华商间财富实力差距却趋于扩大。在东盟五国华商中,印尼和新加坡华商地位提升,而泰国、菲律宾和马来西亚华商地位则下降。到 2013 年,东盟五国华商财富地域分布依次是:印尼(24.4%)、泰国(22.9%)、新加坡(20%)、马来西亚(17.5%)、菲律宾(15.3%)。

(4) 财富来源结构方面,总体来说,房地产、消费品制造业、金融业和商贸业是海外华商的主要财富来源,以高新技术产业、商贸业和消费品制造业为财富首要来源的华商比率明显提高,而以金融业和重化工业为财富首要来源的华商比率明显下降,财富来源行业分布集中度有所下降,到 2013 年,海外华商 180 强财富首要来源分布个数比率依次为:房地产业(19.4%)、消费品制造业(15.6%)、金融业(15%)、商贸业(13.3%)、高新技术产业(12.8%)、重化工业(10.6%)、农业(6.1%)、休闲娱乐业(5.6%)、建筑业(1.7%)。具体来说,东盟华商主要财富来源与海外华商总体类似,财富来源格局基本保持稳定,但农业综合经营较具优势,高新技术产业处于弱势,财富来源的行业分布集中度也有所下降且略高于海外华商180强总体;台湾华商主要财富来源是重化工业、高新技术产业和金融业,财富来源结构变化明显,行业集中度高于海外华商180强总体且呈现下降态势;香港华商财富高度集中于房地产业,财富来源行业集中度在海外华商中最高且有所上升;美国及其他地区华商财富来源从原来以高科技创业为主向商贸、消费品、房地产等领域扩展。

(5) 不同国家或地区华商财富增长差异与GDP增长和汇率波动之间不存在着简单一致的相关关系,但不同国家或地区股指波动与华商财富增长间存在着显著正相关,海外华商财富来源多元化和国际化对于降低经济和汇率波动对财富增长带来的风险具有积极的作用。

(6) 不同财富来源的华商财富增长差异较大,但在房地产业、商贸业和农业综合经营等海外华商传统行业和适应经济发展趋势的高新技术产业,华商财富增长相对较为稳定。

(7) 与中国大陆富豪相比,海外华商财富来源更加国际化和多元化,富豪榜更新率较低,但财富实力正在被中国大陆富豪赶超,家族企业继承压力更大,财富增长稳定性较差,财富来源以传统行业为主。海内外华商产业互补性强,跨国或跨境产业分工协作空间较大。

2013年以来,世界经济持续低迷,中国经济进入结构调整和深化改革阶段,东南亚和港台的经济形势参差不齐,海外华商也进入了经营和投资调整时期,为扩展或调整国内外业务,上市集资的意愿普遍增强,国际化步伐加大加快。例如,菲律宾华商在电力、银行、食品、运输等领域频繁进行股权收购和转让,热衷于上市集资;印尼华商在香烟、食品、造纸、轮胎等领域由于受到经济不景气和原材料价格上涨的影响业绩一度下滑,一些华商也乘机进入能源和电信领域,并加快投资美国、印支和拉美地区;泰国华商由于国内房地产、食品饮料、汽车市场低迷正在加快业务调整,进入新兴行业;马来西亚华商加快在休闲娱乐业和银行业的国际化布局,重组公司资产和业务结构;新加坡华商继续进行国际化扩展;香港华商则面临着楼市股市低迷的财富缩水压力和业务调整的新挑战;台湾华商投资祖国大陆的业务机会与挑战并存。这些变化发展都预示着海外华商财富的地域和行业分布格局及财富增长已进入新的变化发展阶段。

总之，影响海外华商财富变化的因素较为复杂，既有外部环境因素，也有华商创富历史和内在结构因素，外在因素和内在因素都有可能导致海外华人富豪排名更迭，要长期保持在排名前列不仅需要华人富豪的危机化解能力和风险抵御能力，也需要华人富豪家族控制权的顺利交接和稳定治理机制的建立完善，这些都是值得进一步研究的课题。另外，由于受到数据可获得性限制，本文选取的研究样本是进入各国或各地区财富排名前列的华商，其研究结果虽然具有典型性，但因研究样本范围的局限性，研究结果与实际情况可能存在着一定的偏差。

参考文献

Huang Y, Jin L and Qian Y, "Does ethnicity pay? Evidence from overseas Chinese FDI in China", *The Review of Economics and Statistics*, 95 (2013): 868 – 883.

Gao T, "Ethnic Chinese Networks and International Investment: Evidence from Inward FDI in China", *Journal of Asian Economics*, 4 (2003): 611 – 629.

Ge G L & Wang H Q, "The impact of network relationships on internationalization process: An empirical study of Chinese private enterprises", *Asia Pacific Journal of Management*, 30 (2013): 1169 – 1189.

Krislert S, "The rise of China and foreign direct investment from Southeast Asia", *Journal of Current Southeast Asian Affairs*, 30 (2011): 65 – 75.

Tong S Y, "Ethnic networks in FDI and the impact of institutional development", *Review of Development Economics*, 4 (2005): 563 – 580.

黄兴华：《1997年东南亚金融危机以来新加坡华人企业集团变化发展分析》，《东南亚纵横》2011年第7期。

李鸿阶、林心淦：《海外闽商资本研究及其政策建议：以国际华商500为例进行分析》，《亚太经济》2005年第3期。

林联华：《美国华商发展概况、投资特点及未来展望》，《东南亚纵横》2011年第6期。

林勇：《东南亚华人家族企业可持续发展的路径选择》，《东南亚研究》2002年第5期。

王莉、石金涛、陈亚玉：《华人家族企业可持续发展的P-R-C模型研究》，《华侨华人历史研究》2006年第1期。

杨飞光：《家族式权威、关系契约和华人家族企业的组织成长》，《社会科学》2009年第11期。

《2009年世界华商发展报告》，中国新闻社，www.chinanews.com/2010 – 05 – 20。

B.5 东南亚华商财富分布及其经济实力分析

吴立源*

摘　要：

华商几乎遍布世界各地，除了中国大陆及港台地区，东南亚是华商最为集中的地区，东南亚大多数国家的富豪都是中华民族的后裔。本文对东南亚华商财富分布及其经济实力进行研究，考虑到数据收集的难度和可靠性问题，本文采用公开的、权威性和认可度高的福布斯、胡润等富豪榜的数据与资料，统计分析其中的东南亚华商富豪，就此对东南亚华商的经济实力和财富分布进行研究分析。

关键词：

东南亚华商　财富分布　经济实力

一　东南亚华商基本情况

（一）东南亚简介

东南亚，在古代被称为南洋，位于亚洲的东南部，是中国的南邻，自古以来就与中国友好往来。东南亚是第二次世界大战后才出现的一个新的地区名称，东南亚地区面积约457万平方公里，人口总数约为5.6亿，包括印度尼西亚、泰国、马来西亚、新加坡、菲律宾、越南、缅甸、文莱、柬埔寨、老挝、东帝汶11个国家。[①]

---

* 吴立源：博士，华侨大学工商管理学院副教授，研究方向：财务、金融。
① 360百科：《东南亚》，http://baike.baidu.com/link?url=ju3pGMp2V2RBODKYr53SJrQhwsKNQy2-X49YSQz52eBCK26yR4WhzpgpoQEnPGBt。

东南亚地区是世界上华侨、华人最多的地区,据厦门大学南洋研究院教授庄国土估算,东南亚总人口的6%为华人华侨,人口总数约3348.6万,约占全球华侨华人的73.5%。①

东南亚是当今世界经济发展最有活力和潜力的地区之一。印度尼西亚的经济在东南亚处于领先地位,每年的GDP远远高于东南亚其他国家,是东南亚最大的经济体。泰国、马来西亚和菲律宾有一定的发展基础,目前主要以工业、制造业、旅游业和农业为主。新加坡是东南亚唯一的发达国家,目前主要以金融、服务、航运、旅游等行业为主。越南经济相对落后于前述五国,但是2006~2011年其创造的GDP仍高于其余五国GDP的总和,由此也可见缅甸、文莱、柬埔寨、老挝、东帝汶的经济远远落后于东南亚其他国家。

(二)华商概念和东南亚华商地位

《世界华商发展报告》中将"华商"定义为具有中国国籍或华裔血统、活跃在世界经济舞台上的商人群体,包括港澳商人、台湾商人以及世界各地从事商业活动的华侨华人,统称为"世界华商"。②

黄其兴委员在向九届全国人大四次会议、全国政协九届四次会议所提《侨务资源开发大有可为》的提案中指出,东南亚华人上市公司占全部上市公司的70%,华人资本占亚洲(除日本、韩国、中国大陆以外)股票市场股票价值总额的66%。③《2007年世界华商发展报告》指出,亚洲华商,尤其是东南亚华商,几代人几十年一直稳步发展,实力是比较雄厚的。尤其值得称道的是,东南亚各国的首富都是华商,华商为东南亚经济繁荣作出了卓越的贡献。④ 这些都说明东南亚华商在所在国及亚洲的经济中占有重要地位。

马哈蒂尔在2009年4月23日出席一会议时发言称,东南亚的华人虽只占当地居民的少数,却实际控制了东南亚的经济命脉。如华人占马来西亚人口的

---

① 庄国土:《东南亚华侨华人数量的新估算》,《厦门大学学报》(哲学社会科学版)2009年第3期。
② 《世界华商发展报告》课题组:《2007年世界华商发展报告》,中国新闻社,http://news.sohu.com/20080116/n254684570.shtml。
③ 黄其兴:《侨务资源开发大有可为》,http://www.china.com.cn/ch-zhengxie/gangaotai/5.htm。
④ 曹云华:《现状与潜力:东南亚市场研究》,《珠江经济》2007年第11期。

20%，却控制着全国40%的经济；华人占菲律宾总人口的1%，却控制了该国70%的财富；华人占印度尼西亚人口的5%，更是控制了该国80%的财富。①杨联民等在《华人资本驰骋全球》一文中提及：泰国华人企业在所有经济部门中都占据了重要地位，如华人资本约占制造业的90%，纺织业的60%，钢铁业的70%，制糖业的60%，运输业的70%，商业的80%左右。印度尼西亚销售额前20家企业集团中有18家企业集团为华人企业。新加坡的华人则占到全国3/4，华商企业占企业的1/3。②

另外，在中国与东盟（全称东南亚国家联盟，已有10个成员国，东帝汶正在申请加入中）的关系中，东南亚华商也扮演了重要角色。中国与东盟自1991年开始对话以来，双方贸易额每年以20%以上的速度增长，中国与东盟国家之间的人员往来已经超过700万人次。③ 2010年1月，中国—东盟自由贸易区正式启动，东盟和中国的贸易额占世界贸易额的13%，是目前世界上人口最多的自贸区，也是发展中国家之间最大的自由贸易区。④ 其中，华商作出了重大的贡献。

综上所述，华商在东南亚的经济中发挥着重要的作用，为东南亚所在国的经济发展与繁荣作出了重大贡献，一代接一代的华商成为东南亚的财富引擎，为所在国作出了卓越的贡献，也为所在国和中国的经贸、政治关系作出了卓越的贡献。

（三）东南亚华人资本额

伴随着东南亚华人经济的崛起和华商网络的形成，东南亚华商越来越受到国内外学者的重视。学者对不同时期的东南亚华人资本额进行了相应的估计（见表1），为我们了解东南亚华人的财富实力提供了参考。

---

① 《华人控制东南亚经济》，http://my.mofcom.gov.cn/aarticle/sgfb/200307/20030700112991.html。
② 杨联民、花善岱、何润香：《华人资本驰骋全球》，http://www.chinanews.com/zhonghuawenzhai/200003/new/1_copy（15）.html。
③ 《世界华商发展报告》课题组：《2007年世界华商发展报告》，中国新闻社，http://news.sohu.com/20080116/n254684570.shtml。
④ 百度百科：《中国—东盟自由贸易区》，http://baike.baidu.com/link？url=eR16T6Zbpyqf24WUnJppxx3ReSE_I2twmxKU8BO-iN_Dce1ea3ZhDMZmR9_2qvt2sM0TVNKFVsMZVkqpUsFuKq。

表1 东南亚不同时期华人资本额估算表

年代	东南亚华人资本估算额
第二次世界大战前(20世纪30年代末以前)	6.44亿美元(据H.G.Gallis估计)
	9.43亿美元(据福田省三估计)
20世纪50~60年代	29.67亿美元(据内田直作估计)
	29.30亿美元(据游仲勋估计)
20世纪70年代	166亿美元(据吴元黎估计)
20世纪80年代前半期	600亿美元(据游仲勋估计)
20世纪80年代后半期	1000亿美元(据郭梁估计)
20世纪90年代	3000亿美元(据《亚洲周刊》估计)

资料来源：庄国土等《华侨华人经济资源研究：以华商资产评估为重点》，国务院侨务办公室政策法规司，2011。

美国学者H.G.Gallis和日本学者福田省三对第二次世界大战前东南亚华商资本的估计数分别为6.44亿美元和9.43亿美元。第二次世界大战后，除新加坡外，东南亚各国都采取过程度不同的限制和排挤华人经济的歧视政策，东南亚华商资本增长相对缓慢。日本学者内田直、游仲勋对20世纪50~60年代的东南亚华商资本的估计数均为29亿多美元。

20世纪70年代，东南亚华人资本额迅速增长，据美国学者吴元黎估计，东南亚华商资本跃升至166亿美元。20世纪80年代，日本学者游仲勋估算80年代前半期东南亚华商资本急速增至600亿美元，厦门大学郭梁估算80年代后半期东南亚华商资本为1000亿美元。20世纪90年代，据香港《亚洲周刊》估计，东南亚华商资本约为3000亿美元，大约是20世纪50~60年代的100余倍。

二 东南亚华商人数与财富分布情况

（一）胡润全球富豪榜

胡润研究院是追踪记录中国企业家群体变化的权威机构，旗下拥有《胡润百富》杂志，并举办系列论坛和活动。1999年胡润首创胡润百富榜，是在中国推出的第一份财富排行榜，此后榜单编制进行了一系列的拓展与突破，扩展为胡润全球富豪榜、艺术榜、品牌榜、慈善榜，现已成为国内最权威、影响力最大的排名榜单。①

2012年3月，胡润研究院首次发布《2012胡润全球富豪榜》，上榜门槛为100亿美金，共有83位富豪上榜，总财富达到15150亿美金，相当于英国的国债总和，平均财富183亿美金。② 东南亚共有2名富豪上榜，其中一位是享有"亚洲糖王"和"酒店大王"之称的马来西亚华人郭鹤年。郭鹤年祖籍福建省福州市，凭借150亿美金，居榜单第41位。另一位是马来西亚籍的阿南达·克里斯南，以130亿美金登上榜单，居第55位。

2013年2月，胡润研究院发布《2013胡润全球富豪榜》，共有1453位富豪上榜③，其中，亚洲富豪数量最多，达到608位，其中东南亚华人富豪有30位。其次是美洲有富豪440位，欧洲有324位。

通过对2013胡润全球富豪榜中东南亚富豪上榜情况进行统计，发现东南亚只有印度尼西亚、新加坡、泰国、菲律宾、马来西亚五国富豪入选，主要是由于这五个国家经济相对比较发达。东南亚共有42名富豪榜上有名，其中华商富豪30人，占比71.43%，分别来自新加坡8人，印度尼西亚及马来西亚各7人，泰国、菲律宾各4人，这些国家华商比重至少占到60%多，泰国最高达到80%（见表2和图1），表明了华商在东南亚富豪中占据了重要的地位。

表2 2013年胡润全球富豪榜东南亚上榜人数及华人比例

单位：%，个

国家	印度尼西亚	新加坡	泰国	菲律宾	马来西亚	小计
全部	11	11	5	6	9	42
华人	7	8	4	4	7	30
比例	63.64	72.73	80.00	66.67	77.78	71.43

资料来源：根据《2013胡润全球富豪榜》整理得出。本文统计的富豪榜上的华人均从事商业活动，属于华商的概念范围，即富豪榜上的华人亦指华商，本文不做区分。

---

① 百度百科：《胡润百富》，http：//baike.baidu.com/link?url=Ew0ZqA5WUcr7XW4GSuM1PS8YUAt94C2C6p09NDG26p6xL8ptbLWWerFD2Uph6YOjgg5zoVmtFmvGOr5j0c1bBK。
② 胡润研究院：《丽江瑞吉·2012胡润全球富豪榜》，http：//www.hurun.net/zhcn/NewsShow.aspx?nid=185。
③ 胡润研究院：《2013雅居乐海南清水湾胡润全球富豪榜》，http：//www.hurun.net/zhcn/HRGRL.aspx。

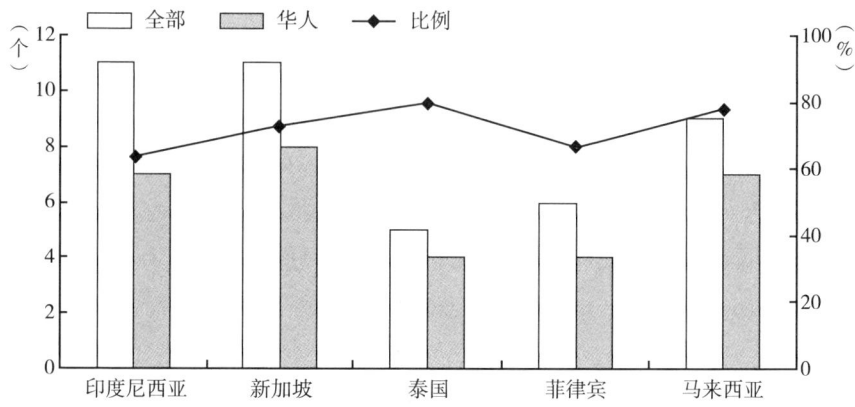

图1 2013年胡润全球富豪榜东南亚上榜人数及华人比例

东南亚五国42位富豪的净资产总额为1443亿美元，其中30位上榜华商的财富为1071亿美元，占到74.22%，泰国华商财富占到该国上榜财富总额的90.14%，马来西亚比例最少，也接近60%，充分说明东南亚华商经济实力雄厚，在东南亚各国经济中占有重要分量，为东南亚经济繁荣作出巨大贡献。

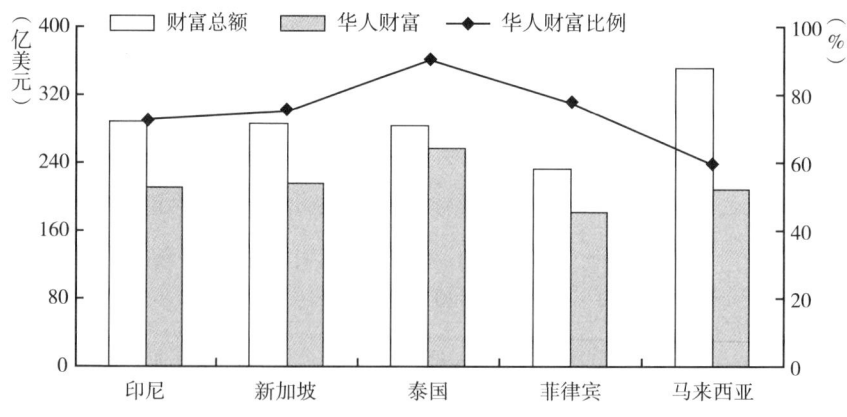

图2 2013年胡润全球富豪榜东南亚华商财富及比例

东南亚五国华商平均净资产为35.7亿美元。泰国白手起家的谢国民家族以120亿美元位居东南亚华商榜首，全球排名78。上榜华商最少财富为刚刚达到上榜门槛10亿美元，相差11倍（见表3和图3）。泰国虽然只有4名华商上榜,但是凭借泰国首富谢国民家族的 120 亿美元,使得该国上榜的华商财富均值达到了 64 亿美元,远远高于东南亚华商的平均财富。同样是 4 名华商上榜的菲律宾,其华商财富均值仅次于泰国,为 45.25 亿美元,其余三国的华商财富均值未达到东南亚华商的财富均值。由此可见,上榜的东南亚五国,华商的财富实力还是有差距的。

表3 2013 年胡润全球富豪榜东南亚上榜华人财富额及比例

单位:%,亿美元

国家	印度尼西亚	新加坡	泰国	菲律宾	马来西亚	小计
财富总额	288	287	284	233	351	1443
华人财富	210	216	256	181	208	1071
华人财富比率	72.92	75.26	90.14	77.68	59.26	74.22
华人人数(人)	7	8	4	4	7	30
华人财富均值	30	27	64	45.25	29.71	35.7
华人财富最大值	71	60	120	98	50	399
华人财富最小值	10	12	18	13	10	63

资料来源:根据《2013 胡润全球富豪榜》整理得出。

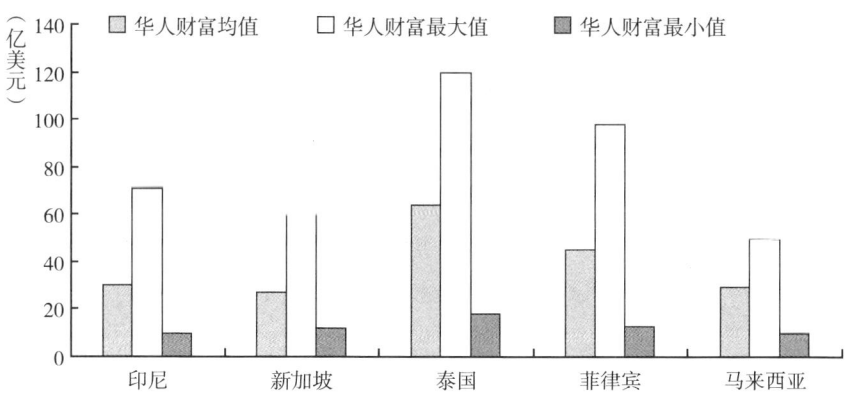

图3 2013 年胡润全球富豪榜东南亚华商财富值

(二)福布斯富豪榜

全球著名财经杂志《福布斯》(Forbes)于 1917 年创办,并于 2003 年开

始发布《福布斯》中文版。①

作为世界范围内最权威的富豪排名，该杂志自1987年以来，每年都会公布一次全球财产超10亿美元的福布斯全球亿万富豪榜，受到全世界的密切关注。从2011年起，为了专门分析与跟踪华人财富圈，《福布斯》中文版至今连续三年发布福布斯华人富豪榜，所有数据均来自当年度的福布斯全球亿万富豪榜。②此外福布斯还发布美国400富豪榜、中国400富豪榜、印度尼西亚40富豪榜、新加坡40富豪榜、菲律宾40富豪榜等排行榜。

2013年3月，福布斯最新发布的2013年全球亿万富豪榜上，上榜富豪人数较2012年增加了200人，达到创纪录的1426人，平均净资产增加了1亿美元，达到38亿美元。所有上榜富豪的净资产总额达到5.4万亿美元，高于2012年的4.6万亿美元。③下面对东南亚华商富豪的上榜情况，分别从人数、财富额以及对GDP贡献进行统计。

(1) 东南亚华商人数及国别分布。

通过统计近8年来全球富豪榜东南亚华商上榜人数（见表4），我们发现，虽然东南亚华商富豪队伍逐年扩大，但是华商人数在东南亚上榜豪富中的比重在逐步下降，由2006年的90%下降至2013年的62.69%，不过东南亚华商在全球富豪中所占比例，经过2007年、2008年暂时下降后，均呈增长趋势，2013年达历史最高值2.95%。在东南亚各国，新加坡上榜的富豪几乎都是华人，菲律宾和马来西亚华商比重相对较高且稳定，印度尼西亚和泰国华商早些年所占比重也很高，但近两三年比重迅速递减，2013年越南首次有一名华商富豪上榜，从事房地产开发的潘日旺以15亿美元入选。

(2) 东南亚华商财富额分布。

从整体上看（见表5），东南亚华商财富占到东南亚所有上榜富豪财富的

---

① 福布斯中文网，http://3g.forbeschina.com/contact/about.shtml。
② 2013福布斯华人富豪榜，http://www.forbeschina.com/review/201304/0025067.shtml。
③ 2013福布斯全球富豪榜，http://www.forbeschina.com/review/201303/0023950.shtml。

表4 2006~2013年福布斯富豪榜东南亚华人上榜人数及比例

单位：个，%

国家	年份	2006	2007	2008	2009	2010	2011	2012	2013
印度尼西亚	华人（全部）	2(2)	2(2)	4(5)	4(5)	5(7)	8(15)	10(17)	13(25)
	华人占比	100	100	80	80	71.43	53.33	58.82	52
新加坡	华人（全部）	4(4)	4(4)	5(5)	2(2)	4(4)	4(4)	5(5)	9(10)
	华人占比	100	100	100	100	100	100	100	90
泰国	华人（全部）	3(3)	3(3)	3(3)	3(3)	3(3)	3(3)	4(5)	4(10)
	华人占比	100	100	100	100	100	100	80	40
菲律宾	华人（全部）	2(3)	2(3)	2(2)	2(2)	2(2)	3(4)	4(6)	7(11)
	华人占比	66.67	66.67	100	100	100	75	66.67	63.64
马来西亚	华人（全部）	7(8)	7(9)	6(8)	5(6)	7(9)	7(9)	7(9)	8(10)
	华人占比	87.50	77.78	75	83.33	77.78	77.78	77.78	80
越南	华人（全部）	0(0)	0(0)	0(0)	0(0)	0(0)	0(0)	0(0)	1(1)
	华人占比	—	—	—	—	—	—	—	100
小计	华人（全部）	18(20)	18(21)	20(23)	16(18)	21(25)	25(35)	30(42)	42(67)
华人东南亚占比		90.00	85.71	86.96	88.89	84.00	71.43	71.43	62.69
全球人数		793	946	1125	793	1011	1210	1226	1426
华人全球占比		2.27	1.90	1.78	2.02	2.08	2.07	2.45	2.95

注：华人表示的是华人上榜人数，（全部）代表该国家当年的全部上榜人数。

资料来源：根据2006~2013年福布斯全球亿万富豪榜、福布斯华人富豪榜整理得出。

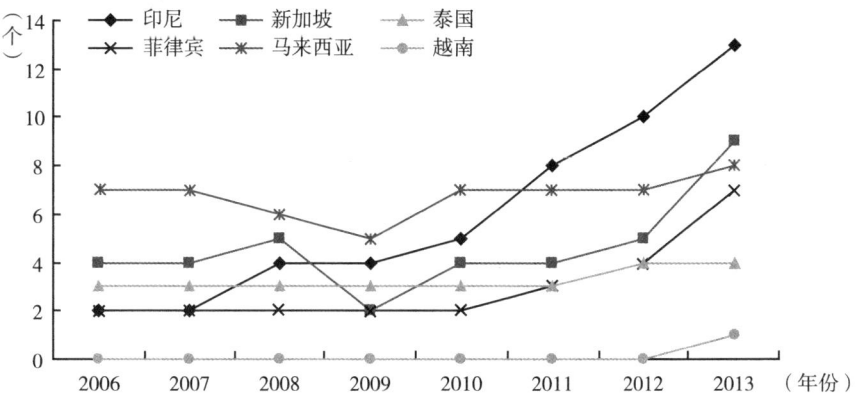

图4 2006~2013年福布斯富豪榜东南亚各国华人上榜人数

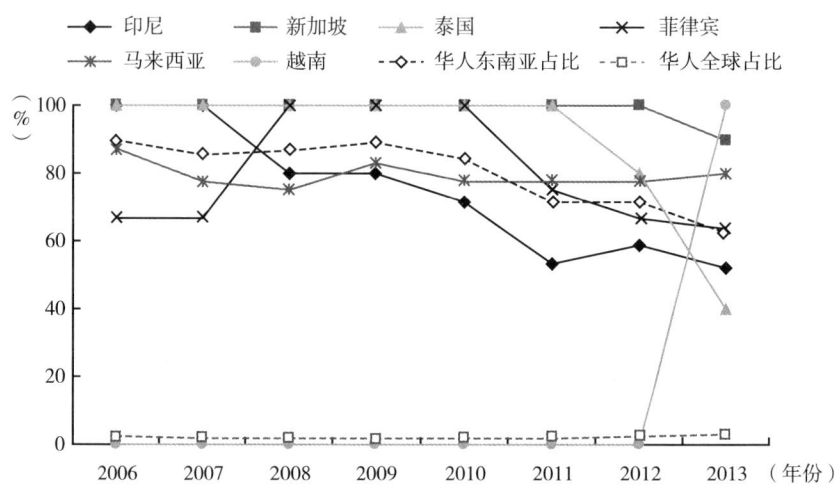

图5　2006～2013年福布斯富豪榜东南亚各国华人占比

表5　2006～2013年福布斯富豪榜东南亚华商财富及比例

单位：%，亿美元

年份	2006	2007	2008	2009	2010	2011	2012	2013
华人财富	434	565	594	409	684	916	1064	1597
华人财富增长率	—	30.18	5.13	-31.14	67.24	33.92	16.16	50.09
东南亚财富	490	664	698	489	807	1191	1368	2155.5
东南亚财富增长率	—	35.51	5.12	-29.94	65.03	47.58	14.86	57.57
华人财富东南亚占比	87.55	85.09	85.10	83.64	84.76	76.91	77.78	74.09
全球财富	26000	35000	44000	24000	36000	45000	46000	54000
全球财富增长率	—	34.62	25.71	-45.45	50.00	25.00	2.22	17.39
华人财富全球占比	1.65	1.61	1.35	1.70	1.90	2.04	2.31	2.96
东南亚华人平均财富	24	31	30	26	33	37	35	38
全球平均财富	33	36	39	30	35	37	37	38

资料来源：根据2006～2013年福布斯全球亿万富豪榜、福布斯华人富豪榜整理得出。

百分之七八十，说明华商财富实力雄厚，占据了东南亚富豪的决定性地位。然而，这一比例却在缓慢下降，与前面分析的华商上榜人数的比重呈现出相同趋势。主要是由于东南亚华商第一代企业家普遍年事已高，华商面临着第二代甚至第三代接班的问题。与此同时，东南亚华商财富在全球富豪财富中所占比重，与人数趋势一样，先递减然后递增，到 2013 年接近 3%。

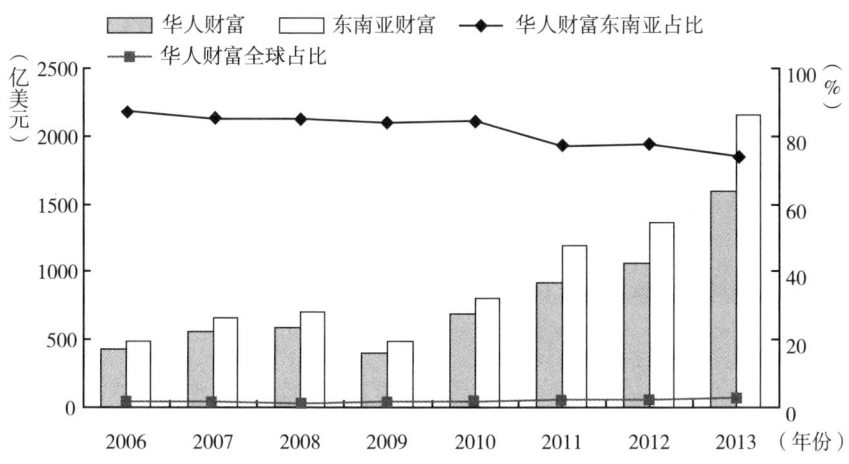

图 6 2006~2013 年福布斯富豪榜东南亚华商财富分布及比例

除 2009 年受全球经济危机的影响外，无论东南亚华商还是东南亚所有上榜富豪的财富额均在增加，而且两者增长速度相当，主要是由于东南亚上榜富豪中华商占据了绝大部分，如 2006~2010 年，华商占比在 80% 以上，2011~2013 年占比虽然有所下降，但也在 70% 以上。虽然从绝对数看，东南亚华商平均财富额一直低于全球水平，但是两者差距在不断缩小，到 2013 年两者持平，且近 4 年来东南亚富豪财富增长速度明显快于全球速度（见图 7）。

以国别分（表 6），2006~2012 年东南亚上榜富豪均分布在印度尼西亚、新加坡、泰国、菲律宾、马来西亚五国，2013 年越南首次入选。从华商财富占所在国比重来看，新加坡、泰国绝大部分均由华商贡献，印度尼西亚华商财富比重下降最快，从 2006 的 100% 降至 2013 年的 62.81%，马来西亚华商比例基本都维持在 70% 多，菲律宾华商财富比重不同年份差异较大。

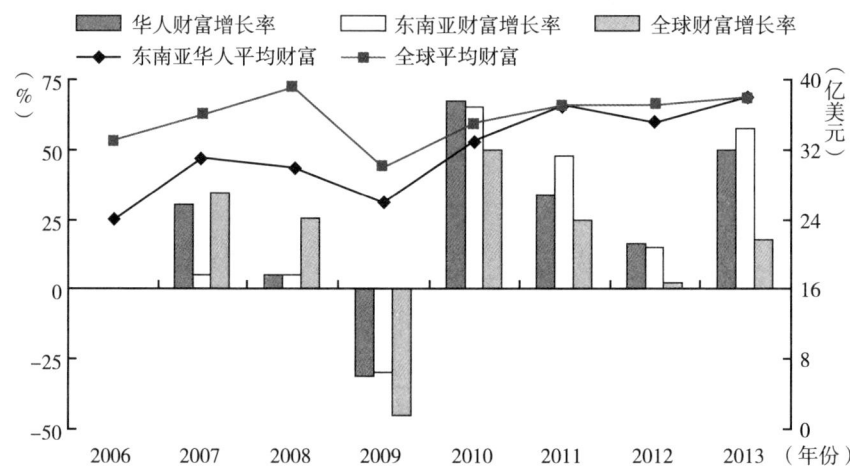

图7 2006～2013年福布斯富豪榜财富增长率及平均财富

表6 2006～2013年福布斯富豪榜东南亚各国华商财富分布及比重

单位：%，亿美元

国家	年份	2006	2007	2008	2009	2010	2011	2012	2013
印度尼西亚	华人财富	37(37)	34(34)	97(109)	64(74)	131(163)	229(373)	291(415)	347(552.5)
	华人占比	100	100	88.99	86.49	80.37	61.39	70.12	62.81
新加坡	华人财富	128(128)	168(168)	145(145)	74(74)	101(101)	105(105)	116(116)	306(316)
	华人占比	100	100	100	100	100	100	100	96.84
泰国	华人财富	81(81)	89(89)	88(88)	71(71)	91(91)	158(158)	187(206)	292.5(386)
	华人占比	100	100	100	100	100	100	90.78	75.78
菲律宾	华人财富	32(45)	49(75)	29(29)	41(41)	59(59)	103(114)	149(178)	293.5(398.5)
	华人占比	71.11	65.33	100	100	100	90.35	83.71	73.65
马来西亚	华人财富	156(199)	225(298)	235(327)	159(229)	302(393)	321(441)	321(453)	343(487.5)
	华人占比	78.39	75.50	71.87	69.43	76.84	72.79	70.86	70.36
越南	华人财富	0(0)	0(0)	0(0)	0(0)	0(0)	0(0)	0(0)	15(15)
	华人占比	—	—	—	—	—	—	—	100
小计	华人财富	434(490)	565(664)	594(698)	409(489)	684(807)	916(1191)	1064(1368)	1597(2155.5)

注：华人表示华人上榜人数，(全部)代表该国家当年的全部上榜人数。

资料来源：根据2006～2013年福布斯全球亿万富豪榜、福布斯华人富豪榜整理得出。

从财富额来看,马来西亚华商财富几乎一直处于领先位置,但在2013年以4亿美元的差距,稍落后于印度尼西亚,位居第二。印度尼西亚华商财富增长最快,2006年仅37亿美元,最近3年飞速上升,到2013年以347亿美元位居东南亚国家榜首。新加坡华商财富实力在2006~2010年仅次于马来西亚,但是近4年来被印度尼西亚赶超,退居第三位。泰国、菲律宾华商的实力落后于前述三个国家,但近3年来发展速度,与其他三国的差距不断缩小。

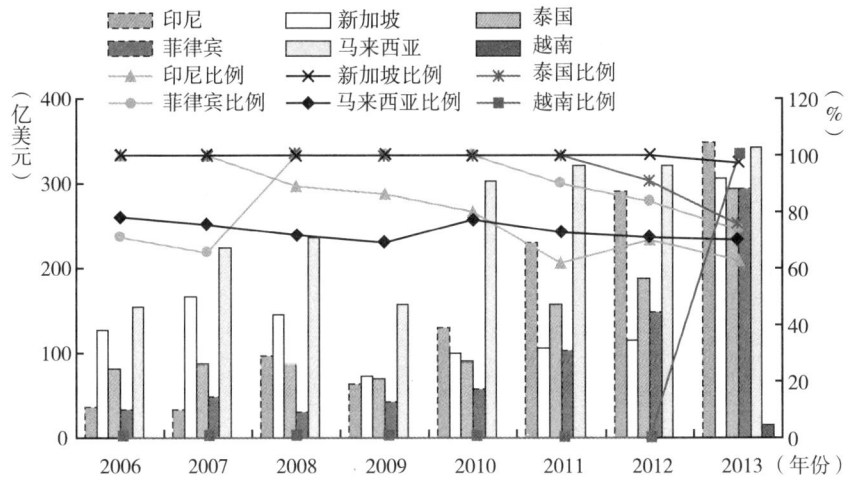

图8 2006~2013年福布斯富豪榜东南亚各国华商财富分布及比例

(3)东南亚华商对GDP贡献。

从东南亚各国GDP来看(见表7),上榜五国的GDP均远高于其他国家,排名依次是印度尼西亚、泰国、马来西亚、新加坡、菲律宾,这与华商富豪人数以及财富的国别分布较为一致。可见所在国的经济越发达,华商实力也会越强,反过来华商的发展也会促进GDP的增长,两者相互影响相互促进。

从东南亚整体来看,2013年福布斯上榜华商创造的财富占东南亚GDP比重的4.32%,即使在2009年受经济危机影响,也占2.71%,其余年份在3%~4%。而这仅仅是上榜的少数华商富豪(18~41人)创造的奇迹,未上榜的华商不计其数,其对东南亚经济的发展可谓举足轻重。

表7 2006~2011年福布斯富豪榜东南亚华商财富占GDP比重

单位：%，亿美元

国家	年份	2006	2007	2008	2009	2010	2011
印度尼西亚	华商财富	37	34	97	64	131	229
	GDP	3645.71	4322.17	5102.45	5395.80	7080.27	8468.32
	GDP占比	1.01	0.79	1.90	1.19	1.85	2.70
新加坡	华商财富	128	168	145	74	101	105
	GDP	1391.25	1684.34	1667.92	1759.35	2131.55	2397.00
	GDP占比	9.20	9.97	8.69	4.21	4.74	4.38
泰国	华商财富	81	89	88	71	91	158
	GDP	2070.89	2469.77	2725.78	2637.11	3189.08	3456.72
	GDP占比	3.91	3.60	3.23	2.69	2.85	4.57
菲律宾	华商财富	32	49	29	41	59	103
	GDP	1222.10	1493.60	1736.02	1683.34	1995.89	2247.54
	GDP占比	2.62	3.28	1.67	2.44	2.96	4.58
马来西亚	华商财富	156	225	235	159	302	321
	GDP	1626.93	1935.51	2309.88	2022.52	2468.21	2879.37
	GDP占比	9.59	11.62	10.17	7.86	12.24	11.15
东南亚	华商财富	434	565	594	409	684	916
	GDP	10937.48	13073.72	15075.20	15099.72	18699.75	21589.62
	GDP占比	3.97	4.32	3.94	2.71	3.66	4.24

注：各国GDP数据来自世界银行的网站。2013年越南第一次上榜，潘日旺以15亿美元入选。但所占比重微乎其微，所以该国上榜情况忽略不统计。

资料来源：根据2006~2011年福布斯全球亿万富豪榜整理得出。

从国别来看（见图9），马来西亚华商对其居住国的GDP贡献最大，其他依次是新加坡、泰国、菲律宾、印度尼西亚。2011年印度尼西亚华商财富229亿美元，仅次于马来西亚华商的321亿美元，远高于其他三国，但是对所在国GDP贡献率却最小，而且在2006~2011年对GDP贡献率也均是最低的。

（4）东南亚华商行业分布。

通过对2013年福布斯东南亚华商富豪所在行业进行统计（见表8），发现华商富豪大多已从单一的产业经营转型到多元化经营，全面多元化经营造就的富豪最多，占东南亚富豪总数的30.95%，其创造的财富更是占到44.24%。最具代表性的是马来西亚首富郭鹤年连续多年稳坐该国的华人首富宝座。郭鹤

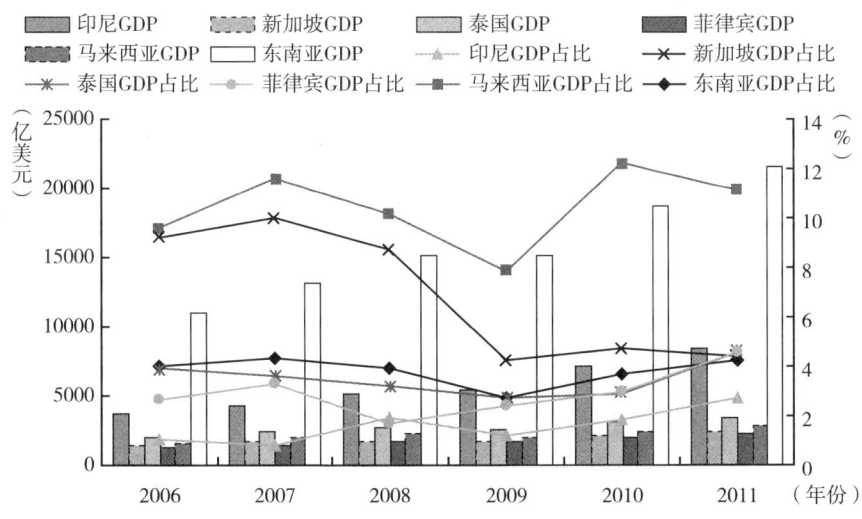

图9 2006~2011年福布斯富豪榜东南亚华商财富占GDP比重

年旗下业务涉及食品、矿山、金融、酒店、船运等,早已走向国际化。多元化和国际化的经营理念为华人富豪分散风险、长远发展起到了重要作用。

表8 2013年福布斯富豪榜东南亚华商行业分布

单位:个,亿美元

项目	华商人数	人数占比(%)	华商财富	财富占比(%)	平均财富
多元化经营	13	30.95	706.5	44.24	54.35
房地产	7	16.67	187	11.71	26.71
食品饮料	6	14.29	205	12.84	34.17
金融、投资	6	14.29	256.5	16.06	42.75
能源	4	9.52	57	3.57	14.25
制造	3	7.14	139	8.70	46.33
连锁经营	1	2.38	16	1.00	16
传媒娱乐	1	2.38	10	0.63	10
时装和零售	1	2.38	20	1.25	20
小计	42	100	1597	100	38.02

资料来源:根据2013年福布斯华人富豪榜整理得出。

房地产行业是华商分布第二多的行业,人数占比16.67%,但是创造的财富仅相当于多元化经营的1/4,食品饮料和金融、投资行业富豪人数并列第三。在注重实业的同时,东南亚富豪也注重投资,在金融、投资领域产生的华人富豪也颇多,同样的人数创造的财富超过了食品饮料行业。接下来是能源和制造行业,也产生了几位富豪,但是制造业创造的财富远远高于能源行业创造的财富,其财富占比8.70%。连锁经营、传媒娱乐、时装和零售行业产生的华人富豪寥寥无几。

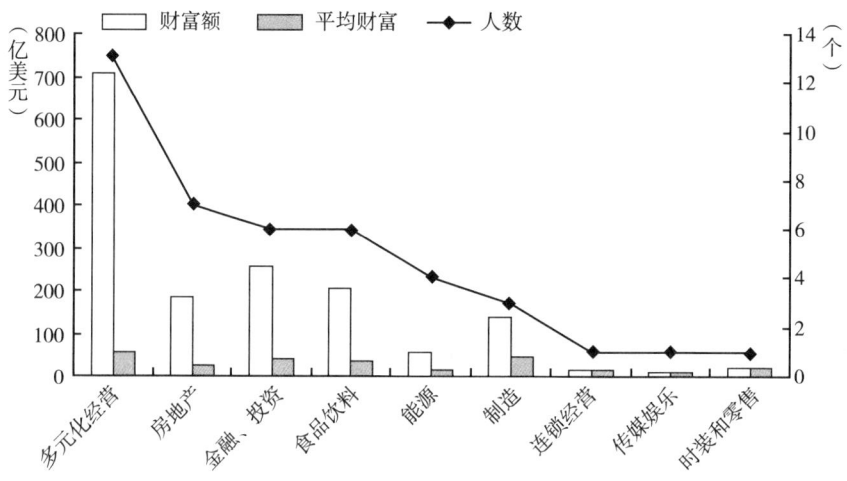

图10　2013年福布斯富豪榜东南亚华商人数及财富行业分布

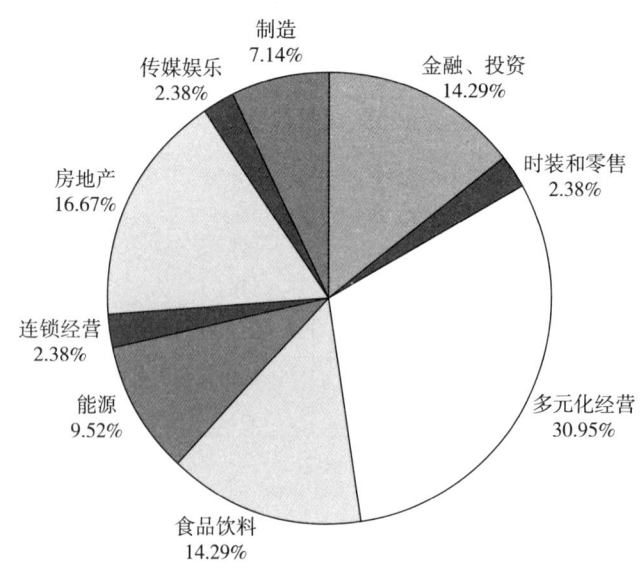

图11　2013年福布斯富豪榜东南亚华商人数行业分布比例

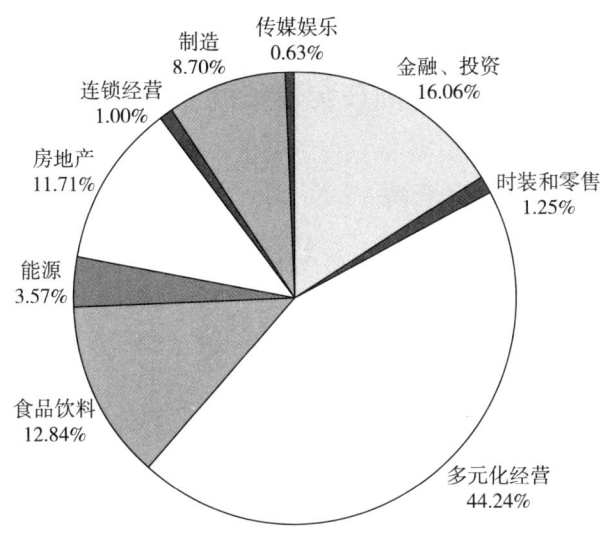

图 12　2013 年福布斯富豪榜东南亚华商财富行业分布比例

东南亚每个国家华人富豪的行业偏重有所不同（见表 9），印度尼西亚华商主要从事能源行业和多元化经营；新加坡的亿万富豪则有超过一半经营着房地产和食品饮料公司；马来西亚和菲律宾都是多元化经营的亿万富豪较为集中的国家；泰国的 4 位亿万富豪分别来自不同行业，越南首次上榜的一位富豪从事房地产行业。

表 9　2013 年福布斯富豪榜东南亚各国华商行业分布

单位：个

项目	印度尼西亚	新加坡	泰国	菲律宾	马来西亚	越南	小计
多元化经营	3	1	1	3	5	0	13
房地产	1	3	1	1	0	1	7
食品饮料	2	2	1	1	0	0	6
金融、投资	1	2	1	1	1	0	6
能源	3	1	0	0	0	0	4
制造	2	0	0	0	1	0	3
连锁经营	1	0	0	0	0	0	1
传媒娱乐	0	0	0	0	1	0	1
时装和零售	0	0	0	1	0	0	1
小计	13	9	4	7	8	1	42

资料来源：根据 2013 年福布斯华人富豪榜整理得出。

三 东南亚华商在全球华商中的经济实力

(一) 福布斯华人富豪榜

上海《福布斯》中文版在全球富豪榜的基础上，2011年首次发布福布斯华人富豪榜，目的是分析与跟踪华人财富圈，至今已连续第三年发布该榜单。① 在1987年首届福布斯全球富豪榜上，仅有10位华人上榜，全球占比不到1%；在2013年全球华人富豪榜上，有244位华人上榜，全球占比约17%。26年，我们见证了华人富豪的迅速崛起。近年来，华人富豪在总人数和财富数量上的全球占比不断增加，华人富豪圈已成为仅次于美国富豪的全球第二大财富圈。

2011年福布斯华人富豪榜上，共有213位华人富豪上榜，财富总额高达5669亿美元，占全球亿万富豪财富总量的12.6%。2012年经济萎靡，上榜人数和财富额均减少，仅有198位华人上榜，财富总额缩水至5557.5亿美元。2013年华人富豪人数上升至244人，净资产合计增加到7172.6亿美元（见表10），人数和财富增速分别为23%和29%，显示财富增长略快于人数增长，也就是说财富有加快集中于更富有的人的趋势；中国大陆富豪人数再度达到华人富豪总人数一半，成为华人亿万富豪主要组成部分和增长主力②。

表10　2011～2013年福布斯全球华人富豪榜上榜情况

单位：%，个，亿美元

年份	2011		2012		2013	
国家地区	财富(人数)	占比	财富(人数)	占比	财富(人数)	占比
中国大陆	2304(115)	40.64(53.99)	2043.5(95)	36.77(47.98)	2629.6(122)	36.66(50)
中国香港	1504(35)	26.53(16.43)	1524(37)	27.42(18.69)	1836(38)	25.60(15.57)
中国台湾	623(25)	10.99(11.74)	615(24)	11.07(12.12)	728(26)	10.15(10.66)
东南亚	916(25)	16.16(11.74)	1064(30)	19.15(15.15)	1597(42)	22.27(17.21)

---

① 2012福布斯华人富豪榜，http://www.forbeschina.com/review/201204/0016364.shtml。
② 2011福布斯华人富豪榜，http://www.forbeschina.com/review/list/001126.shtml。

续表

年份	2011		2012		2013	
国家地区	财富(人数)	占比	财富(人数)	占比	财富(人数)	占比
印尼	229(8)	4.04(3.76)	291(10)	5.24(5.05)	347(13)	4.84(5.33)
新加坡	105(4)	1.85(1.88)	116(5)	2.09(2.53)	306(9)	4.27(3.69)
泰国	158(3)	2.79(1.41)	187(4)	3.36(2.02)	292.5(4)	4.08(1.64)
菲律宾	103(3)	1.82(1.41)	149(4)	2.68(2.02)	293.5(7)	4.09(2.87)
马来西亚	321(7)	5.66(3.29)	321(7)	5.78(3.54)	343(8)	4.78(3.28)
越南	0(0)	0(0)	0(0)	0(0)	15(1)	0.21(0.41)
其他	322(13)	5.68(6.10)	311(12)	5.60(6.06)	382(16)	5.33(6.56)
合计	5669(213)	100(100)	5557.5(198)	100(100)	7172.6(244)	100(100)

注①：占比一栏前面显示的是财富额全球占比，括号里显示的是上榜人数全球占比。
注②：福布斯网页公布的2013年全球华人富豪榜具体数据与其描述的总体数据有点出入，但总体差异很小，本文最终采用公布的具体数据进行统计。
资料来源：根据2011~2013年福布斯全球华人富豪榜整理得出。

从华人富豪的地区分布来看（见图13），2011~2013年中国大陆华人富豪人数占据全球华人富豪榜逾半壁江山，其拥有的财富也位居全球榜首，但是呈现递减趋势。香港地区富豪人数和财富额均居第二位，东南亚第三，台湾地区和其他地区紧随其后。

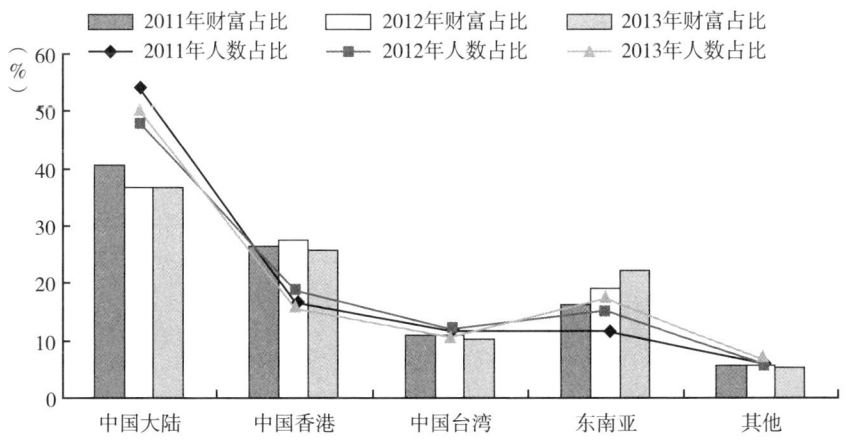

图13 2011~2013年福布斯各地区华人富豪人数和财富占比

2011～2013年，东南亚华人亿万富豪实现了连续两年人数和财富额的持续双增长，上榜人数从25人上升到42人，财富额从916亿美元升至1597亿美元，三年财富全球占比均高于人数全球占比，而且两者均呈稳步增长趋势，说明东南亚华商人均财富实力高于全球平均水平。从国别来看，三年来印度尼西亚上榜人数一直处于领先地位，其次是马来西亚，新加坡和菲律宾2013年上榜人数骤升，分别是9人和7人，泰国上榜人数落后。马来西亚上榜财富遥遥领先，印度尼西亚凭借其上榜人数稳居第一名，2013年泰国、新加坡、菲律宾财富额上升，东南亚五国财富差距不断缩小。

（二）全球华商1000排行榜

《亚洲周刊》创办于1987年，发行点遍布12个国家和地区。2007年以前发布权威性的"国际华商500"排行榜，之后改为每年发布"全球华商1000"。《亚洲周刊》评选的"全球华商1000"排行榜以最高国际水平为评审尺度，综合世界华人集中区域最具影响力的华商企业资料，包括中国大陆、中国台湾、中国香港、新加坡、马来西亚等地近万家上市华商企业的统计资料，根据符合资格企业在最近三年平均营业额增长率、平均纯利增长率和企业创新表现等方面，选出最强的1000家华商。①

2007年度"全球华商1000"排行榜显示，中国大陆上榜企业486家，排名第一；台湾企业255家，排名第二；香港企业159家，排名第三；新加坡企业46家，排名第四；马来西亚企业31家，排名第五；以后依次是泰国、菲律宾和印度尼西亚。"全球华商1000"整体盈利增长一成七五，其中新马增长近四成，中国大陆增长则达到二成二。②

2009年12月《亚洲周刊》发布的"全球华商1000"排行榜显示，进入全球排名前1000强的华人企业中，中国大陆上榜企业665家，东南亚五国共计77家，其中新加坡28家，马来西亚25家，菲律宾8家，印度尼西亚9家，泰国7

---

① 《全球华商一千排行榜揭晓中国内需带动华商获利》，《环球时报》，http://www.chinanews.com/hr/2010/12-05/2700460.shtml。
② 庄国土、黄新华、王艳：《华侨华人经济资源研究：以华商资产评估为重点》，国务院侨务办公室政策法规司，2011。

家，占全球华商（除大陆外）的23%。入选的东南亚五国总资产7579亿美元，占全球华商（除大陆外）的22.7%，东南亚五国华商企业股票总市值2421.5亿美元，占全球华商的18.75%。在东南亚上榜的五个国家中，新加坡在企业数、总资产、总市值上，均排名第一，马来西亚第二（表11）。上述数据表明，东南亚华商在全球华商中无论企业数还是财富数额（注：此处指总资产和总市值，其他处的财富额均指净资产），都占有相当重要的份额，具有雄厚的经济实力。

表11 2009年"全球华商1000强"东南亚华人企业状况

国家	企业数（家）	总资产（亿美元）	总市值（亿美元）
新加坡	28	3847	1164.79
马来西亚	25	1838	679.52
菲律宾	8	405	232.61
印度尼西亚	9	316	141.82
泰国	7	1173	202.72
东南亚	77	7579	2421.5
全球（除大陆外）	335	33387.7	12914.7
东南亚五国占比（%）	23	22.7	18.75

资料来源：庄国土等《华侨华人经济资源研究：以华商资产评估为重点》，国务院侨务办公室政策法规司，2011，转引自（香港）《亚洲周刊》，2009年12月6日。

（三）华商富豪500强排行榜

由世界杰出华商协会组织评选的全球华商企业500强和华商富豪500强排行榜，涵盖全球华商企业及华商富豪，包括居住在中国大陆、香港、澳门和台湾的中国人，以及居住在其他国家和地区的海外华人华侨。世界杰出华商协会是以华商500强为核心，以华人亿万富翁为主体的全球性华商组织，自2005年成立以来，每年发布一次排行榜，并举行颁奖大会。[①]

2010年华商500强企业入围门槛进一步提高，华商500强企业门槛为128.54亿元人民币，比去年提高了12.54亿元人民币；华商富豪500强门槛提高近八成，华商富豪500强入围门槛为28.80亿元人民币，同比增长12.3亿元人民币。[②]

---

① 世界杰出华商协会，http：//www.wecba.org/xhgk.asp？cid=17。
② 《第六届杰出华商大会华商500强论坛在京成功举办》，中国网，http：//www.chinadaily.com.cn/hqzx/2010-11/02/content_11490437.htm。

表12 2006~2010年全球华商富豪500强东南亚华商上榜情况

单位：个，亿元人民币

国家	年份	2006	2007	2008	2009	2010
印度尼西亚	人数	11	11	10	8	14
	财富	845.6	857.45	641.65	1050.98	1705.33
新加坡	人数	8	11	13	16	14
	财富	1048.6	1776.6	1571.6	1063.8	2067.93
泰国	人数	13	12	16	7	9
	财富	1180.2	1268.9	1840.28	1047.31	1538.73
菲律宾	人数	5	5	5	8	9
	财富	440	446	399.5	521.82	922.49
马来西亚	人数	9	7	15	8	13
	财富	1256.9	1062.2	1772.4	1232.96	2445.53
东南亚小计	人数	46	46	59	47	59
	财富	4771.3	5411.15	6225.43	4916.87	8680.01
全球（除大陆外）	人数	150	134	175	123	148
	财富	17862.4	19550.5	27161.33	14234.83	23377.64
全球占比	人数(%)	30.67	34.33	33.71	38.21	39.86
	财富(%)	26.71	27.68	22.92	34.54	37.13

资料来源：根据2006~2010年全球华商富豪500强排行榜整理得出。

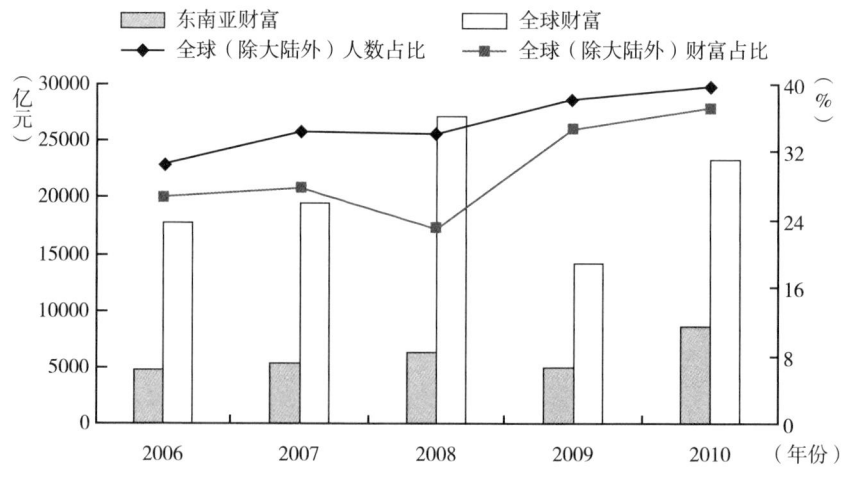

图14 2006~2010年全球华商富豪500强东南亚华商上榜情况

通过统计2006~2010年全球华商富豪500强东南亚华商上榜情况（见表12），可以看出，东南亚华商的上榜人数处于波动中，上榜财富除了2009年受金融危机影响外，其余四年均在增长，从2006年的4771.3亿元人民币上升到2010年的8680.01亿元人民币，增幅达到82%。东南亚华商在全球（除大陆外）人数占比每年都超过30%，但是在全球（除大陆外）财富占比一直略低于人数占比。

四 东南亚五国华商的经济实力

从前述的各个富豪榜，发现近年来东南亚上榜的华人富豪，除2013年越南首次有一名富豪入选全球亿万富豪榜外，全部分布在印度尼西亚、泰国、新加坡、马来西亚、菲律宾五国，其他国家的华商实力较小，而且数据也难以收集，所以本章将仅对这五个国家的华商依次进行分析。

福布斯发布的东南亚五国40富豪榜，编制依据的是来自家族和个人、证券交易所、分析师、公开文件及分析等途径获得的信息。本榜单上许多富豪的资产都是以家族财富来进行统计，其中包括了整个大家族所共同拥有的财富，上市公司的价值计算采用的是某一具体日股市闭市时的股价和汇率。私营企业的价值计算依据类似上市公司的市净率或其他财务比率等估算得出。① 分析其中的华人富豪，华商的经济实力和财富分布从中也可以略见一斑。

（一）印度尼西亚

中国人移居印度尼西亚历史悠久。1965年，印度尼西亚有华侨华人350万。华商在印度尼西亚经济中始终扮演着重要角色，业务范围遍及工业、商业、金融、旅游及农林牧副渔等众多行业，显现出华商的能力与生命力。从1965年起，很少有中国人移居印度尼西亚，但由于自然增殖，华侨华人人口仍持续增长，到1983年已超过600万，目前估计印度尼西亚华人在1300万左右。② 印度尼西亚华人华侨中，福建籍最多，广东籍次之。

印度尼西亚作为东盟最大的经济体，尽管华侨华人只占其总人口的5%左

---

① 福布斯中文网，http://www.forbeschina.com/。
② 《世界华商发展报告》课题组：《2007年世界华商发展报告》，中国新闻社，http://news.sohu.com/20080116/n254684570.shtml。

右，但是华人经济在印度尼西亚国民经济中却具有举足轻重的作用。据印度尼西亚广肇总会总主席陈伯年介绍，80%的印度尼西亚华侨华人都有自己的产业，主要从事零售超市、房地产、纺织、渔业、农业、旅业和金融等，遍及印度尼西亚经济的第一、第二、第三产业，近乎掌握印度尼西亚经济命脉的50%。① 马来西亚总理马哈蒂尔2009年4月出席一会议时指出，印度尼西亚总人口中5%的华人更是控制了该国80%的财富。②

2001年1月，印度尼西亚政府宣布取消对华人的一些禁令。2006年7月，印度尼西亚政府公布新的《国籍法》，取消旧法令中对华人的歧视性条款。印度尼西亚政府对华人政策的改变，中国经济的快速发展以及国际地位的提高，对印度尼西亚华商的发展都产生了积极的影响。③

2010~2012年福布斯发布的印度尼西亚40富豪榜中，每年至少有一半是华商上榜，华商财富额逐年增长（见表13）。这三年印度尼西亚40名富豪的财富总额分别为716.55亿美元、850.2亿美元、886.4亿美元，而其中华商的财富总额分别为482.8亿美元、606.3亿美元、611.5亿美元，所占比率分别为67.38%、71.31%、68.99%。富豪榜上的50%华商却拥有百分之六七十的财富，充分说明华商富豪的实力远强于其他富豪。

表13 2010~2012年福布斯印度尼西亚40富豪榜华商上榜情况

年份	2010	2011	2012
华商人数	20	20	21
华商人数占比(%)	50	50	52.5
华商财富(亿美元)	482.8	606.3	611.5
财富总额(亿美元)	716.55	850.2	886.4
华商财富比率(%)	67.38	71.31	68.99

资料来源：根据2010~2012年福布斯印度尼西亚40富豪榜整理得出。

---

① 林明忠：《东南亚华商企业在中国SWOT分析》，《合作经济与科技》2012年6月号下（总第443期）；何启才：《华人与外来华商在马来西亚的经济活动》，《东南亚纵横》2012年第9期。
② 曹云华：《现状与潜力：东南亚市场研究》，《珠江经济》2007年第11期。
③ 《世界华商发展报告》课题组：《2007年世界华商发展报告》，中国新闻社，http://news.sohu.com/20080116/n254684570.shtml。

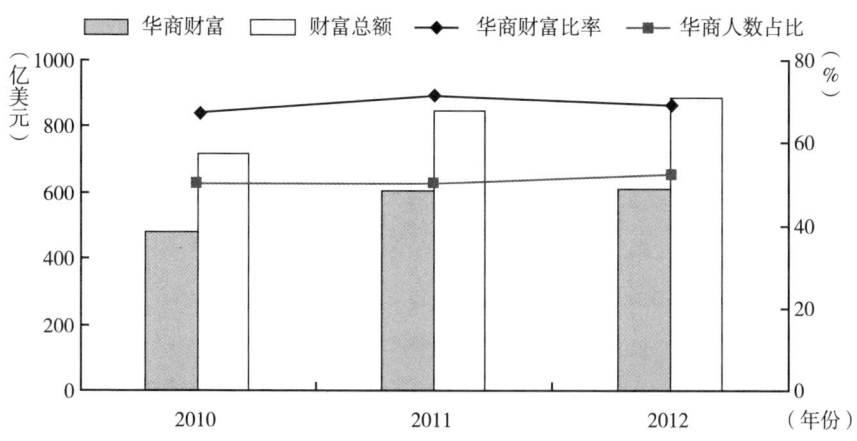

图 15　2010～2012 年福布斯印度尼西亚 40 富豪榜华商财富及占比

连续三年首富三强的宝座由黄惠忠和黄惠祥兄弟、蔡道平、黄亦聪坐上，2012 年三人的财富合计达到 301 亿美元，占到所有上榜华商近一半的财富。2012 年黄惠忠和黄惠祥兄弟以 150 亿美元荣膺榜首，是第二名的 2 倍。

（二）泰国

近年来泰国 GDP 总额位居东南亚第二，仅次于印度尼西亚，是东南亚的第二大经济体。泰国的华人华侨数量之多仅次于印度尼西亚，1983 年泰国政府公布泰国华侨华人约为 630 万，占泰国总人口的 13%。此后，泰国政府未再将华侨华人作单独统计。目前泰国华侨华人在 700 万左右，约占泰国总人口的 12%。[①]

华商早在清代就下南洋来泰国谋生，经过长时间的拼搏，华商在泰国遍布各行各业，是泰国的重要经济支柱，并把握了泰国的经济命脉。至今泰国的主要经济命脉仍掌握在华商手中，华人经济约占泰国国民经济的 60%，约占泰国私营经济的 80% 左右，目前泰国 60% 的大型商业机构及银行均由华裔人士控制。在泰国，华人企业在所有经济部门中都起着非常大的作用。比如华人在

---

① 陈伟明、陈丽：《泰国潮人的乡土文化情结》，《东南亚纵横》2004 年第 12 期。

制造业的总资本中大约占90%，纺织业占60%，钢铁业占70%，制糖业占60%，运输业占70%，商业占80%左右。①

表14 2006～2013年福布斯泰国富豪上榜情况

单位：个，亿美元

年份	2006	2007	2008	2009	2010	2011	2012	2013
华人人数	3	3	3	3	3	3	4	4
全部人数	3	3	3	3	3	3	5	10
华人占比(%)	100	100	100	100	100	100	80	40
华人财富	81	89	88	71	91	158	187	292.5
全部财富	81	89	88	71	91	158	206	386
华人占比(%)	100	100	100	100	100	100	90.78	75.78
泰国GDP	2070.89	2469.77	2725.78	2637.11	3189.08	3456.72	—	—
GDP占比(%)	3.91	3.60	3.23	2.69	2.85	4.57	—	—

资料来源：根据2006～2013年福布斯全球亿万富豪榜、福布斯华人富豪榜整理得出。

2006～2011年连续6年泰国每年都有3人登上福布斯全球富豪榜（见表14），而且均为华商，随后两年都有4名华商上榜。泰国华商的财富在近3年虽然大幅度上升，但是所占比例在下降。2013年非华商人数飞速增加，人数甚至超过华商，但是华商牢牢掌握了其中75.78%的财富。2006～2011年泰国上榜华商对居住国GDP的贡献在2.69%～4.57%，而这仅仅是3名上榜华商的贡献。

2011年泰国向相对平稳阶段的过渡使得股市和经济得以增长，泰国的富豪们也随之崛起。福布斯泰国40富豪的资产总和上升了25%，达到450亿美元。正大集团谢国民以90亿美元位居榜首，排名第二的是红牛能量饮料联合所有人之一许书标，紧随其后的是身家48亿美元的威士忌大亨苏旭明。

2012年福布斯泰国40富豪榜，入选门槛是2亿美元，共有14名华商上榜，其中前5名全是华商。泰国40名富豪财富总额由2011年的450亿美元跃升至550亿美元，其中华商净资产362亿美元，占65.34%，而前5名华商的

---

① 杨联民、花善岱、何润香：《华人资本驰骋全球》，http://www.chinanews.com/zhonghuawenzhai/200003/new/1_copy（15）.html。

财富总额为306亿美元,拥有农业联合大企业正大集团的谢国民以90亿美元身家继续高居榜首,是排行第40位的富豪财富的45倍,显示财富加快集中于更富有人群。

(三)新加坡

新加坡统计局将"华人"(Chinese)定义为一个种族或族群。新加坡华人是指拥有中国血统或者祖先源自中国的人士,出生或者移民到新加坡并持有新加坡公民权或居留权的华族人士,也称"新加坡华裔"或"华裔新加坡人"。2010年,新加坡共有将近280万华人,占新加坡居民人口的74.1%,即4个新加坡人中就有3个是华人,华人是新加坡最大的族群。新加坡是中国之外唯一华族人口占多数的国家。新加坡早期的贸易和作为商业中心的发展见证了殖民地内庞大的华人社群的成长。华人主要来自广东、福建、海南等中国东南沿海省份。①

在世界华人华侨中,新加坡华人是发展程度最高的群体。新加坡华商无论在教育和国际化程度、个人资产和对外投资方面,都是其他国家华商所不可比的。同时新加坡华商的企业集团举世闻名,在中国以外的国际华商中占有最重要的地位,同时小企业的华人的表现也极为出色。

据2007年11月第46期《亚洲周刊》报道,亚洲前1000大华商上市公司中,泰国华商纯利为负增长17.4%,其余均为正增长。其中,中国大陆上市公司纯利增长为22.4%,香港地区华商纯利增长为9.5%,台湾地区华商纯利增长为7.8%,新加坡华商纯利增长为39.5%,马来西亚华商纯利增长为36.8%,菲律宾华商纯利增长为15.4%,印度尼西亚华商纯利增长为2.9%。②从中可以看出新加坡华商上市公司在亚洲前1000大华商上市公司中纯利增长是最快的。从2012年福布斯公布的东南亚各国40富豪榜(见表15)来看,新加坡华商无论在上榜人数(34人,占比85%)上,还是在财富额(508.65亿美元,占比85.57%)上都处于十分明显的优势地位。

---

① 《新加坡华人》,http://hanyu.iciba.com/wiki/1414197.shtml。
② 《世界华商发展报告》课题组:《2007年世界华商发展报告》,中国新闻社,http://news.sohu.com/20080116/n254684570.shtml。

表 15　2012 年福布斯东南亚国家 40 富豪榜华商上榜情况

单位：个，亿美元

国家	印度尼西亚	新加坡	泰国	菲律宾
华商人数	21	34	14	10
华商人数占比（%）	52.5	85	35	25
华商财富	611.5	508.65	362	258
财富总额	886.4	594.45	554	477
华商财富占比（%）	68.99	85.57	65.34	54.09

资料来源：根据 2012 年福布斯东南亚国家 40 富豪榜整理得出。

2012 年新加坡 40 富豪榜，共有 34 名华商上榜，华人富豪占榜中 85% 的席位，而且前十大富豪中就有 8 名华商，其中从事房地产行业的黄氏家族以 92 亿美元再登首富宝座。上榜的 40 位富豪财富总额 594.45 亿美元，其中华商 508.65 亿美元，财富占比与人数占比相当。2011 年，同样是 34 位华商上榜，华商财富为 489.7 亿美元，财富占比达到 90.01%，与此相比，2012 年华商财富占比在下降。

（四）马来西亚

马来西亚华人主要是明、清至民国数百年间从中国福建、广东、广西、海南等地迁移而来的移民。华人在马来西亚的人口约 645.13 万人，约占马来西亚总人口的 25%。①

马来西亚从 1970 年起实施马来人优先发展的经济政策，但华人企业在该国的经济中始终占据着非常重要的地位。如郭鹤年的郭氏兄弟集团在马来西亚拥有和控制了 200 家以上的企业，素有"亚洲糖王"和"酒店大王"之称，共涉足八大行业，其中砂糖成交量占世界的 10%，占马来西亚国内成交量的 80%。

《马来西亚商业杂志》（Malaysian Business）2002 年首次推出马来西亚 40 大富豪榜，当时上榜富豪财富总额为 417 亿令吉，华商郭鹤年排名第一。自

---

① PHBang：《首富郭鹤年——2013 年马来西亚富豪排行榜》，http://www.phbang.cn/plus/view.php？aid＝11090。

2002年以来,前后共有81名大亨跻身马来西亚40大富豪榜,但只有15人每年都留在榜上。在2013年马来西亚40大富豪榜上,富豪的总财产达到1948亿令吉,相对2012年的1932亿令吉,微增0.86%。郭鹤年依然是马来西亚的首富,凭借461亿令吉,高居马来西亚富豪榜榜首。可见时隔十年后,其一人的身家就超过了2002年所有的40大富豪。①

当地华文媒体《南洋商报》统计2011年马国40大富豪榜,首富三强的宝座再次由亚洲糖王、香格里拉酒店大王郭鹤年(303亿令吉)、云顶掌舵人林国泰和电讯大亨阿南达克里斯南坐上,3人的财富合计686亿令吉(约1433亿元人民币)。前十大富豪身家共1270亿令吉(约2652亿元人民币),所有40大富豪的身家总计1650亿令吉(约3446亿元人民币)。其中,华族富豪约占80%,且业务也较为多元化,例如郭鹤年经营的行业就包括糖、面粉、酒店等;林国泰则涉足赌场、酒店等领域。②

2011年福布斯发布全球亿万富豪榜,马来西亚有9名富豪上榜,其中华商就有7名。华商财富占上榜富豪总财富的73%。其中6名华商是福建籍,1名华商是广东潮州人。可见,华人仍主导着马来西亚经济,即使从整个东南亚来看,这一现象也比较普遍,福建人几乎掌控了整个东南亚经济。

自福布斯2006年发布马来西亚40富豪榜以来,郭鹤年就以其庞大商业王国,稳守冠军宝座多年。2009~2011年华商富豪上榜人数稳定(见表16),均在25人上下浮动,占据40富豪榜60%的席位。2011年马来西亚40大富豪的总身家,比2009年增加70%,达到621.6亿美元。其中,华商富豪的财富连续3年在40名上榜富豪中占比70%多。

(五)菲律宾

据台湾"侨委会"统计,至2007年菲律宾有117万华人,占菲律宾总人

---

① PHBang:《首富郭鹤年——2013年马来西亚富豪排行榜》,http://www.phbang.cn/plus/view.php?aid=11090。
② 《40富豪八成是华裔 郭鹤年303亿稳居龙头》,《南洋商报》,http://www.malaysiaeconomy.net/business/dmfhb/2012-02-02/16668.html。

表16 2009～2011年福布斯马来西亚40富豪榜华商上榜情况

年份	2009	2010	2011
华商人数	27	25	26
华商人数占比(%)	67.50	62.50	65.00
华商财富(亿美元)	261.78	382.6	454.75
财富总额(亿美元)	364.11	512.67	621.6
华商财富比率(%)	71.90	74.63	73.16

资料来源：根据2009～2011年福布斯马来西亚40富豪榜整理得出。

口的1.26%。① 而据厦门大学南洋研究院庄国土教授的统计，至2007年菲律宾华侨华人总数约为150万，占菲律宾总人口的1.6%。② 虽然菲律宾华侨华人数量以及在总人口中的占比远远低于东南亚其他国家，但是菲律宾华侨华人在该国经济中有着非常出色的表现，华商资本保持了迅速增长的势头，成为该国资本的重要组成部分。

菲律宾华人只占该国人口的1%多，但同样主导着菲律宾的经济。早期的华商主要以经营种植园起家，再进入金融、保险、海运等行业，近来成长起来的华商则主要经营不动产和宾馆业。③

2001年《华人经济年鉴》曾统计，华商拥有菲律宾1000家最大公司和所有中型公司的一半。根据庄国土课题组的统计，2009年年底菲律宾共有248家上市公司，其中华商上市公司共有73家，占菲律宾上市公司总数的30%，将上述73家华商企业的市值进行累计，华商上市公司市值占菲律宾所有上市公司市值的32%。④

近8年来每年均有菲律宾华商登上福布斯亿万富豪榜（见表17），2006～2010年连续5年均有2名华商上榜，而近3年来上榜人数年年递增，到2013

---

① 古鸿廷、黄书林、曹淑瑶：《近20年来台菲经贸发展之探讨》，《南洋问题研究》2008年第1期。
② 庄国土：《东南亚华侨华人数量的新估算》，《厦门大学学报》（哲学社会科学版）2009年第3期。
③ 杨联民、花善岱、何润香：《华人资本驰骋全球》，http://www.chinanews.com/zhonghuawenzhai/200003/new/1_copy（15）.html。
④ 庄国土、黄新华、王艳：《华侨华人经济资源研究：以华商资产评估为重点》，国务院侨务办公室政策法规司，2011。

年上榜华商达到 7 名。更可圈可点的是，近 3 年来华商上榜财富在飞速增加，与东南亚其他国家的差距不断缩小。2011 年 3 名上榜的菲律宾华商富豪财富对该国 GDP 的贡献高达 4.58%。

表 17 2006~2013 年福布斯菲律宾富豪上榜情况

单位：亿美元

年份	2006	2007	2008	2009	2010	2011	2012	2013
华人人数	2	2	2	2	2	3	4	7
全部人数	3	3	2	2	2	4	6	11
华人占比(%)	66.67	66.67	100	100	100	75	66.67	63.64
华人财富	32	49	29	41	59	103	149	293.5
全部财富	45	75	29	41	59	114	178	398.5
华人占比(%)	71.11	65.33	100	100	100	90.35	83.71	73.65
菲律宾 GDP	1222.10	1493.60	1736.02	1683.34	1995.89	2247.54	—	—
GDP 占比	2.62	3.28	1.67	2.44	2.96	4.58	—	—

资料来源：根据 2006~2013 年福布斯全球亿万富豪榜、福布斯华人富豪榜整理得出。

2012 年福布斯菲律宾 40 富豪榜中，有 10 名华商上榜，其中前 10 名有一半是华商。菲律宾 40 名富豪的净资产总额为 477 亿美元，其中华商净资产 258 亿美元，占 54%。可见在菲律宾最富有的 40 人中，华商富豪和非华商富豪无论是在人数还是所拥有的财富上都是平分秋色。

参考文献

庄国土：《东南亚华侨华人数量的新估算》，《厦门大学学报（哲学社会科学版）》2009 年第 3 期。

林明忠：《东南亚华商企业在中国 SWOT 分析》，《合作经济与科技》2012 年 6 月号下（总第 443 期）。

何启才：《华人与外来华商在马来西亚的经济活动》，《东南亚纵横》2012 年第 9 期。

陈伟明，陈丽：《泰国潮人的乡土文化情结》，《东南亚纵横》2004 年第 12 期。

古鸿廷、黄书林、曹淑瑶：《近 20 年来台菲经贸发展之探讨》，《南洋问题研究》2008 年第 1 期。

庄国土：《东南亚华侨华人数量的新估算》，《厦门大学学报》（哲学社会科学版）2009 年第 3 期。

曹云华：《现状与潜力：东南亚市场研究》，《珠江经济》2007年第11期。

福布斯中文网，http：//3g. forbeschina. com/contact/about. shtml。

2013福布斯华人富豪榜，http：//www. forbeschina. com/review/201304/0025067. shtml。

2013福布斯全球富豪榜，http：//www. forbeschina. com/review/201303/0023950. shtml。

2012福布斯华人富豪榜，http：//www. forbeschina. com/review/201204/0016364. shtml。

2011福布斯华人富豪榜，http：//www. forbeschina. com/review/list/001126. shtml。

《全球华商一千排行榜揭晓中国内需带动华商获利》，《环球时报》，http：//www. chinanews. com/hr/2010/12 - 05/2700460. shtml。

世界杰出华商协会，http：//www. wecba. org/xhgk. asp？ cid = 17。

《第六届杰出华商大会华商500强论坛在京成功举办》，中国网，http：//www. chinadaily. com. cn/hqzx/2010 - 11/02/content_ 11490437. htm。

福布斯中文网，http：//www. forbeschina. com/。

《新加坡华人》，http：//hanyu. iciba. com/wiki/1414197. shtml。

PHBang：《首富郭鹤年——2013年马来西亚富豪排行榜》，http：//www. phbang. cn/plus/view. php？ aid = 11090。

《40富豪八成是华裔郭鹤年303亿稳居龙头》，《南洋商报》，http：//www. malaysiaeconomy. net/business/dmfhb/2012 - 02 - 02/16668. html。

360百科：《东南亚》，http：//baike. baidu. com/link？ url = ju3pGMp2V2RBODKYr53SJrQhwsKNQy2 - X49YSQz52eBCK26yR4WhzpgpoQEnPGBt。

百度百科：《中国—东盟自由贸易区》，http：//baike. baidu. com/link？ url = eR16T6Zbpyqf24WUnJppxx3ReSE_ I2twmxKU8BO - iN_ Dce1ea3ZhDMZmR9_ 2qvt2sM0TVNKFVsMZVkqpUsFuKq。

百度百科：《胡润百富》，http：//baike. baidu. com/link？ url = Ew0ZqA5WUcr7XW4GSuM1PS8YUAt94C2C6p09NDG26p6xL8ptbLWWerFD2Uph6YOjgg5zoVmtFmvGOr5j0c1bBK。

黄其兴：《侨务资源开发大有可为》，http：//www. china. com. cn/ch - zhengxie/gangaotai/5. htm。

杨联民、花善岱、何润香：《华人资本驰骋全球》，http：//www. chinanews. com/zhonghuawenzhai/200003/new/1_ copy（15）. html。

胡润研究院：《丽江瑞吉·2012胡润全球富豪榜》，http：//www. hurun. net/zhcn/NewsShow. aspx？ nid = 185。

胡润研究院：《2013雅居乐海南清水湾胡润全球富豪榜》，http：//www. hurun. net/zhcn/HRGRL. aspx。

《世界华商发展报告》课题组：《2007年世界华商发展报告》，中国新闻社，http：//news. sohu. com/20080116/n254684570. shtml。

庄国土、黄新华、王艳：《华侨华人经济资源研究：以华商资产评估为重点》，国务院侨务办公室政策法规司，2011。

B.6 欧洲与美洲华商财富分布

徐爱玲[*]

摘　要：

本报告以欧洲华商和美洲华商的财富分布为主要研究对象，综合采用文献查阅、数据统计、案例等方法，分析两地华商的地区分布、行业分布及财富分布，统计华商在世界各大财富榜的上榜情况，并在此基础上对华商在当地及祖国经济发展、社会安定中所作贡献进行了评价。

关键词：

欧洲华商　美洲华商　美国华商　华商财富

改革开放以来，海外华人资本在美国、加拿大及众多欧洲国家有相当的发展，对住在国的经济增长起了不可忽视的作用。早在20世纪90年代，英国的《经济学人》杂志和美国俄亥俄人学海外华人问题中心就给出一个统计数据，称当时海外华人的境外资产总额大约在1.5万亿美元；到了2000年，据媒体报道，这个数字迅速上升到2.5万亿美元；7年之后，据《二〇〇七年世界华商发展报告》推算，全球华商的总资产数额再迈上一个大台阶，达到约3.7万亿美元。其中，欧洲、美洲华商是重要组成部分。

欧洲至少有150万华侨华人，美洲至少有500万华侨华人，他们以从事传统的餐饮、贸易为主，并随着社会、经济发展逐步布局于酒店、旅游、金融及高科技行业，以勤劳和智慧赢得住在国的尊重。欧美华商虽然在数量、经营规

---

[*] 徐爱玲，博士，华侨大学工商管理学院会计系，讲师，研究方向：公司治理、财务会计理论。本文受华侨大学科研启动项目（13SKBS105）资助。

模、资产及政治影响力方面不及东南亚及港澳台华商,但他们积极回馈住在国及祖国,传承中华文化,不同程度地促进了祖国与其住在国的贸易、外交关系,在经济、政治、外交、文化等方面发挥着重要作用,是海外华商中不容忽视的力量。

一 欧洲华商财富分布

(一)欧洲华商经济发展历程

在欧洲华商经济的发展历程中,罗马贸易市场的形成与发展既是其源头,也是欧洲华商经济发展的一个缩影,因此,不妨从罗马贸易市场的发展历程一窥欧洲华商经济发展全貌。罗马贸易市场形成于1996年,大约历经了三个阶段①。

1. 新兴市场的搏杀阶段

这一阶段用了七年时间:1996~2002年。当时的市场是初建的新兴市场,呈现厚利多销的特点,是罗马贸易原始资本积累最快速的阶段。在这一阶段,创造了许多市场神话,凡是开店经营的都不愁销路,没有不挣钱的,华商们积累了大量原始资本。从服装贸易的两个简单数字可以看出当时市场发展的速度:销量最高的一家贸易商一年销售了450个货柜的服装,一天平均可销售10个货柜的服装。

2. 成熟市场的发展阶段

这一阶段也用了七年时间:2003~2009年,市场特点是薄利多销。2003年是华商规模发展最快的一年,当时一大批大赦后有了居留权的华人马上加入贸易市场,导致市场规模迅速扩大,市场内在规律要求华商内部进行一定的调整与平衡,加上当时意大利海关针对突然增加的华人货柜进行集中打击,在客观上也加大了罗马贸易调整的力度。在这一阶段,市场竞争较上一阶段激烈,

---

① 《旅意华商谈欧洲华商经济蓄势待发酝酿崭新模式》,中国新闻网,2013年6月25日,http://www.chinanews.com/hr/2013/06-25/4968157.shtml。

此前发展较好的一大批华商贸易企业,考虑到市场经营环境的恶化和资金的安全,纷纷加入回国创业的大军里。这批资金的退出虽然大大延缓了罗马贸易市场健康发展的速度,延误了罗马贸易市场转型与升级的最佳时机,但却加快创造了西班牙华商贸易市场与法国华商贸易市场,为欧洲华商市场的普及化、纵深化与网络化奠定了基础。从这个阶段开始,欧洲华商经济真正实现从点到线(渠道),再到面(网络)的市场布局。

3. 规范市场的转型阶段

从2010年开始,罗马贸易市场进入了转型阶段,其特点是薄利不多销,市场进入有史以来最大的调整阶段。在2008年之后的欧债危机呈常态化与长期化的状况下,法制成本与社会成本剧增,欧洲华商的市场分歧越来越大,大致分流至三个方向:(1)回国发展。这部分华商一部分参与温州的"高利贷",成为"高利贷"市场的第一出资人,损失很大;还有一部分华商利用自己在经营过程中与当地企业建立起来的互相信任,回国与当地企业捆绑发展,如宁波北仑的葡萄酒市场就有大批华商的身影。(2)转向欧洲当地本土化程度比较高的行业,如WOK、酒吧等。(3)坚守原有市场,等待新的时机到来。在全球市场走势十分不确定的大背景下,我们无法对这种市场分歧做出优劣的预判,但欧洲华商经济的确到了一个新的发展拐点。

纵观罗马贸易市场的发展历程,可以做出这样的判断:在这一轮世界性经济格局大调整的背景下,以一般商品贸易为主体的欧洲华商经济的黄金发展时期基本上已告结束,但技术贸易、服务产业等新型的华商经济在徐徐崛起,新的业态正在逐步拉开序幕。

(二)欧洲华商财富布局

1. 欧洲华商地区分布

不夸张地说,几乎在欧洲的每个角落都可以找到华商的身影,正所谓"有海水处即有华人"。由于华商在欧洲的分布较为零散,而欧洲本身又是由四十多个国家和地区组成,因此很难统计欧洲华商地区分布的具体情况。考虑到欧洲华侨华人主要从事商业活动,故此处权且以欧洲华侨华人的地

区分布来不太确切但在很大程度上具有合理性地指代欧洲华商的地区分布。欧洲华侨华人的分布特点大致可概括为"大分散、小集中",其中"小集中"又以西欧为甚。法国《欧洲时报》曾报道,截至2007年,欧洲的华侨华人总数大约为150万人;到2000年,这一数字达到215万左右。这200多万华侨华人大多分布在西欧的法国(40多万)、英国(40万左右)、意大利(20万左右)、荷兰(略少于20万)、德国(15万左右)、西班牙(12万左右)、奥地利(3万多)、葡萄牙(2万左右)。此外,在比利时和瑞士等国也有一些华侨华人。在东欧,华侨华人主要集中在俄罗斯(30万左右)和匈牙利(2万~3万),罗马尼亚的华侨华人也有近万人,其他东欧国家也零散存在数量不一的华侨华人。就城市的分布来看,大中城市是欧洲华侨华人的主要集中地,比如法国的巴黎、英国的伦敦和曼彻斯特、意大利的罗马和米兰、荷兰的阿姆斯特丹和鹿特丹等等。最后要补充说明的是,这些华侨华人并非全部来自我国大陆地区,其中有四成左右是从东南亚再移民到欧洲的,在其余来自我国大陆地区的六成华侨华人中,一半来自浙江特别是青田、温州等地,还有相当一部分来自福建省和广东省,而来自其他地区的华侨华人相对较少。

2. 欧洲华商行业分布

实际上,相较于历史悠久的东南亚和美国的华商,欧洲华商的发展历史尚短,向欧洲大批移民的浪潮的出现是改革开放以后的事情。虽然起步较晚,但欧洲华商的发展速度惊人,同时也取得了骄人的成绩。在20世纪80年代以前,他们主要集中在餐饮和皮革业,但90年代以后,华商的活动领域日益多元化,除传统的餐饮和皮革业以外,还包括服装加工、食品工业、批发货行、超级市场、进出口贸易和农场等。

(1)餐饮业。

在欧洲华侨华人所从事的行业中,餐饮业是最主要的支柱性产业,也是他们谋生的主要手段。中国侨网2009年2月23日发布的消息称,英国有中餐馆约9000家;法国有中餐馆约8000家,其中仅巴黎地区就有6000家左右;德国的中餐馆数目为7000多家;西班牙为3000家左右;荷兰为2170家左右;意大利为1200家左右;比利时为1000家左右;奥地利为800多家;葡萄牙为

600多家。

中餐业在西欧国家中已有长期经营的基础，中餐已经在不同程度上进入了普通欧洲人的生活。相较于欧洲人所经营的西餐馆，华人大型餐馆往往室内装饰豪华，菜式更为多样、考究，为中高端顾客所青睐。而华人小型餐馆除口味丰富外，低廉的价格则成为吸引普通民众的亮点。这种二元布局也是未来欧洲华侨华人经营中餐馆的发展方向。

（2）食品工业、超级市场。

在传统的餐饮业以外，欧洲华侨华人所从事的另外两种行业近年来引人瞩目，即食品工业和超市。这两个行业在华侨华人中起步较晚，目前在华商经济结构中所占的份额并不是很大。食品工业方面，只有为数不多的一些具有相当规模的食品公司，它们主要为中餐馆和中国杂货店供货，比如七海冻品公司、"志业"肉类批发公司等。华人超市是另外一个在华侨华人中异军突起的行业，在意大利、法国、英国和荷兰等国家，大型华人超市越来越多，其规模也日趋膨胀。这些超市集批发和零售于一体，引入现代先进的企业经营模式和管理经验，日益呈现出集团性、连锁性和功能多样性的特点，对欧洲传统大型连锁超市造成一定的冲击，带动了华人商圈的大幅发展。[①]

（3）批发货行与进出口贸易。

促使华人经济在整体发展规模上跃升到一个新的阶段的是20世纪80年代以后由华商经营的批发货行和进出口公司的大量出现。仅以法国巴黎郊区的欧贝维利耶市和西班牙马德里拉瓦别斯区为例，前者是目前法国最大、设施和管理最完备的华商批发中心，也是法国和欧洲服装、皮革、首饰、家具、眼镜等商品的集散地，已然成为欧洲最大的中国商品批发中心，在此聚集了近700家由华侨华人经营的商户；后者的华侨华人贸易区也聚集了大小批发店和商品零售店3000多家。此外，在意大利首都罗马，150多家中国公司环绕在维多利奥广场四周。

（4）服装加工业和皮革业。

如前所述，餐饮业和皮革业（包括服装加工）是欧洲华侨华人的传统

---

① 李明欢：《欧洲华人社会剖析：人口、经济、地位与分化》，《世界民族》2009第5期。

活动领域，尤其是在20世纪90年代前后，大量华人新移民的涌入提供了廉价的工人，华商所经营的皮革鞋服业以低廉的价格优势迅速占据欧洲市场。90年代以后，这种格局有所改变，华商的活动领域更加多元，但在华人经济中，餐饮业、服装加工和皮革业三分天下的格局并没有受到根本冲击，特别是在南欧的意大利（集中在佛罗伦萨和普拉托）和法国。然而欧洲华商在服装加工和皮革业中的竞争优势正在逐渐丧失。我国大陆在产品设计和质量要求等方面不断提升以及更多物美价廉产品进入欧洲市场，在这种局势下，不少经营此等行业的华商开始转型，一部分华侨华人转而为国内产品做推销，另一部分华侨华人则对从我国大陆进口的商品进行更换品牌和分销。

（5）旅游业。

随着我国经济的发展和国民生活水平的提高，近年来，我国居民出国出境旅游十分火热，而具有悠久历史、丰富历史遗产、旖旎自然风光和多元文化的欧洲也成为吸引中国游客的目的地。欧洲华侨华人抓住这个机遇，大力发展旅游业，包括经营旅游公司、销售纪念品、投资旅馆业等等，为华人经济注入了兴奋剂。目前在欧洲各国的各个主要城市基本上都能找到由华侨华人开设的旅游公司。实际上，为大力发展旅游业，早在20世纪90年代，欧洲主要国家的华侨华人就联合起来，成立了诸如"华人旅游同业联合会""华人旅游协会"等华人旅游社团。2008年，来自我国内地和欧洲十多个国家的400多名代表齐集巴黎，成立了"全球华人旅游联合总会"。该社团的成立也标志着华人旅游业走进一个新的时代。

除上述主要行业外，在欧的华商还从事如下行业：运输业、文娱业、美容美发业、洗衣店、家具店、钟表店，以及近年来发展的中医药产业等等。

从上述的发展趋势来看，在欧的华侨华人已经逐渐进入各行各业，涵盖了从制造业到服务业的各主要行业。但需要注意的是，华人经济要想进一步发展，必须改变目前的窘况，即在华侨华人中占据主导地位的仍然是劳动密集型和附加值比较低的一些行业。可喜的是，这一窘况随着欧洲华商产业结构的升级正在被逐渐打破，有些华商将视野投向教育文化、科技金融、物流海运等高端行业，并涌现出一批具有较大规模的龙头企业，比如由陈克威、陈克光兄弟开设的已经进入法国企业500强的陈氏兄弟百货公司，英国的"荣业行"，丹麦的"春卷大王"范岁久。对新兴和高端产业的涉入，不但使华人经济的企业格局更为多元，更主要的是，使欧洲华侨华人的资本经济活动突破了低端产业的限制，上升到一个新的台阶。

（三）财富榜欧洲华商上榜情况

相比亚洲地区的华商，欧洲华商上榜人数少，只有寥寥数人，因此其财富值在总榜中占比也较小。

1. 福布斯全球华人富豪榜

表1　2011~2013年福布斯全球华人富豪榜欧洲华商上榜情况

年份	华人排名	全球排名	姓名	净资产（亿美元）	年龄	国籍	公司	行业分类
2013	146	974	戴秀丽（秀丽·霍肯）/XiuLi Hawken	15	50	英国	人和商业控股	房地产
	182	1107	苏海文/Helmut Sohmen	13	73	奥地利	环球航运	物流
2012	98	764	戴秀丽（/Hawken XiuLi）	17	49	英国	人和商业控股	房地产
	129	913	苏海文/Helmut Sohmen	14	72	奥地利	环球航运	物流
2011	75	540	戴秀丽（/Hawken XiuLi）	22	48	英国	人和商业集团	房地产

资料来源：根据2011~2013年福布斯全球华人富豪榜整理得出。

戴秀丽，与英国丈夫结婚后随夫姓改名秀丽·霍肯（XiuLi Hawken），是人和商业控股公司（Renhe Commercial Holdings）的董事和大股东，被称为中国职业足坛首位美女老板。截至2011年6月，戴秀丽在11座城市拥有14个正在建设的地产项目。毕业于中国文学专业的戴秀丽还是中国足球俱乐部陕西人和商业浐霸队（Shaanxi Renhe Commercial Chanba）的董事长。2011年，戴秀丽以其巨额财富荣登全英女性富豪榜第7位，而这是华裔女性的名字首次出现在这个排行榜上。

苏海文，奥地利公民，现居香港，是BW集团（BW Group）董事长，该公司拥有140艘油船和天然气运输船，是世界上最大的海事公司之一。由于对中奥友谊的贡献，他曾获得中国的"人民友好使者"称号。

2. 全球华商富豪 500 强

表 2　2006～2008 年全球华商富豪 500 强欧洲华商上榜情况

单位：亿美元

年份	排名	姓名	财富	主要公司	所在地	主要产业
2008	438	陈克威/陈克光兄弟	17.3	陈氏兄弟集团	法国	零售、地产、文化传媒
2007	500	叶焕荣	12	荣业行	英国	连锁超市
2007	373	陈克威/陈克光兄弟	17.3	陈氏兄弟集团	法国	零售、地产、文化传媒
2006	380	叶焕荣	10.4	荣业行	英国	连锁超市

注：2009 年和 2010 年均无欧洲华商上榜。
资料来源：根据世界杰出华商协会组织评选的 2006～2010 年全球华商富豪 500 强整理得出。

陈克威、陈克光兄弟，法国华人首富，祖籍广东省普宁大长陇村，出生在老挝的一个华人家庭。1975 年，陈克威因战乱避走法国，与在巴黎攻读电机工程专业的弟弟陈克光联手建立了"陈氏兄弟公司"。陈氏兄弟的商业眼光十分独到，能较好地把握市场行情，除开办百货公司、餐馆外，还与其他兄弟在泰国、香港、法国建立了跨国集团公司，从中国内地、中国香港、新加坡、泰国、日本、韩国等地进口上万种商品，成为目前世界上最大的华人企业之一。

叶焕荣，祖籍东莞塘厦镇，是英国华商首富，英国华人超市王中王。1970 年，叶焕荣创办了荣业行，现共有 4 家大型连锁超市，以销售中、日、泰、韩等亚洲国家食品、杂货乃至自家品牌的中式酱料闻名，为英国 2000 多家中餐馆和零售店提供商品，至今已然成为英国最大规模的中国食品超市及批发中心。英国华人几乎都去过荣业行，叶焕荣则是第一位在富豪榜上有名的居住英国的华人企业家。2010 年，叶焕荣因为在东方食品业方面的贡献进入英国一年一度的新年荣誉册，荣获英女王颁发的 OBE 大英帝国勋章。2012 年，获世界莞商大会"杰出莞商"称号。

二　美洲华商财富分布

鉴于美洲华商分布较为分散，资料和数据的搜集存在一定的困难，且美洲华商主要集中于美国和加拿大,故本部分以这两国的华商情况为主进行介绍和分析。

(一)美国华商财富分布

早在200年前,已有华人华侨远赴美洲开拓,最近几十年,移居于此的中国人更是大幅度增加。中国社会科学院《2007年全球政治与安全报告》指出,20世纪90年代,有500万以上华人移民美洲,以4.6%的增长率居中国海外华人移民地区之首,约为同期移民总数的14%。

自20世纪50年代始,美国华人数量呈爆炸式增长,中国大陆更于1987年以后成为美国华人的主要来源地。美国人口普查局数据显示,至2005年年底,美国人口中约183.3万人出生于中国,2010年的人口普查数据表明,华裔人口达380多万,而汉语也成为美国的第二大外语。

1. 美国华商财富布局

美国华商是美国华侨华人的一个重要群体,根据美国人口普查局的统计数据,2002年,美国华人企业约为28.6万家,占亚裔企业的25.9%、全美企业的1.2%,雇员近65万人。在企业总体收入方面,华人企业的收入为1051亿美元,占亚裔企业收入的32.2%。可见,在亚裔企业中,华人企业经济效益较好。

华人企业在地域分布上呈现集中程度较高的特点,80%以上的华人企业集中在7个州,以加州为最,约有华人企业11万家,收入高达562亿美元。纽约也聚集了约6万家华人企业,收入约102亿美元。还有不少华人企业集中在新泽西、夏威夷、得州等,华人企业最密集的大都会区是纽约—纽瓦克—桥港、洛杉矶—长堤—河边、圣荷西—旧金山—奥克兰、华盛顿—巴尔的摩—北弗吉尼亚。

在行业分布方面,华商企业基本遍布美国的各个行业,但仍相对集中。如表3所示,"专业与科技服务"和"膳宿与食品服务"两个行业聚集的华商企业最多,合计超过9万家,分别占华商企业总数的17.19%和15.29%。"其他服务""零售贸易""房屋与出租""健康护理与社会协助""批发贸易""管理、支持与维护服务"六大行业的华商企业总数超14万家。八大行业企业数

超23万家,占华商企业总数的82.39%,具有较高的行业集中度。企业收入方面,"批发贸易"类行业收入占比最高,达40.47%,与其7.14%的企业数相比,单位企业的收入贡献很高。此外,收入超百亿的还有"零售贸易"和"膳宿与食品服务",上述3个行业收入占华商企业总收入的近2/3,这也进一步说明华商企业在行业分布上高度集中。

表3 美国华商企业的八大行业分布

行业类别	企业数量	比例(%)	企业收入(千美元)	比例(%)	企业平均收入(美元)
专业与科技服务	49158	17.19	6954567	6.62	141473
膳宿与食品服务	43745	15.29	12112033	11.53	276878
其他服务(不包括公共管理)	30517	10.67	1711467	16.29	56082
零售贸易	28318	9.90	14342288	13.65	506472
房屋与出租	26937	9.42	3791881	3.61	140769
健康护理与社会协助	25035	8.75	5343218	5.09	213430
批发贸易	20427	7.14	42509681	40.47	2081054
管理、支持与维护服务	11527	4.03	1643681	1.56	142594
华商企业总数	286041	100	105051613	100	367261

注:华商企业总数包括八大行业和其他行业。
资料来源:林联华《美国华商现况探析》,《亚太经济》2010年第5期。

但就规模而言,美国华人企业大多数规模较小,这与东南亚地区有所不同。结合其他资料,可以看出,美国华商企业在行业分布上呈现出如下特点。

(1)中餐业。

中餐馆在美国的出现,始于19世纪四五十年代的淘金热,在移民大潮的涌动中,曾呈现百家争鸣、快速扩张的发展格局。历经一百多年,如今全美中餐馆超过5万家,影响了美国人的饮食习惯和对中国文化的认知。据美国《中餐通讯》统计,截至2000年8月,中餐馆数达3万余家。至2006年,一项美国中餐协会的统计指出,这一数字已达5万多,远超美国本土连锁快餐店麦当劳。这些中餐馆遍布美国各地,尤以洛杉矶、纽约、旧金山最为密集,中餐业聚集了30多万华人员工,中餐也成为美国人普遍喜爱的餐饮之一。以美国最大的中餐企业"熊猫快餐集团"为例,其开店速度远超汉堡连锁店汉堡王,销售额也十分惊人,2006年已超9亿美元;截至2007年,熊猫快餐店已扩展至1000家,遍布于美国36个州。

尽管中餐馆数量上超过麦当劳、汉堡王和肯德基在美国本土门店的总和,也有一批高级中餐馆和中式自助餐在餐饮业竞争中占据了有利地位,但大多数的中餐馆或外卖店是家庭式经营,中餐业面临创新不足、人员招工难等问题,业内竞争激烈,利润微薄,再加上负面新闻不断,使众多遍布全美的中餐馆陷入艰难困境。未来中餐业应加强行业交流与合作,内部加强质量管理,不断创新,方能走出困境。

(2)华资旅馆、酒店业。

随着中国经济发展,大批中国人出国旅游,在一定程度上带动和促进了美国华商在旅馆业的布局与发展。近年来,美国华人旅馆业经营逐渐转向连锁经营。南加州台湾旅馆公会现任会长汪蔚兴表示,在互联网环境下,顾客基本上采用网上订房的方式,使得华裔旅馆业者热衷于投资品牌连锁旅馆,仅在南加州就有逾400家华资旅馆。

据《星岛日报》报道,出生于台湾的华裔地产商张山亮的产业已经遍及纽约,甚至发展到海外,纽约在建的酒店房间中大部分都在他的名下。

据《美国华商报》报道,祖籍广东台山的华商林建中是一位具有传奇色彩的成功商人。移民美国的第一个十年,他发展成为纽约最大的制衣生产商,20世纪90年代,制衣业逐渐萎缩后,他将投资重心转移到房地产业和酒店业,十年内,他并购、兴建酒店十余家。林氏酒店发展集团几乎拥有美国所有名牌连锁酒店品牌,像希尔顿、喜来登、四点、假日酒店、客来运、飞尔菲、哈佛·强森、汉普顿等。他新建酒店占纽约市的25%,更可称为奇迹的是,这样大的业绩,靠的不是遗产继承,而是他这十年来的辛苦运作。

据美国《世界日报》报道,有两个以第二代华裔为首的集团,默默地在加州各地并购旅馆,且成果惊人。其中一个集团叫作布莱顿管理公司(Brighton Management),由范约瑟(Joseph Fan)掌舵。范约瑟1976年起跟随父母接触旅馆生意,1994年成立布莱顿公司,拥有管理多家名牌连锁旅馆的认证,目前员工近3000人,华人比例不到1%,在近几年以2.9亿美元在加州收购了14家旅馆,北自沙加缅度,南至圣地亚哥,每间旅馆规模从100个房间到400个房间不等。另一家备受瞩目的集团是Urban Commons，吴姓负责人才30岁出头，据悉，过去两年半他买了十家旅馆，集团主要是透过负责人集资去买旅馆，并与范约瑟的公司展开合作，无论管理，还是买卖旅馆都合作得很成功。

（3）批发贸易业和零售业。

与欧洲华商情况相似，批发贸易业和零售业也是在美华人聚集的行业之一。据统计，全美的华人杂货店、超市在1999年时已达1万多家，到2002年，这一数字增至2万多，并且规模也逐渐扩大。

大华超市由台湾移民陈河源创立，是全美最大的华资连锁超市。至2009年年底，大华超级市场在加州已拥有24家直营店，另在华盛顿州、内华达州、得州有4家直营店。另外，在美国境内的乔治亚州和国外的印尼雅加达，均有合资合作的大华超级市场。

福建和浙江温州移民在美国华人超市业中也颇有建树。中国城超市集团（New York Mart Group）由福建移民邓龙创办，是一个以超市零售为主，集外贸进口、批发、仓储物流、农业种植、餐饮服务于一体的综合性企业集团。它在纽约艾姆赫斯特、华埠及法拉盛设立起11个大型超市，并开展农场、连锁餐饮、食品进口批发、物流配送，业务覆盖全美20余个州，企业员工1000多人，在竞争激烈的美国超市行业中昂首挺立，目前已经成为全美最大规模的亚洲超市集团之一。1992年移民美国的温州人张利惠可谓美国华人超市业的后起之秀，其创办的"大中华超市集团"在纽约、波士顿、新泽西及维吉尼亚州等地开设了多家规模较大的超市。

另据统计，逾40家华商企业在南加州经营水产进出口贸易。台湾移民苏思齐1993年与朋友创办Fremont海产公司，向中国出口加州水产，成为著名的"鱿鱼大王"，苏思齐也因此被洛杉矶中小企业局颁发"杰出中小企业出口商"奖。

（4）高科技企业。

在高新技术产业也不乏华人的身影，华侨华人为美国硅谷的发展作出了重要贡献。在硅谷，约有1/3的公司由华侨华人创办或担任CEO，在华裔自行创办的超过1000家公司中有超过20家公司已经上市，在硅谷的30万名工程师中华裔达到1/5以上。"2009年度硅谷150强排行榜"中有15家华人公司上榜,"2013年福布斯华人富豪榜"中,10位美国华商中有近一半的主营企业属科技产业。这一点从前述"专业与科技服务"企业占华人企业数量的17.19%可以看出,后文还要谈到各大美国华商财富榜中科技类行业富豪居多,也从另一角度显示华人企业在科技行业的影响力。

(5) 金融业。

随着美国华人华侨自身经济实力的增强,华人金融业的市场也在急剧发展。据媒体报道,美国华人创立的银行、证券公司等金融机构将近2000家,仅华资银行就达80多家,控制着数百亿美元。

目前,美国最大的华资银行是华美银行、国泰万通金控。华美银行以其260亿美元的总资产、超过48亿美元的市值,跻身美国前25大银行,在福布斯(Forbes)评选的"全美百强银行"中,华美银行连续四年(2010~2013年)排名前十,其服务网络覆盖加州、乔治亚州、内华达州、纽约、马萨诸塞州、得州、华盛顿州及大中华地区的香港、上海和汕头,并在北京、重庆、深圳、台北、厦门及广州设有办事处。

国泰万通金控控股的国泰银行截至2013年年底总资产超百亿美元,拥有32家加州分行,9家纽约州分行,3家伊利诺伊州分行,3家华盛顿州分行,2家得州分行,1家马州分行,1家内华达州分行,1家新泽西州分行,营业地区自西岸向东扩展至纽约及马萨诸塞州东部,北至华盛顿州西雅图,南达得州,并在亚太区的香港、台北及上海设有代表办事处。2013年,国泰万通金控公司全年盈利为1.231亿美元,2014年第一季度盈利为3130万美元。

此外,提供专业的投资理财服务的华裔证券商的发展也十分抢眼。美国消费者杂志理财实验室曾举行全美网络券商评选活动,美国第一理财证券公司于2005年、2006年连续两年夺得第一。这是一家仅有40名员工的华人小公司,它成立于1985年,是美国最负盛名的网络券商之一,以"高品质服务与更低廉费用"为一贯宗旨引领着美股网络交易的潮流。值得一提的是,"第一理财"的业务已走出华人区,其客户构成中,约85%为本土美国人。

2. 财富榜美国华商上榜情况

表4　福布斯华人富豪榜美国华商上榜名单（2011～2013年）

华人排名	全球排名	姓名	净资产（亿美元）	年龄	国籍	公司	行业分类
2013年福布斯华人富豪榜							
16	145	陈颂雄/Patrick Soon-Shiong	80	61	美国	美国药品伙伴公司	医疗保健
35	276	张东文夫妇/Jin Sook & Do Won Chang	45	58/56	美国	Forever 21	时装和零售
46	353	王恒/Roger Wang	38	64	美国	金鹰国际集团	房地产
74	554	孙大卫/David Sun	26	61	美国	金士顿科技	科技
75	554	杜纪川/John Tu	26	72	美国	金士顿科技	科技
82	589	冯国经/Victor Fung	25	67	美国	利丰集团	连锁经营
101	704	高民环/Min Kao	21	64	美国	美国Garmin公司	科技
106	736	程正昌和蒋佩琪夫妇/Andrew & Peggy Cherng	20		美国	熊猫餐饮集团	服务
151	974	杨致远/Jerry Yang	15	44	美国	雅虎	科技
199	1175	孙宏斌/Sun Hongbin	12	50	美国	融创中国	房地产
合计		10人（夫妇计1人）	308		人均净资产30.8亿美元		
2012年福布斯华人富豪榜							
华人排名	全球排名	姓名	净资产（亿美元）	年龄	国籍	公司	行业分类
9	127	陈颂雄/Patrick Soon-Shiong	72	60	美国	美国药品伙伴公司	医疗保健
32	276	王恒/Roger Wang	40	63	美国	金鹰国际集团	房地产
32	276	张东文夫妇/Jin Sook & Do Won Chang	40	57/55	美国	Forever 21	时装和零售
54	418	杜纪川/John Tu	28	71	美国	金士顿科技	科技
54	418	孙大卫/David Sun	28	60	美国	金士顿科技	科技
71	546	高民环/Min Kao	23	63	美国	美国Garmin公司	科技
146	1015	杨致远/Jerry Yang	12	43	美国	雅虎	科技
合计		7人（夫妇计1人）	243		人均净资产34.71亿美元		
2011年福布斯华人富豪榜							
华人排名	全球排名	姓名	净资产（亿美元）	年龄	国籍	公司名称	行业
19	196	陈颂雄	52	59	美国	美国药品伙伴公司	医药生物制品

续表

2011年福布斯华人富豪榜							
华人排名	全球排名	姓名	净资产（亿美元）	年龄	国籍	公司名称	行业
34	247	冯国经	43	65	美国	利丰集团	批发零售、贸易
36	254	王恒	42	62	美国	金鹰国际集团	房地产
63	440	孙大卫	26	59	美国	金士顿科技	电子制造
63	440	杜纪川	26	70	美国	金士顿科技	电子制造
98	736	高民环	17	62	美国	美国 Garmin 公司	导航仪制造
139	938	杨致远	13	42	美国	雅虎	综合门户
合计		7人	219			人均净资产31.29亿美元	

资料来源：根据2011~2013年福布斯华人富豪榜整理得出。

表5 福布斯美国400富豪榜华商上榜名单（2009~2011年）

单位：亿美元

2011年福布斯美国400富豪榜			
排名	姓名	个人净资产	财富来源
39	陈颂雄/Patrick Soon-Shiong	70	仿制药
81	王恒/Roger Wang	40	零售
88	张东文夫妇/Jin Sook& Dowon Chang	36	零售
130	冯国经及其家族/Victor Fung & family	28	零售
130	孙大卫/David Sun	28	信息技术
130	杜纪川/John Tu	28	信息技术
242	高民环/Min Kao	18	导航设备
375	杨致远/Jerry Yang	11	雅虎
合计	8人（夫妇计1人）	259	人均32.38
2010年福布斯美国400富豪榜			
排名	姓名	个人净资产	财富来源
46	陈颂雄/Patrick Soon-Shiong	56	仿制药
69	王恒/Roger Wang	41	零售
87	冯国经及其家族/Victor Fung & family	35.5	零售
136	孙大卫/David Sun	26	电脑记忆体
136	杜纪川/John Tu	26	电脑记忆体
269	高民环/Min Kao	15	导航设备
	杨致远/Jerry Yang	11.5	雅虎
合计	7人	211	人均30.14

续表

2009年福布斯美国400富豪榜			
排名	姓名	个人净资产	财富来源
65	陈颂雄／Patrick Soon-Shiong	40	通用名药
118	冯国经及其家族／Victor Fung & family	26	贸易
123	孙大卫／David Sun	25	电脑存储系统
123	杜纪川／John Tu	25	电脑存储系统
158	王恒／Roger Wang	20	零售
196	高民环／Min Kao	18	导航仪器
317	杨致远／Jerry Yang	12.5	雅虎
合计	7人	166.5	人均23.79

资料来源：根据2009～2011福布斯美国400富豪榜整理得出。

表6　全球华商富豪500强美国华商上榜名单（2006～2010年）

单位：亿元人民币

2010年全球华商富豪500强					
排名	姓名	财富	主要公司	所在地	主要产业
19	陈颂雄	341.41	阿博利斯生物技术	美国	生物技术
66	杜纪川	170.71	金士顿科技有限公司	美国	IT产业
66	孙大卫	170.71	金士顿科技有限公司	美国	IT产业
141	杨致远	88.77	雅虎yahoo	美国	互联网
合计	4人	771.6	人均财富192.9		

2009年全球华商富豪500强					
排名	姓名	财富	主要公司	所在地	主要产业
5	陈颂雄	375.9	AbraxisBioScience	美国	生物技术
26	杜纪川（John Tu）	170.87	金士顿科技有限公司	美国	IT产业
26	孙大卫（David Sun）	170.87	金士顿科技有限公司	美国	IT产业
79	杨致远	75.18	雅虎yahoo	美国	互联网
251	戴伟丽	30.5	神奇科技	美国	存储、通信
合计	5人	823.32	人均财富164.66		

2008年全球华商富豪500强					
排名	姓名	财富	主要公司	所在地	主要行业
29	孙雄	240	Abraxis Bio Science	美国	医药
60	杜纪川	171.5	Kingston科技公司	美国	科技领域
60	孙大卫	171.5	Kingston科技公司	美国	科技领域

续表

2008年全球华商富豪500强						
排名	姓名	财富	主要公司	所在地	主要行业
64	杨致远	158	雅虎	美国	互联网
268	王嘉廉	38.3	Computer Associates	美国	软件
435	黄建生	17.5	NVIDIA	美国	集成电路
合计	6人	796.8	人均财富132.8		

2007年全球华商富豪500强					
名次	姓名	财富	主要公司	所在地	主要行业
47	杨致远	151.50	雅虎	美国	互联网
83	孙雄	85.50	Abraxis Bio Science	美国	医药
96	高明	72.70	高明公司	美国	GPS生产
179	王嘉廉	38.30	Computer Associates	美国	软件
367	黄建生	17.50	NVIDIA	美国	集成电路
合计	5人	365.50	人均财富73.1		

2006年全球华人富豪500强					
名次	姓名	亿元人民币	主要公司	公司总部	主要行业
38	杨致远	150	雅虎	美国	互联网
63	孙雄	84	美国药品伙伴公司	美国	医药
72	高明	71.2	高明公司	美国	GPS生产
137	王嘉廉	36.8	Computer Associates	美国	软件
159	张茵	30	中南控股	美国	纸箱、包装纸
274	黄建生	16	NVIDIA	美国	集成电路
482	朱敏	8.3	网讯	美国	网络实时互动
合计	7人	396.3	人均财富56.61		

资料来源：根据2006~2010年全球华商富豪500强整理得出。

表7 胡润全球富豪榜美国华商上榜名单（2013年）

2013排名	2013财富（10亿美元）	姓名	公司名称	年龄	所属国家	主要行业
160	7.1	陈颂雄	Nant Works	61	美国	医药
284	4.7	张金淑、张东文	Forever 21	59	美国	单品牌零售
450	3.1	孙大卫	金士顿	62	美国	科技
450	3.1	杜纪川	金士顿	73	美国	科技
798	1.9	高民环	任我游	65	美国	科技
1191	1.2	杨致远	雅虎	45	美国	科技
1274	1.1	段永平	步步高	53	美国	科技

资料来源：根据胡润研究院发布的2013胡润全球富豪榜整理得出。

从上述各类富豪排行榜可以看出，各大排行榜中美国华人富豪上榜人员大同小异，每年上榜人数 7~10 人，人均财富保持逐年上升的趋势，分布在科技、零售、贸易、房地产、医药等行业，以科技行业为主。这些杰出的华商凭借自身的天赋和后天的勤奋，在世界经济中表现优异，对当地及祖国的经济有着重要贡献。

（二）加拿大华商财富分布

加拿大统计局最新发布的 2011 年全国住户调查显示，在整个加拿大，华裔人口约为 150 万，而加拿大平权会认为华裔人口更多，应已达到 170 万。

1. 加拿大华商财富布局

中国大陆自 1998 年以来就一直稳居加拿大移民来源地的首位，平均每年有 3 万多华人移民加国，2005 年中国抵加新移民更创下 47167 人的最高纪录。

2006 年全国人口普查显示，加拿大卑诗省人口中平均每 10 人就有 1 位华裔，列治文市中心的布里豪斯区为华裔人口最集中地区，平均每 5 人中即有 4 位华裔。

就这些华侨华人所从事的行业而言，在 20 世纪 80 年代以前，主要以餐饮食杂店和其他小生意为主，此后逐渐扩展到金融、保险、计算机、通信、石油、能源、房地产、旅游等领域。自 20 世纪 90 年代始，移民加国的华人大幅增加，起先主要是港台的商业投资移民，这些移民是较富裕的一族，而此后进入加国的大陆移民，则以留学移民和技术移民为主，他们属于相对清贫的一族。这些来自大陆的新移民，有些依靠自己的专业技术，在医药、法律、会计、证券等相关领域有所成就；有些则转向经商，涉入超市、餐饮、小型零售店等行业。大量新移民的到来促进了华商所经营的传统餐饮零售业和新兴旅游业、职业中介和移民服务业等行业的高速发展。

（1）专业领域。

加拿大的华侨华人在专业技术领域所取得的成就非常值得关注。比较有代表性的有 IT 业的何国源先生，他所创办的加拿大 ATI 技术有限公司已然成为全球著名的显示芯片生产商。此外还有华裔企业家陈邓慧中，她多次获颁加拿大卑诗族裔商业协会"新兴科技"项目杰出企业家奖。陈邓慧中来自中国，

1979年移民加拿大，在温哥华就读高中、大学，1985年和先生陈若虚共同创设富达科技公司，目前任列治文富达科技集团公司（Info Spec Systems Inc.）总经理，在推广计算机软件产品及进展零售服务科技方面表现卓越。她曾获列治文杰出贸易妇女奖，历任列治文商会国际贸易委员会共同主席、加拿大贸易开发银行理事等职。而同样来自中国，在大温哥华地区享有良好声誉的Kins Farm Markets果蔬连锁店总裁，则获颁"零售"类企业家奖项。Kins Farm Markets原本只是固兰湖岛一家小小店面，如今已拥有20家连锁水果蔬菜零售店，未来更计划连续扩张营运，在北美服务更多新老顾客。过去几届，该奖项都不乏华裔企业家登榜，包括全盛行蔡银子、瑞发生技公司柯江忠、加创科技公司詹建龙等多人。

（2）中餐业。

大量新移民的涌入为加拿大中餐业注入新的活力，据媒体报道，目前仅在多伦多就有中餐馆800余家，而在温哥华，更是多达1100家。大量来自中国不同地域的华人移民的到来，也使得餐饮业的发展更加繁荣和多元。具有各地不同风味和经营策略的中餐馆相继出现，既有曾独步加国的"港式西餐"，又有后来风行的台式"任点任食"，还有后来兴起的北方饺子、上海菜、川菜和火锅。

在这些中餐馆中，有一些已经发展到较大规模，如文华餐饮集团，它是全北美最大的华人餐饮企业，总公司已经有三十多年的历史，目前在安大略省拥有22家餐厅，年营业额约为1.25亿加元。文华餐厅自创立至今获奖无数，餐厅曾经赢得过多个消费者评选活动奖项，其中包括连续十五年赢得《多伦多太阳报》读者评选活动中的最佳中餐馆称号。餐饮业界也十分认可文华餐厅，它赢得的奖项包括2005年宾顿市杰出商业成就奖和2005年安省商会杰出商业成就奖。2004年，《饮食服务》杂志将文华特许连锁企业评选为年度最佳企业。文华餐厅的管理股东和创始股东在国际上也屡获殊荣，2004年，创始股东张焜筑被授予海外台商磐石奖，同年，文华餐厅百利分店的管理股东何景泉参加了由中国烹饪协会主办的国际中餐创新竞赛，经过与来自世界各地的一百多位大厨的比拼，他被国际裁判委员会授予金奖。2008年，创始股东邱鸿明被宾顿市商会授予了年度商业精英奖。

(3) 贸易业、零售业。

近年来，在华人聚居的温哥华、多伦多和渥太华等城市，华人超市得到了快速发展，其中较具规模的有金山连锁超市、大统华集团及后起之秀华盛超市。遗憾的是，由林氏兄弟创办的、称霸多伦多食品零售业十几年的金山连锁超市已于2005年黯然退出历史舞台。而以台湾移民为主体的大统华集团发展十分迅速，自1993年在大温哥华地区开办第一家门市后，已经跃升为拥有分店最多的华人超市，目前已有多达19家分店。随着福建新移民的到来，以李贵先为领军人物的福州福清人开办的超市和便利店也相继开张，至今，福建人开的超市基本垄断了多伦多、温哥华等地的华人超市。

而加拿大世源有限公司董事长方君学以"诚信"和"坚持"经营事业，为客户提供价廉物美的各类小商品，以每年约6000万加元的营业额在整个加拿大同行中名列前茅。

(4) 金融、互联网。

据2010年11月23日加拿大《星岛日报》报道，14岁就通过省教育厅优才计划进入加拿大不列颠哥伦比亚大学尚德商学院，被媒体称为"未来盖茨"，与社交网站Facebook创办人扎克伯格相提并论的加拿大19岁华裔创业家黄铁锋，已经成立过4家公司，并于2010年6月荣膺加国20位最杰出20岁以下企业家，是一位极具天赋和潜力的优秀人才。

蒋志成则是一位在金融领域的成功企业家，时任皇后金融集团董事长的他，曾荣获杰出华裔创业家选举中的"最佳创业创办奖"、加拿大杰出华商新生意奖、"十大中华经济英才"最佳诚信奖及由《加拿大移民》杂志主办的2009和2010最佳25名移民入围奖。在专业领域里，他成为特许金融规划师（CFP）、金融管理顾问（FMA），并连续六年获得环球百万圆桌会（MDRT）会员资格。

经济社会发展使得产业转型升级成为必要，而第二代华商和新移民的到来，也促使华侨华人逐步走出传统的餐饮服装业，开始涉足一些高新技术产业，如电子、金融、律师、会计师以及外贸和房地产等。然而在华商经济圈中新兴的这些行业目前仍然只有少数华侨华人进入，大部分华商所从事的仍然是餐饮零售、中医针灸等在技术上较为低端的传统的小规模产业，尤其是中餐业和小商品零售业仍是他们的首选。

2. 财富榜美洲华商（除美国外）上榜情况

表8　全球华商富豪500强美洲其他国家华商上榜名单（2006~2009年）

单位：亿元人民币

年份	排名	姓名	财富	主要公司	所在地	主要产业
2009	100	麦克·李秦	68.35	咸美顿利基投资顾问公司	加拿大	投资控股
合计		1人	68.35	人均财富68.35		
2008	90	麦克·李秦	123.5	咸美顿利基投资顾问公司	加拿大	投资控股
2008	204	李泽钜	58.5	Trinity Time 投资公司	加拿大	投资控股、房地产
2008	218	陈少雄/陈悦明兄弟	54.5	Burrard 国际控股公司	加拿大	高尔夫球场以及房地产
2008	186	张胜凯	66.5	巴西方大集团	巴西	医药
2008	312	林训明	29.7	巴西石化集团Petropar	巴西	石油化工
2008	212	李华文	56.5	Ley supermarket	墨西哥	超市、地产
2008	226	叶重民	51.5	牙买加百佳食品公司	牙买加	食品
2008	226	王亚南	51.5	秘鲁铁路投资有限公司	秘鲁	铁路
合计		8人(兄弟计1人)	492.2	人均财富61.53		
2007	34	麦克·李秦	176.5	咸美顿利基投资顾问公司	加拿大	投资控股
2007	119	李泽钜	58.5	Trinity Time 投资公司	加拿大	投资控股、房地产
2007	129	陈少雄/陈悦明兄弟	54.5	Burrard 国际控股公司	加拿大	高尔夫球场以及房地产
2007	107	张胜凯	66.5	巴西方大集团	巴西	医药
2007	224	林训明	29.7	巴西石化集团Petropar	巴西	石油化工
2007	125	李华文	56.5	Ley supermarket	墨西哥	超市、地产
2007	137	叶重民	51.5	牙买加百佳食品公司	牙买加	食品
2007	137	王亚南	51.5	秘鲁铁路投资有限公司	秘鲁	铁路
合计		8人(兄弟计1人)	545.2	人均财富68.15		
2006	33	麦克·李秦	175	咸美顿利基投资顾问公司	加拿大	投资控股
2006	85	李泽钜	57	Trinity Time 投资公司	加拿大	投资控股、房地产
2006	93	陈少雄与陈悦明	53	Burrard 国际控股公司	加拿大	高尔夫球场以及房地产
2006	89	李华文	55	Ley supermarket	墨西哥	超市、地产
2006	107	叶重民	50	牙买加百佳食品公司	牙买加	食品
2006	80	张胜凯	65	巴西方大集团	巴西	医药
2006	106	王亚南	50	秘鲁铁路投资有限公司	秘鲁	铁路
合计		7人(兄弟计1人)	505	人均财富72.14		

资料来源：2006~2009年全球华商富豪500强整理得出。

2006～2009年美洲华商（除美国华商）上榜富豪基本保持一致，人均财富变动不大，其中加拿大华商人数最多。

三 欧美华商在经济发展中的作用

（一）欧洲华商在经济发展中的作用

跟国内贸易相比，欧洲华商中的"贸易"经济具有其独特性，它伴随着经济全球化而生，又在国际市场内生存与发展。欧洲华商既是全球产业链的参与者，又是利益分配者。与东南亚及港澳台相比，欧洲华商虽然在当地尚未拥有政治、经济上的主要控制力和影响力，但在没有技术、资金等优势的情况下，欧洲华商在国内市场全球化、全球市场本土化中寻找到自我生存与发展的空间，成功地探索出一条可行的道路，这是值得肯定与重视的，他们在世界经济中发挥着不容忽视的重要作用。

1. 为住在国创造了就业、税收和机遇

华侨华人在海外生活和从事各种经营活动面临的很大一个瓶颈是，很难融入住在国当地的社会。然而可喜的是，随着二代、三代华商的兴起和新移民的不断到来，越来越多的海外华人认识到，华人经济的发展与住在国密不可分，他们积极融入当地社会，努力使自己成为住在国的一部分，华商也因而成为住在国经济发展中不可或缺和充满活力的重要因子。欧洲华商经过多年发展已经形成了具备庞大经济规模的群体，约有20万家企业，为所在国创造了就业、税收和机遇。在意大利的一些城市，由于华人大规模地接手正在走下坡路的服装加工业和皮件加工业，使得这些半手工企业再度蓬勃发展，促使当地的经济复苏。据意大利《欧洲华人报》报道，根据最新调查数据，2013年，移民给意大利带来了15亿欧元的净收入，这其中有不少由华人所贡献。

华人的餐饮业使欧洲餐饮方式更加多元化，从而也带动了进出口贸易、食品加工和旅游业，促进了欧洲各国第三产业的发展。华人经营的皮革业、服装业、商品批发、超市等行业，极大地填补了当地的行业空缺，促进了当地的经济繁荣。

在欧洲一些城市中已形成了华人某一行业集中的专业街巷。以法国北郊的欧贝维利耶市为例，该市华人商业区有近700家商户，鼎盛时有将近900家商户，数量占欧贝维利耶市所有商户的1/3，是法国和欧洲服装、皮革、首饰、家具、眼镜等商品的批发中心。2011年在该市成立的千禧商业中心（LE MILLENAIRE）是法国近十年来建立的最大商业中心，位于巴黎国营和私营仓库盆地，销售场地面积达5.6万平方米。这里共创造了1700个工作岗位，其中800人是当地员工。华商进入该市给当地经济带来了活力，吸引了大批商人来此洽谈业务、购买商品，从而也带动了当地的餐饮、酒店等服务行业，创造了3500多个就业机会，使该市由原来破败的工业区变成了今天的商业批发中心。华人积极主动，尊重当地价值观和法律法规，华商的进入未破坏当地的文化，如他们租用的店面都是由原来的仓库和场区改造而成，既保护了当地的文化遗产，又使其为当地经济服务，而且，华商为当地的文化多样性作出了贡献。还有诸如马德里的拉瓦别斯区则由原来有名的吸毒区发展成为华侨华人贸易批发区；曼彻斯特的唐人街，以前是一片破旧屋区，现在则成为一个繁荣的小区；巴黎十一区的四条服装街、罗马的华人服装批发街及米兰一街区闻名遐迩。华商的发展不断提升当地人民的福祉，日益获得当地社会和民众的认可。

2. 促进中欧经贸关系

欧洲华商尤其是浙商抓住了经济全球化的机遇，抓住了产业新老交替的机遇，取得了成功，他们为建设和谐侨社进行新的尝试和探索，为促进中欧经贸关系作出贡献。以意大利为例，在这个中国商品进出口欧洲的集散地，居住着数十万的华商，他们长期以来担当着欧中贸易主力军的角色。近百年尤其是改革开放以来，旅欧华人华侨以中华民族特有的勤奋和智慧、以艰苦拼搏精神扎根欧洲，赢得欧洲人民的尊重，创造了举世瞩目的成就。

法国忠兴实业公司董事长、西班牙皇家投资集团亚洲经济顾问吴忠先生的另一个身份是中欧名流会所秘书长。吴先生祖籍浙江温州，在法国商界打拼多年，目前已是法国颇有成就的地产商。眼见众多的国内招商团赴法引资不成功，吴先生就萌发出打造中国企业的招商引资平台的念头，并最终于2007年，在中法两国政治、经济和文化界等人士的推动下，"中欧名流会所"在法国参议院举行新闻发布会宣布正式成立，其宗旨是致力于促进欧中在经贸、文化、科技以及高等教育等领域的合作。它是中国和欧洲大型企业的高层领导聚会的场所，是一个为双方提供直接对话及商讨双边投资的平台，会所同时也提供经济信息服务、组织高层次的专题论坛等经贸交流活动，促进中欧双方在商业、文化、科学、高科技和大学领域的合作与交流。目前欧洲的制造业、金融业、奢侈品行业正在全球范围内寻找新的出路与合作伙伴，中国市场广阔，欧洲企业家可以有用武之地；而中国企业家也有走出国门、寻找发展机会的愿望，会所的成立适逢其时，充分发挥了为双方释疑解惑、促进交流与合作的作用。

2009年7月，在法国中法友谊互助协会牵线搭桥下，温州市瓯海区人民政府与法国欧贝维利耶市确立了两区、市之间的交流合作意向，并签订了友好交流意向书，进一步促进两地今后在经济、贸易、文化和教育等领域的交流合作，推进共同繁荣。

3. 积极履行社会责任

欧洲华商在融入住在国经济和社会的同时，主动回馈社会，积极组织和参与各类慈善活动，为住在国也为祖国及家乡的经济、社会发展作贡献。

欧洲华商扶贫基金会是欧洲最大的华侨华人慈善基金会之一，由欧洲著名华人企业家何晓耀、何天军等人创办，是旅居欧洲比利时、荷兰、意大利、西班牙等国的华人华侨共同组建的非营利性社会团体，于2009年2月在比利时布鲁日注册成立，其主要宗旨是动员欧洲华人华侨各方力量，筹措资金，支援中国贫困地区发展，以及促进旅欧华商与祖国及家乡的联系，为祖国及家乡的经济和社会发展作贡献。基金会自成立以来，广泛团结旅欧爱国华商，动员各种力量，筹措资金，支持中国贫困地区发展，已经成功举办十余次慈善晚宴，分别向云南省金平县和麻栗坡县、青海省玉树地震灾区、台湾省台风灾区、浙江省瑞安市乡村小学、山东德州市陵县滋镇北宋社区老年公寓扶贫项目等捐款。

又如丹麦的"春卷大王"范岁久退休后，专注于创立和发展"大龙基金会"（后更名为"范岁久基金会"）。基金会主要致力于资助中国留学生以及华侨华人的公益活动，推动中丹友谊深入发展，支持中国的建设。范岁久之子范汉民说，现在他牢记着父亲的教导，全力支持基金会的事业，作为"龙的传人"积极促进中丹合作与交流。

（二）美洲华商在经济发展中的作用

1. 为住在国经济繁荣作出重要贡献

如前所述，美洲华商所从事的行业已经逐渐走出传统的餐饮和服装制造等行业，涉足超市、运输物流、电子通信、房地产、金融保险等高端产业以及律师、会计师、医师、教师等专业领域的人群日益增多，并取得了不俗的成绩。虽然总体而言，美洲华商的经济实力不及东南亚华商，但他们已然成为住在国当地经济发展中的一支生力军，在经济、科技和文化教育等领域作出了突出的贡献。就以纽约为例，包括华侨华人在内的移民所缴纳的个人所得税已经占到全州个人所得税总额的15%以上。

2. 促进中外交流

海外华侨华人具有的一个天然优势就是，他们既懂中国，又懂住在国，随着他们不断往来于中国与住在国，中外政治、经济、文化等各领域的交流通过他们不断加深。一方面，中国的企业、资金和人才等在他们的帮助下走向美洲市场；另一方面，美洲先进的技术、管理和资金、人才也在他们的导引下进入中国市场。他们在祖国与住在国之间充当了十分重要的桥梁。

特别值得一提的是，新移民中的知识分子在促进中国与世界其他国家和地区的友好合作中起到了重要作用。他们以其自身强大的活动能力，联通起中国与住在国之间广泛的交流。一个显著的例子是加拿大知名华人企业家陈永涛先生，现任加拿大华人社团联席会荣誉主席、加拿大安徽同乡总会终身荣誉会长、安徽省海外交流协会第三届理事会名誉会长、安徽省侨商联合会第一届名誉会长。他以回报祖国、回报家乡为己任，一直大力支持国家经济发展，多次率团回国考察，积极参与国内的经济建设；参与安徽省政府和经贸出访团赴加联系对接活动，始终与安徽省涉侨单位保持着友好交往关系，多次回皖参加"国际徽商大会"和"华商安徽行"等重大涉侨活动，为安徽"走出去"牵线搭桥，为促进安徽与加拿大的经贸文化交流发挥积极作用。

3. 积极回馈社会

海外华商在经济上取得成功后都不忘回馈社会，积极参与慈善活动，投身公益。华商程正昌在美国创办的熊猫快餐（Panda Express）是一家经营美国化

中式快餐的连锁餐厅。熊猫快餐作为全美最大的中餐连锁店，在近40个州有800多家分店，雇员达2.1万人，营业额超过10亿美元。该公司有一个惯例，即每开一家新的分店，都会捐赠当地的社区团体以支持社区的建设，通常是将开业首日20%的营业额捐出。通过此类活动，熊猫快餐树立起了积极正面的良好形象，得到了当地公众的认可。此外，程正昌一直关心家乡的教育事业，从1993年起，几乎每年都向家乡捐资助学，在国家发生灾害时，也能找到他捐资捐物的身影。

前述陈永涛先生也十分热心公益事业，经常参与住在国及祖国各类慈善活动，积极参与侨社团组织活动，长期致力于华人社团公共事务，帮助维护侨胞合法权益，受到侨胞的广泛拥戴，并多次被推荐担任侨社团荣誉职务。据不完全统计，2001~2013年，陈先生在国内各项慈善捐款合计660余万元。其中主要包括：向合肥市希望工程办公室捐款50万元；向桐城市中小学累计捐款41万元；捐献定远县建设朱湾镇东圩烈士陵园，迁葬新四军烈士遗骸项目3万元，并帮助工程顺利完工；为汶川大地震累计捐款187万余元；为雅安地震捐款5万元等。

全北美最大的华人餐饮企业文华餐饮集团，曾经向多家医疗机构和慈善团体捐款。1996年7月1日、2004年7月1日和2009年7月1日，文华餐饮为加拿大公民提供免费餐，以此来庆祝加拿大国庆日，共有7万多人享用了免费餐。2003年，文华餐厅及其广大员工一起兑现了在五年间向颐康基金会捐款100万元的承诺。2004年，总公司注册成立了文华慈善基金会，其后通过该基金会向多家慈善机构捐款。2007年，总公司承诺向新宁医院科学中心所属Schulich心脏中心增资计划捐出100万元。除了向不同的医疗机构和慈善团体捐款，文华餐厅还在安省的不同高等院校为餐饮服务专业的优秀学生设立了奖学金，这些学校包括George Brown学院、Humber学院、Niagara学院、Ryerson大学和Guelph大学。

加拿大世源有限公司董事长方君学积极参与社会活动和慈善事业，在2013年接受新华网专访时，方君学说，诚信、坚持和回报社会是在商为人的成功准则。他是这么说的，也是这么做的。多年来，方君学在慈善事业和社会活动中倾注了大量心血，他在家乡捐建了教学大楼，为汶川地震筹集善款而奔走，为加拿大不列颠哥伦比亚省山火、温哥华风灾积极筹款,如此种种,不一而足。

成功的大企业家往往同时是慈善家,他们关心公益,无论身在何处,都心系住在国、祖国及家乡的经济、文化发展及社会问题,积极组织和参与各项公益活动,奉献心力,回馈社会。

(三)进一步发挥华商在中国经济发展中的作用

正如国务院前总理朱镕基于2001年在中国内地首次举行的第六届世界华商大会上所言,迄今为止,在华投资的外资企业,大多数的项目和资金来自华商,中国经济取得的辉煌成就,海外华侨华人功不可没,他们的创业精神已经载入中国经济发展的辉煌史册。改革开放以来,中国经济不断实现飞跃,海外华商为此作出了不可或缺的重大贡献。他们的足迹和身影遍布于世界198个国家和地区,人数总额达6000多万,其掌握的资金额约4万亿美元。雄厚的实力和过硬的条件已经使他们不仅成为住在国经济社会发展的重要力量,也成为我国社会经济发展的重要催化剂和支撑点,尤其是在我国利用国外(境外)资金、技术、管理经验方面,海外华商起到了先导、示范、联动的作用。

港澳台和海外重点侨区是中国大陆引进外资的主要来源地,也是中国大陆出口商品的主要输出地,对我国商品出口和国际销售网络的形成起到了带动和网络联结的作用。港澳台及海外华商投资和贸易促进了我国产业结构的升级,促进了中国大陆侨乡民营企业和企业家的兴起和区域经济的发展。港澳台及海外华商通过直接投资及其所带来的对外经贸关系扩大、区域经济聚集和扩散、产业结构升级、民营经济兴起等连带效应,对中国经济发展产生了深远的影响,并正在和即将对中国经济发展方式的战略转变产生重要影响。

目前中国正处在工业化、信息化、城镇化、农业现代化加速发展的时期,有巨大的市场容量和强劲的市场需求。在我国经济发展方式转变的大背景下,我们应采取适当的政策,进一步发挥港台及海外华商的作用。

(1)搭建华商、外商与大陆本土企业之间相互沟通和合作的高层次平台。采取国内企业"走出去"和海外侨团"请回来"的战略。一方面国内企业应积极"走出去",组团到海外侨商聚集地招商,加强同海外华商的交流互动。华商领袖深刻理解所在国政治、经济、文化。对外投资方面,中国政府或企业

海外投资，华商可帮忙研究、分析、评估投资风险与收益，甚至能推动所在国制订相关配套政策。另一方面，诚挚地把海外华商"请回来"，以重点项目和重点地区为中心进行联合推介和引进，聚集相关各方的优势资源，邀请海外华商回国投资兴业，带动海内外大中小企业之间的联动和合作。

（2）完善华商投资经营的服务机制，研究利用华商资本和智力资源，促进中国经济改革和发展。可设立华商投资服务机构，为海外华商投资提供信息服务、法律咨询、政策和技术支持，充分利用行政服务平台行政资源集中的优势，为华商投资项目提供高效便捷的投资服务。

（3）充分利用华商在住在国的影响力，促进中国对外交流与合作。华商可凭借其在海外的经验及影响力，协助打造、巩固、提升新时代中国国际形象。在政治方面，华商可协助中国，促进政治对话，增进政治互信，创造和谐区域政治环境。

参考文献

林联华：《美国华商发展概况、投资特点及未来展望》，《东南亚纵横》2011第6期。
王义勇：《美国华商：中美外交大使》，《国际人才交流》2006年第1期。
庄国土：《世界华侨华人数量和分布的历史变化》，《世界历史》2011年第5期。
华侨大学：《华侨华人研究报告（2012）》，社会科学文献出版社，2012。
《世界华商发展报告》课题组：《2007世界华商发展报告》，中国新闻社，http：//www.chinanews.com/hr/kong/news/2008/01－16/1135297.shtml。

http：//www.chinaqw.com/node2/node116/node119/node162/node470/userobject6ai29654.html.

http：//www.hqhr.org/article－427－1.html.

http：//bbs.fobshanghai.com/viewthread.php？tid＝3688826（2009世界华商发展报告）。

http：//www.hqhr.org/portal.php？mod＝list&catid＝45（华侨华人网的信息）。

http：//www.hqhr.org/article－390－1.html.

http：//www.forbeschina.com/list/（福布斯中文网站）。

http：//www.hurun.net/zhcn/Default.aspx#（胡润百富网）。

http：//www.chinanews.com/hr/2013/06－25/4968157.shtml。

《"东方行动"后的葡萄牙中餐业：重新振兴再腾飞》，http：//www.chinaqw.com/tzcy/hsxw/200902/23/152145.shtml。

B.7 华商在港澳台地区的财富布局、变动及与当地经济发展的相关研究

董 燕*

摘 要：

本文首先介绍了华商的概念和港澳台华商的地位，其次基于胡润富豪榜与福布斯富豪榜梳理和解析了1996~2013年港澳台华商的财富布局及变动情况，并与全球经济发展相关数据做了对比分析。最后，对港、台华商财富变化与相应地区经济发展间的关系做了相关分析与回归分析。

关键词：

港澳台华商 富豪榜 交叉相关

一 港澳台华商基本情况

（一）港澳台地区简介

香港面积1104平方公里，人口715.5万（2012年），人口密度为每平方公里6481人（2012年）。其被誉为"自由经济的圭臬"。在香港，富翁很多，据2013年福布斯全球亿万富豪榜的数据，在全球1426位拥有资产

---

* 董燕，经济学硕士。工作单位：华侨大学工商管理学院。职称：讲师。主要研究方向：组织承诺，职业承诺，华商管理。

10亿美元以上的世界级巨富中,香港华商占了38位,净资产总计1836亿美元,占全部上榜富豪的总净资产的3.6%。在香港的各行各业中,都有不少亿万富翁。香港经济的巨大成功,已经使她成为一颗灿烂的"东方之珠"。它不仅鼓舞了许多小国、穷国,也引起一些大国、富国的关注。作为经济发展的一种成功模式,"香港现象"现在已越来越引起世界经济界人士的重视。

澳门位于珠江口的西南,总面积29.9平方公里,现有的平地多由数百年填海而来。人口56.8万人(2012年),人口密度达每平方公里18997人(2012年),高居世界第一位。然而就是这样一个弹丸之地,自20世纪80年代起把握住了有利的机遇,实现了经济的快速发展。

祖国宝岛台湾总面积3.6万平方公里,人口2332万人(2012年),人口密度为每平方公里644人(2012年),为世界上人口密度较大的地区之一。台湾近二三十年来以运用技术变革,成功地进行了产业转型,台湾地区华商的成功经验引起越来越多人的关注。

(二)华商概念和港澳台华商地位

《世界华商发展报告》(2007)课题组,将"华商"界定为具有中国国籍或华裔血统、活跃在世界经济舞台上的商人群体,其中包括港澳商人、台湾商人以及遍布世界各地的华侨华人中从事商业活动者。他们被统称为"世界华商"。①

中国港澳台是中国连通世界的桥梁和窗口,身处港澳台的华商则成为连接祖国与世界的纽带。祖国内地、香港、澳门和台湾是世界华商最集中的地区,在20世纪后期的20多年里,这一地区抓住机遇,借助优势,创造了让整个世界为之震惊的经济奇迹。在经济全球化和知识经济的背景下,中国港澳台地区的华商将为本地区及世界经济发展作出更大的贡献。

---

① 《2007年世界华商发展报告(全文)》,http://www.chinanews.com/hr/kong/news/2008/01-16/1135297.shtml。

二 港澳台华商财富分布及历史发展情况
——基于胡润富豪榜和福布斯富豪榜

（一）胡润富豪榜①

胡润富豪榜由胡润于 1999 年创立，是追踪记录中国、全球企业家群体变化的机构。该榜单是中国推出的第一份财富排行榜，也是现在国内财经榜单里影响最大的一个榜单。

《2013 胡润全球富豪榜》中亚洲富豪数量最多，达到 608 位，其次是美洲 440 位，欧洲 324 位。上榜富豪平均年龄 63 岁，1/4 的富豪财富来源为继承。

表 1 展示了相关的数据。

表 1　2013 年胡润全球富豪榜相关数据对比

	2013 年
1）上榜富豪总人数（人）	1453
2）上榜富豪财富总额（亿美元）	55326
3）上榜富豪平均财富额（亿美元）	38.08
4）上榜富豪财富额标准差（亿美元）	53.55
5）港澳台地区财富总额（亿美元）	3114
6）港澳台地区上榜富豪总人数（人）	87
7）港澳台地区平均财富额（亿美元）	35.79
8）港澳台地区财富额标准差（亿美元）	51.83
9）港澳台地区财富最大额（亿美元）及拥有者	320；李嘉诚（香港地区）
10）港澳台地区财富最小额（亿美元）及拥有者	10；傅厚泽、陈泽富、陈隆基、伍沾德及其家族、詹康信（美国人）、罗肇唐家族、张瑜平家族、威廉·E.康奈尔二世（美国人）（香港地区）；辜濂松、林敏雄、曹兴诚、蔡其瑞家族、王必成家族（台湾地区）

---

① 资料来源：http：//www.hurun.net/zhcn/HRGRL.aspx。

续表

	2013年
11)香港华商上榜总人数(人)	49
12)香港华商上榜财富总额(亿美元)	2207
13)台湾华商上榜总人数(人)	32
14)台湾华商上榜财富总额(亿美元)	741
15)澳门华商上榜总人数(人)	1
16)澳门华商上榜财富总额(亿美元)	20
17)香港华商占港澳台上榜人数之比(%)=(11)/(6)	56.32
18)香港华商占港澳台上榜财富之比(%)=(12)/(5)	70.87
19)台湾华商占港澳台上榜人数之比(%)=(13)/(6)	36.78
20)台湾华商占港澳台上榜财富之比(%)=(14)/(5)	23.80
21)澳门华商占港澳台上榜人数之比(%)=(15)/(6)	1.15
22)澳门华商占港澳台上榜财富之比(%)=(16)/(5)	0.64
23)大中华地区及中国出生富豪上榜总人数(人)	357
24)大中华地区及中国出生富豪财富总额(亿元人民币)	57074
25)香港华商上榜财富总额(亿元人民币)	13793
26)台湾华商上榜财富总额(亿元人民币)	4630
27)澳门华商上榜财富总额(亿元人民币)	125
28)香港华商占大中华地区及中国出生富豪上榜人数之比(%)=(11)/(23)	13.73
29)香港华商占大中华地区及中国出生富豪上榜财富之比(%)=(25)/(24)	24.17
30)台湾华商占大中华地区及中国出生富豪上榜人数之比(%)=(13)/(23)	8.96
31)台湾华商占大中华地区及中国出生富豪上榜财富之比(%)=(26)/(24)	8.11
32)澳门华商占大中华地区及中国出生富豪上榜人数之比(%)=(15)/(23)	0.28
33)澳门华商占大中华地区及中国出生富豪上榜财富之比(%)=(27)/(24)	0.22

资料来源：根据2013年胡润全球富豪榜、大中华地区富豪榜计算并整理。

图1~图4展示了港澳台地区华商富豪人数及财富额分布情况。

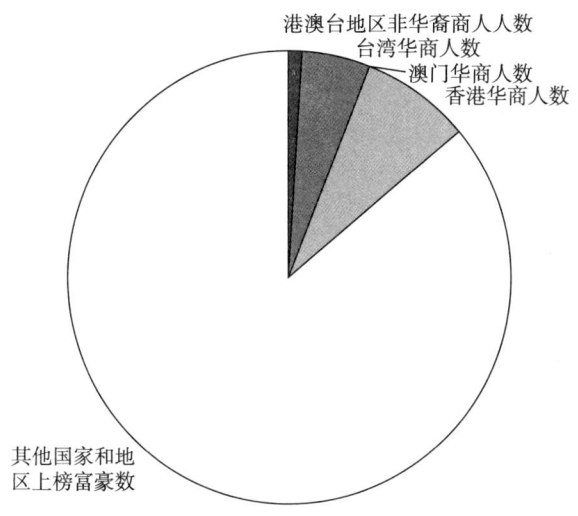

图1 2013年胡润全球富豪榜人数分布饼图

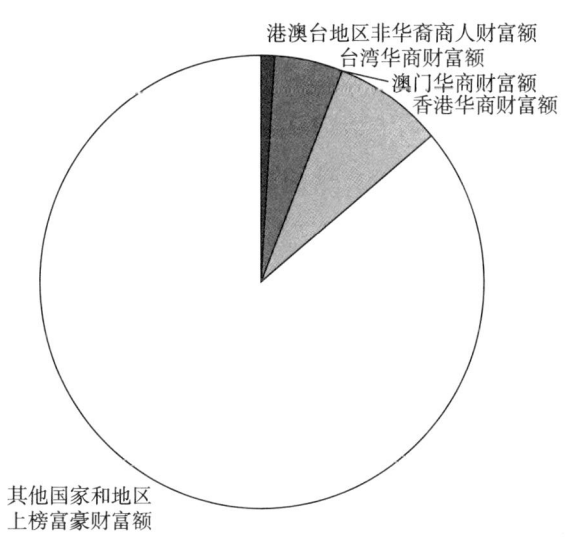

图2 2013年胡润全球富豪榜财富额分布饼图

从表2财富的行业分布看,港澳台地区行业排名中房地产占绝对首位。房地产也是全球行业排名首位。其次是娱乐、电子产品、投资和零售等。全球十大房地产商有7人在中国,其中有5人在香港。其他国家包括1位在美国,2

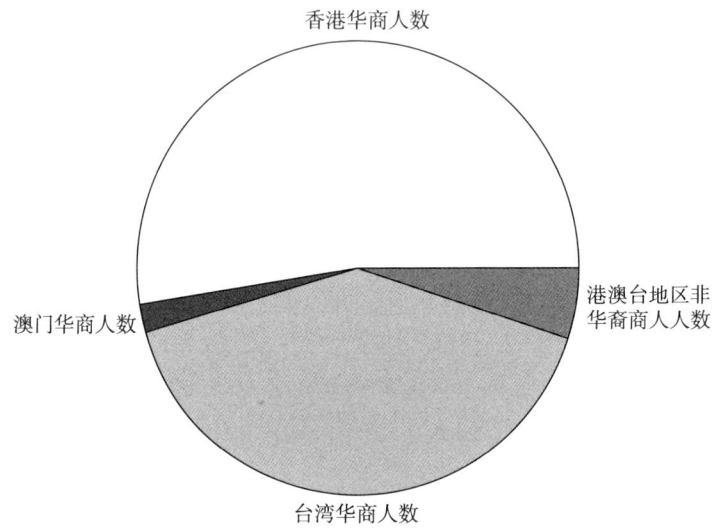

图3 2013年胡润全球富豪榜港澳台地区人数分布饼图

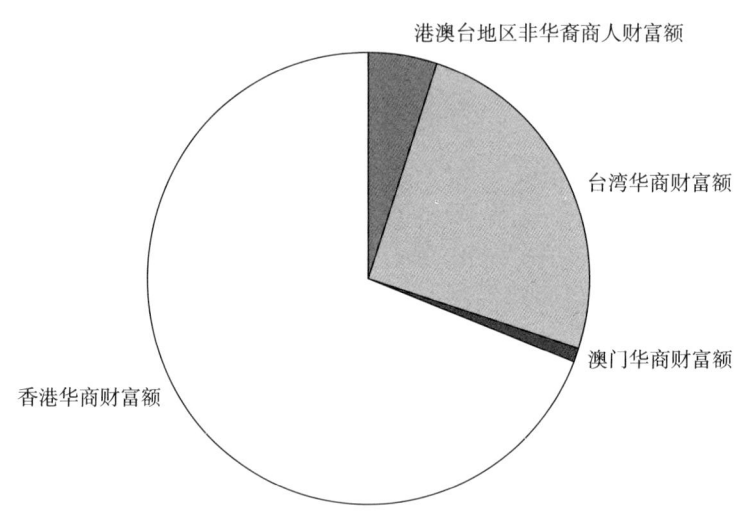

图4 2013年胡润全球富豪榜港澳台地区财富额分布饼图

位在英国。具体来看，就香港华商而言，从事房地产行业者最多，占所有香港华商的40.82%；其次是娱乐和投资业，占所有香港华商的比例均为6.12%；再次是银行、酒店管理、单品牌零售、鞋类制造，占所有香港华商的比例均为

华商在港澳台地区的财富布局、变动及与当地经济发展的相关研究

4.08%，占比例较小的有贸易、科技、电子产品、太阳能、多品牌零售、珠宝、电信、餐饮、航运、食品饮料、玩具、化工、建筑、采矿和造纸业，占所有香港华商的比例均为2.04%。就澳门华商而言，只有1位上榜者，从事行业为娱乐业。就台湾华商而言，从事房地产行业者最多，占所有台湾华商的比例为15.63%；其次是金融服务、电子产品和制造业，占所有台湾华商的比例均为12.5%；再次是化工业，占所有台湾华商的比例为9.38%；接下来是科技行业，占所有台湾华商的比例为6.25%；占比例较小的有娱乐、投资、多品牌零售、电信、物流、汽车、轮胎、水泥制造、建筑和重工业业，占所有台湾华商的比例均为3.13%。

表2 2013年胡润全球富豪榜港澳台华商财富的行业分布数据

单位：人

行业类别	香港华商人数	澳门华商人数	台湾华商人数	行业类别	香港华商人数	澳门华商人数	台湾华商人数
房地产	20	0	5	物流	0	0	1
金融服务	0	0	4	航运	1	0	0
银行	2	0	0	食品饮料	1	0	0
娱乐	3	1	1	玩具	1	0	0
贸易	1	0	0	汽车	0	0	1
投资	3	0	1	轮胎	0	0	1
酒店管理	2	0	0	水泥制造	0	0	1
科技	1	0	2	鞋类制造	2	0	0
电子产品	1	0	4	制造	0	0	4
太阳能	1	0	0	化工	1	0	3
单品牌零售	2	0	0	建筑	1	0	1
多品牌零售	1	0	1	采矿	1	0	0
珠宝	1	0	0	造纸	1	0	0
电信	1	0	1	重工业	0	0	1
餐饮	1	0	0	总计	49	1	32

资料来源：根据2013年胡润全球富豪榜计算并整理。

从富豪居住地看,香港是大中华地区富豪居住地第一名,有54位富豪居住在香港,北京排第二位。

大中华地区的榜单排名前十位中,有6位是香港华商,他们的基本情况是:(1)85岁的李嘉诚以财富2000亿元人民币成为"2013年全球华人首富"。2012年7月,由其掌握的多家公司共同支付700亿元人民币收购英国燃气分销公司,使其在英国投资不断扩大,成为在英国投资最大的国际富豪。(2)85岁的李兆基以财富1440亿元人民币排名第二。李兆基以地产投资为主,后涉足股市,从"楼神"变为"股神"。(3)郭炳江、郭炳联及其家族以财富1250亿元人民币排名第三。最近一年,郭炳江、郭炳联被廉政公署拘捕调查,而后被释放。郭炳江、郭炳联也是大中华地区前十名中唯一财富来源为继承的富豪。(4)90岁高龄的郭鹤年以财富1190亿元人民币排名第四。早在2007年,郭氏家族就曾试图将《南华早报》私有化,却以失败告终。《南华早报》的被迫停牌,引来了郭鹤年家族是否将对其进行私有化的传言。(5)88岁的郑裕彤以财富1130亿元人民币排名第五。其财富的大半来自周大福,周大福已成为亚洲地区最大珠宝品牌。(6)84岁的吕志和以财富750亿元人民币排名第八。吕志和一手创立的嘉华集团于80年代进军酒店业,事先与世界知名的酒店品牌合作,把酒店特许经营权引入香港。旗下上市公司银河娱乐5年涨70倍,市场占有率在博彩行业排行第二。

从表3及图5财富来源的类型看,就香港华商而言,白手起家者占最多比例,达57.14%,继承者占26.53%,剩余的华商财富来源无法查询。就澳门华商而言,只有1位上榜,其财富来源为继承。就台湾华商而言,白手起家者占最多比例,达62.5%,继承者占37.5%。

表3 2013年胡润全球富豪榜港澳台华商财富来源数据

单位:人

财富来源的类型	香港华商人数	澳门华商人数	台湾华商人数	财富来源的类型	香港华商人数	澳门华商人数	台湾华商人数
白手起家	28	0	20	NA(无法查询)	8	0	0
继承	13	1	12	总计	49	1	32

资料来源:根据2013年胡润全球富豪榜计算并整理。

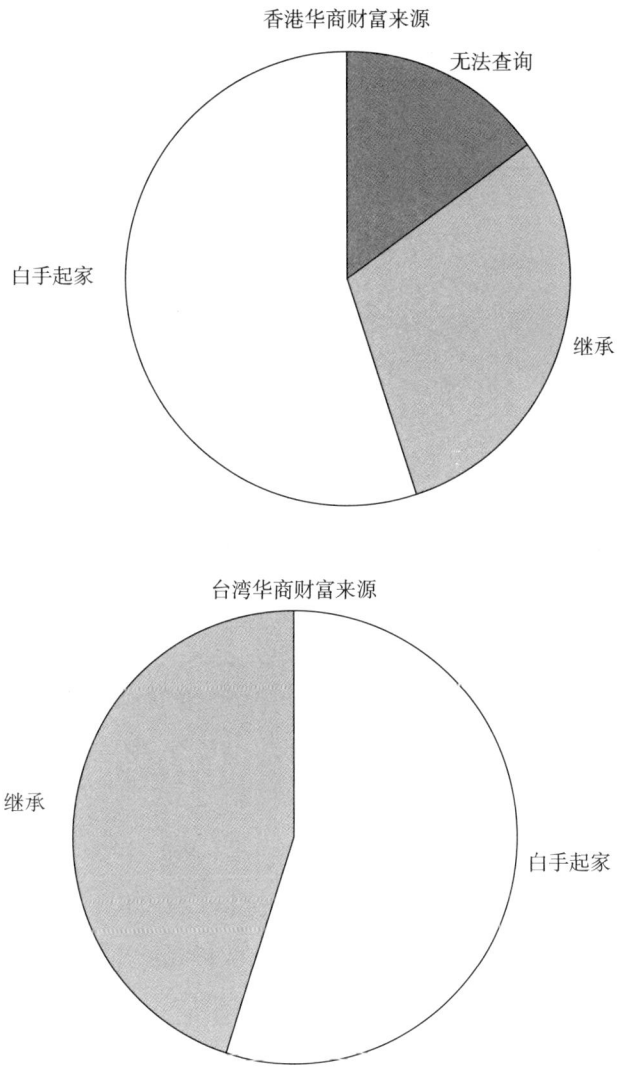

图 5 2013 年胡润全球富豪榜港台华商财富来源分布饼图

从表 4 及图 6 财富的性别分布看,就香港华商而言,男性占更多比例,达 89.80%,女性占 10.20%。就澳门华商而言,只有 1 位上榜,为女性。就台湾华商而言,男性占绝大多数,达 96.88%,女性占 3.12%。

表4　2013年胡润全球富豪榜港澳台华商性别分布数据

单位：人

性别	香港华商人数	澳门华商人数	台湾华商人数	性别	香港华商人数	澳门华商人数	台湾华商人数
男	44	0	31	总计	49	1	32
女	5	1	1				

资料来源：根据2013年胡润全球富豪榜计算并整理。

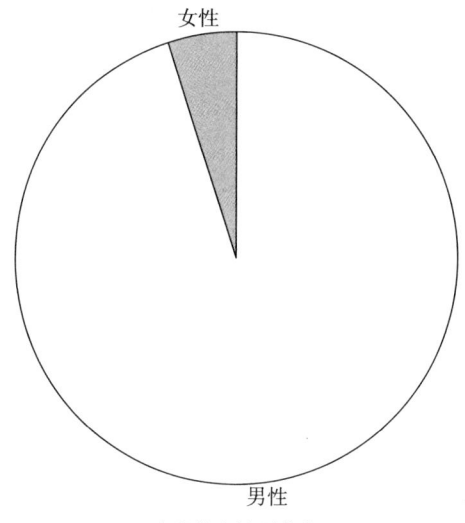

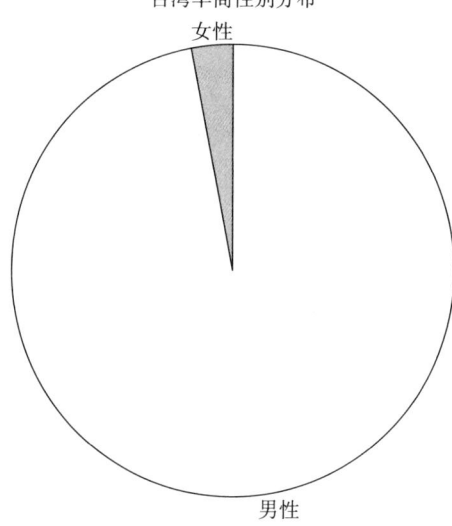

图6　2013年胡润全球富豪榜港台华商性别分布饼图

图7反映出港澳台上榜华商的年龄大多居于50~75岁。个人财富额大多在50亿美元以下。

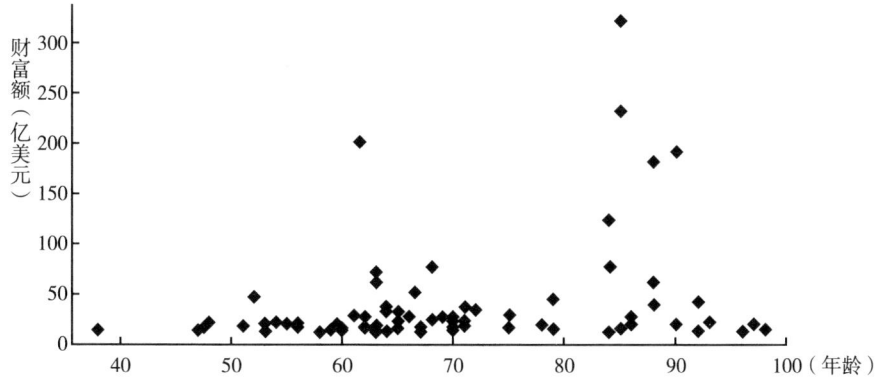

图7　2013年胡润全球富豪榜港澳台华商年龄与财富额散点图

资料来源：2013年胡润全球富豪榜，已剔除年龄为NA的对象。

图8是港澳台上榜华商财富额及年龄的直方图和箱线图。

（二）福布斯富豪榜[①]

全球著名财经杂志《福布斯》（Forbes）于1917年创立，在编制各种排行榜方面有悠久历史，《福布斯》每年编制一百多个有关人物、公司和生活时尚排行榜，福布斯富豪榜的地位毋庸置疑。《福布斯》全球版的发行量高达100万份，在全球拥有近500万高层次的商界读者。2003年，福布斯集团发布了《福布斯》中文版。

作为世界范围内最权威的富豪排名，该杂志自1987年以来，每年都会公布一次全球财产超10亿美元的福布斯全球亿万富豪榜，在全球产生空前影响，受到全世界密切关注，至今走过了27周年。上海《福布斯》中文版在全球富豪榜的基础上，2011年首次发布福布斯华人富豪榜，目的是分析与跟踪华人财富圈，至今连续第三年发布该榜单。此外《福布斯》还发布美国400富豪榜、中国400富豪榜、印尼40富豪榜、新加坡40富豪榜、菲律宾40富豪榜

---

① 资料来源：http://www.forbeschina.com/list/billionaires/。

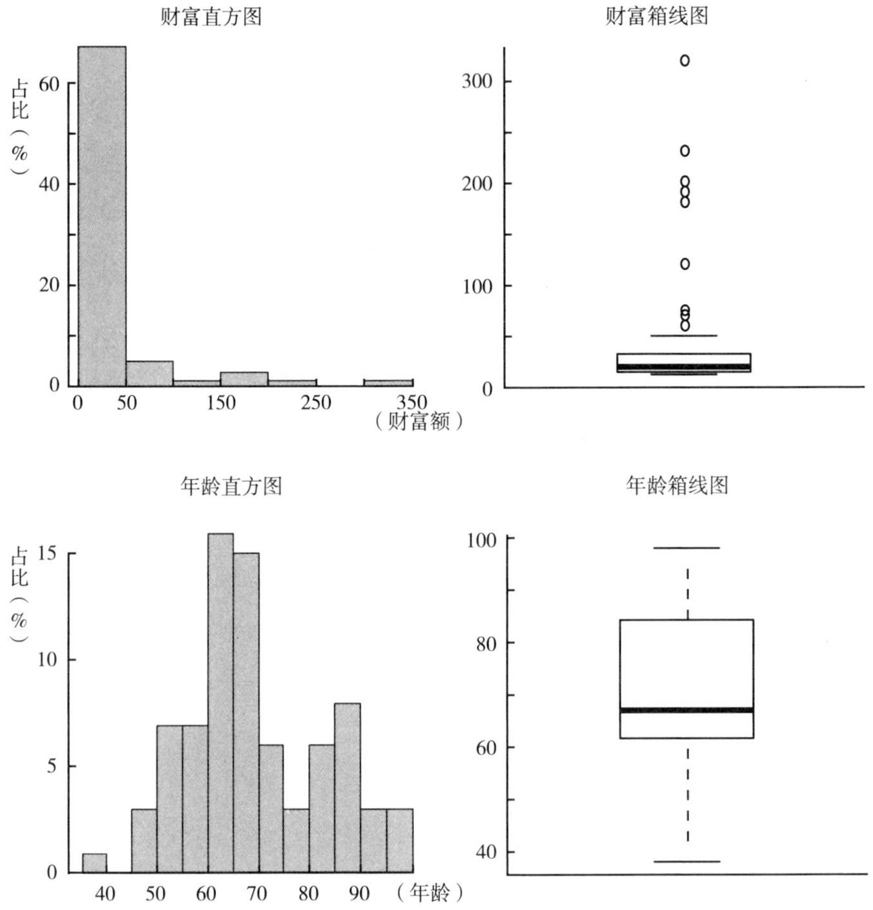

图 8 2013 年胡润全球富豪榜港澳台华商财富额与年龄的直方图和箱线图

资料来源：2013 年胡润全球富豪榜，已剔除年龄为 NA 的对象。

等排行榜。

2013 年 3 月 4 日，在《福布斯》最新发布的 2013 年全球亿万富豪榜上，上榜富豪人数达到创纪录的 1426 人，较 2012 年的 1226 人增加了 200 人，平均净资产为 38 亿美元，较 2012 年的 37 亿美元有所提高。全部上榜富豪的总净资产达到 5.4 万亿美元，高于 2012 年的 4.6 万亿美元。表 5～表 8 展示了香港、台湾上榜华商年龄/行业类型与财富变化交叉情况。

表 5　2013 年福布斯全球亿万富豪榜（香港地区）年龄与财富变化交叉表

单位：人，%

		财富变化(人/百分比)					合计(人/百分比)
		上升	持平	下降	新入榜	回归榜单	
年龄	①青年(<44岁)	0	0	2/5.3	0	0	2/5.3
	②中年人(45~59岁)	6/15.8	0	2/5.3	1/2.6	0	9/23.7
	③年轻的老年人(60~74岁)	16/42.1	0	2/5.3	1/2.6	0	19/50
	④老年人(75~89岁)	5/13.2	1/2.6	0	1/2.6	1/2.6	8/21
	⑤长寿老年人(>90岁)	0	0	0	0	0	0
	合计(人/百分比)	27/71.1	1/2.6	6/15.8	3/7.9	1/2.6	38/100

资料来源：2013 年福布斯全球亿万富豪榜（香港地区）。

表 6　2013 年福布斯全球亿万富豪榜（台湾地区）年龄与财富变化交叉表

单位：人，%

		财富变化(人/百分比)					合计(人/百分比)
		上升	持平	下降	新入榜	回归榜单	
年龄	①青年(<44岁)	0	0	0	0	0	0
	②中年人(45~59岁)	1/3.8	4/15.4	2/7.7	0	0	7/26.9
	③年轻的老年人(60~74岁)	7/26.9	1/3.8	2/7.7	1/3.8	0	11/42.3
	④老年人(75~89岁)	5/19.2	0	1/3.8	1/3.8	0	7/26.9
	⑤长寿老年人(>90岁)	0	0	1/3.8	0	0	1/3.8
	合计(人/百分比)	13/50	5/19.2	6/23.1	2/7.7	0	26/100

资料来源：2013 年福布斯全球亿万富豪榜（台湾地区）。

表 7　2013 年福布斯全球亿万富豪榜（香港地区）行业类型与财富变化交叉表

单位：人，%

		财富变化(人/百分比)					合计(人/百分比)
		上升	持平	下降	新入榜	回归榜单	
行业类型	多元化经营	3/7.9	1/2.6	0	0	0	4/10.5
	B 类	0	0	1/2.6	0	0	1/2.6
	C 类	3/7.9	0	3	1/2.6	0	7/18.4
	F 类	3/7.9	0	1/2.6	0	0	4/10.5
	G 类	0	0	1/2.6	0	0	1/2.6
	H 类	1/2.6	0	0	0	0	1/2.6
	I 类	2/5.3	0	0	0	0	2/5.3

续表

		财富变化(人/百分比)					合计(人/百分比)
		上升	持平	下降	新入榜	回归榜单	
行业类型	J类	1/2.6	0	0	1/2.6	0	2/5.3
	K类	11/28.9	0	0	1/2.6	1/2.6	13/34.2
	R类	3/7.9	0	0	0	0	3/7.9
	合计(人/百分比)	27/71.1	1/2.6	6/15.8	3/7.9	1/2.6	38/100

注：行业类型按照国家统计局行业分类标准来标注。
资料来源：2013年福布斯全球亿万富豪榜（香港地区）。

表8　2013年福布斯全球亿万富豪榜（台湾地区）行业类型与财富变化交叉表

单位：人，%

		财富变化(人/百分比)					合计(人/百分比)
		上升	持平	下降	新入榜	回归榜单	
行业类型	多元化经营	1/3.8	0	0	1/3.8	0	2/7.7
	B类	3/11.5	0	0	0	0	3/11.5
	C类	4/15.4	4/15.4	1/3.8	0	0	9/34.6
	F类	0	0	0	0	0	0
	G类	0	0	1/3.8	0	0	1/3.8
	H类	0	0	0	0	0	0
	I类	1/3.8	1/3.8	3/11.5	0	0	5/19.2
	J类	1/3.8	0	1/3.8	0	0	2/7.7
	K类	3/11.5	0	0	1/3.8	0	4/15.4
	R类	0	0	0	0	0	0
	合计(人/百分比)	13/50	5/19.2	6/23.1	2/7.7	0	26/100

注：行业类型按照国家统计局行业分类标准来标注。
资料来源：2013年福布斯全球亿万富豪榜（台湾地区）。

表9及表10展示了1996~2013年全球及港澳台地区财富额、人数等相关数据。

从行业分布看，近年来，制造业、房地产、金融业成为华人富豪财富主要来源，其中房地产富豪的占比较多。但每个地区华人富豪偏重的行业有所不同。内地产生全球富豪最多的行业是制造业、房地产和生物医药。香港富豪则集中在房地产、投资和贸易行业。台湾富豪则集中在电子制造、食品饮料和石油化工业。

华商在港澳台地区的财富布局、变动及与当地经济发展的相关研究

表9 福布斯全球亿万富豪榜1996~2013年相关数据对比（一）

	1996年	1997年	1998年	1999年	2000年	2001年	2002年	2003年	2004年
1）上榜富豪总人数（人）	423	224	209	298	322	538	472	476	587
2）上榜富豪总净资产（亿美元）	10495	10099.9	10691	12709	13861	17286	15155	14033	19172
3）上榜富豪平均净资产（亿美元）	24.81	45.09	51.15	42.65	43.05	32.13	32.11	29.48	32.66
4）上榜富豪净资产标准差（亿美元）	20.47	48.99	62.45	63.44	55.06	44.34	44.49	37.13	41.56
5）港澳台地区富豪净资产总额（亿美元）	988	775	669	760	758	619	535	436	728
6）港澳台地区富豪上榜总人数（人）	25	11	13	20	19	19	16	16	24
7）港澳台地区华商富豪净资产总额（亿美元）	941	775	669	717	732	619	504	403	689
8）港澳台地区华商富豪上榜总人数（人）	23	11	13	18	18	19	15	15	23
9）港澳台地区华商富豪净资产总额占港澳台地区富豪总资产总额之比（%）=（7）/（5）	95.24	100	100	94.34	96.57	100	94.21	92.43	94.64
10）港澳台地区华商富豪上榜总人数占港澳台地区富豪总人数之比（%）=（8）/（6）	92	100	100	90	94.74	100	93.75	93.75	95.83
11）港澳台地区华商富豪平均净资产（亿美元）	40.91	70.45	51.46	39.83	40.67	32.58	33.6	26.87	29.96
12）港澳台地区华商富豪净资产标准差（亿美元）	38.11	46.27	36.29	36.66	29.54	33.81	28.01	20.36	30.68
13）港澳台华商净资产最大额（亿美元）及拥有者	127；李兆基（香港）	147；李兆基（香港）	127；李兆基（香港）	127；李嘉诚（香港）	113；李嘉诚（香港）	126；李嘉诚（香港）	100；李嘉诚（香港）	78；李嘉诚（香港）	124；李嘉诚（香港）

续表

	1996年	1997年	1998年	1999年	2000年	2001年	2002年	2003年	2004年
14）港澳台华商净资产最小额（亿美元）及拥有者	10；曹光彪（香港）	13；荣智健（香港）	16；郭台铭（台湾）	11；利汉钊（香港）	10；荣智健（香港）	10；利汉钊（香港）	10；霍英东、吴光正及家族（香港）	10；霍英东、李泽楷（香港）	10；张虔生及家族（台湾）
15）香港华商上榜总人数（人）	16	8	8	11	12	14	10	10	13
16）香港华商上榜净资产总额（亿美元）	692	582	492	517	528	506	363	299	475
17）台湾华商上榜总人数（人）	7	3	5	7	6	5	5	5	10
18）台湾华商上榜净资产总额（亿美元）	249	193	177	200	204	113	141	104	214
19）港澳台华商上榜人数占总上榜人数之比（%）=(8)/(1)	5.44	4.91	6.22	6.04	5.59	3.53	3.18	3.15	3.92
20）港澳台华商净资产总额占总净资产之比（%）=(7)/(2)	8.97	7.67	6.26	5.64	5.28	3.58	3.33	2.87	3.59
21）香港华商占港澳台华商上榜人数之比（%）=(15)/(8)	69.57	72.73	61.54	61.11	66.67	73.68	66.67	66.67	56.52
22）香港华商占港澳台华商上榜净资产之比（%）=(16)/(7)	73.54	75.10	73.54	72.11	72.13	81.74	72.02	74.19	68.94
23）台湾华商占港澳台华商上榜人数之比（%）=(17)/(8)	30.43	27.27	38.46	38.89	33.33	26.32	33.33	33.33	43.48
24）台湾华商占港澳台华商上榜净资产之比（%）=(18)/(7)	26.46	24.90	26.46	27.89	27.87	18.26	27.98	25.81	31.06

资料来源：根据1996～2013年福布斯全球亿万富豪榜计算并整理。

表10 福布斯全球亿万富豪榜1996~2013年相关数据对比（二）

	2005年	2006年	2007年	2008年	2009年	2010年	2011年	2012年	2013年
1）上榜富豪总人数（人）	691	793	946	1125	793	1011	1210	1226	1426
2）上榜富豪总净资产（亿美元）	22362	26455	34520	43810	24147	35678	44963	45745	54318.1
3）上榜富豪平均净资产（亿美元）	32.36	33.36	36.49	38.94	30.45	35.29	37.16	37.31	38.09
4）上榜富豪净资产标准差（亿美元）	40.95	41.06	47.77	54.31	37.55	46.89	51.97	51.09	53.78
5）港澳台地区富豪净资产总额（亿美元）	793	983	1370	1645	774	1541	2188	2205	2659
6）港澳台地区富豪上榜总人数（人）	22	22	29	33	24	43	61	62	65
7）港澳台地区华商富豪净资产总额（亿美元）	746	945	1317	1591	732	1490	2127	2139	2564
8）港澳台地区华商富豪上榜总人数（人）	21	21	28	32	23	42	60	61	64
9）港澳台地区华商富豪净资产总额占港澳台地区富豪总额之比（%）=（7）/（5）	94.07	96.13	96.13	96.72	94.57	96.69	97.21	97.01	96.43
10）港澳台地区华商富豪总人数占港澳台地区富豪人数之比（%）=（8）/（6）	95.45	95.45	96.55	96.97	95.83	97.67	98.36	98.39	98.46
11）港澳台地区华商富豪平均净资产（亿美元）	35.52	45	47.04	49.72	31.83	35.48	35.45	35.07	40.06
12）港澳台地区华商富豪净资产标准差（亿美元）	33.20	43.77	52.46	59.22	37.46	45.31	45.86	45.81	52.44
13）港澳台华商净资产最大额（亿美元）及拥有者	130；李嘉诚（香港）	188；李嘉诚（香港）	230；李嘉诚（香港）	265；李嘉诚（香港）	162；李嘉诚（香港）	210；李嘉诚（香港）	260；李嘉诚（香港）	255；李嘉诚（香港）	310；李嘉诚（香港）

续表

	2005年	2006年	2007年	2008年	2009年	2010年	2011年	2012年	2013年
14) 港澳台华商净资产最小额(亿美元)及拥有者	10;许文龙及家族(台湾)	11;李泽楷(香港)	10;蔡志明(香港);蔡衍明,王令麟(台湾)	10;胡应湘(香港)	10;曹德旺、何鸿燊、邓耀及家族(香港);林荣三(台湾)	10;魏应州、魏应充、魏应行(台湾)	10;陈建强(香港)	10;方润华、罗家宝(香港);吴崇仪(台湾)	10;朱李月华(香港);吴崇仪(台湾)
15) 香港华商上榜总数(人)	14	16	20	25	18	24	35	37	38
16) 香港华商上榜净资产总额(亿美元)	593	778	1055	1309	627	1105	1504	1524	1836
17) 台湾华商上榜总数(人)	7	5	8	7	5	18	25	24	26
18) 台湾华商上榜净资产总额(亿美元)	153	167	262	282	105	385	623	615	728
19) 港澳台华商上榜人数占上榜总数之比(%)=(8)/(1)	3.04	2.65	2.96	2.84	2.90	4.15	4.96	4.98	4.49
20) 港澳台华商占华商净资产总额占总净资产额之比(%)=(7)/(2)	3.34	3.57	3.82	3.63	3.03	4.18	4.73	4.68	4.72
21) 香港华商占港澳台华商上榜人数之比(%)=(15)/(8)	66.67	76.19	71.43	78.13	78.26	57.14	58.33	60.66	59.38
22) 香港华商占港澳台华商上榜净资产额之比(%)=(16)/(7)	79.49	82.33	80.11	82.28	85.66	74.16	70.71	71.25	71.61
23) 台湾华商占港澳台华商上榜人数之比(%)=(17)/(8)	33.33	23.81	28.57	21.87	21.74	42.86	41.67	39.34	40.62
24) 台湾华商占港澳台华商上榜净资产额之比(%)=(18)/(7)	20.51	17.67	19.89	17.72	14.34	25.84	29.29	28.75	28.39

资料来源：根据1996～2013年福布斯全球亿万富豪榜计算并整理。

华商在港澳台地区的财富布局、变动及与当地经济发展的相关研究

图 9 ~ 图 15 反映了 1996 ~ 2013 年财富总额、平均财富额、上榜人数等在各比较对象间的变化趋势。值得关注的是，就平均财富额的变化而言，港澳台地区均有较好表现，大多数年份中，其平均财富额高于或至少持平于世界财富平均额，这显示出该地区财富增长领先的势头。从港澳台地区内部看，香港地区的表现又优于台湾地区。单个华商的财富额有走高的趋向。

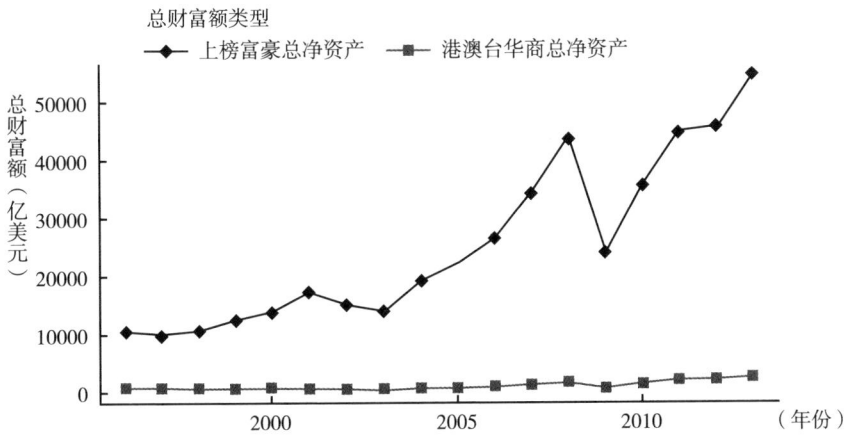

图 9　1996 ~ 2013 年上榜富豪总净资产与港澳台华商总净资产变化对比

数据来源：表 9 及表 10。

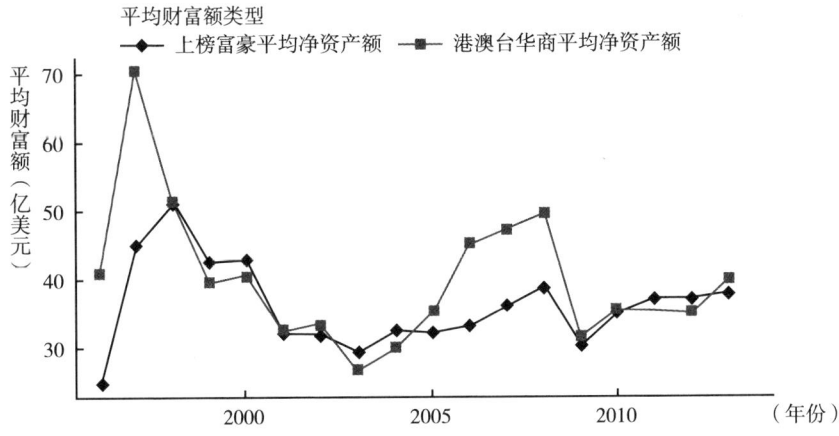

图 10　1996 ~ 2013 年上榜富豪平均净资产额与港澳台华商平均净资产额变化对比

数据来源：表 9 及表 10。

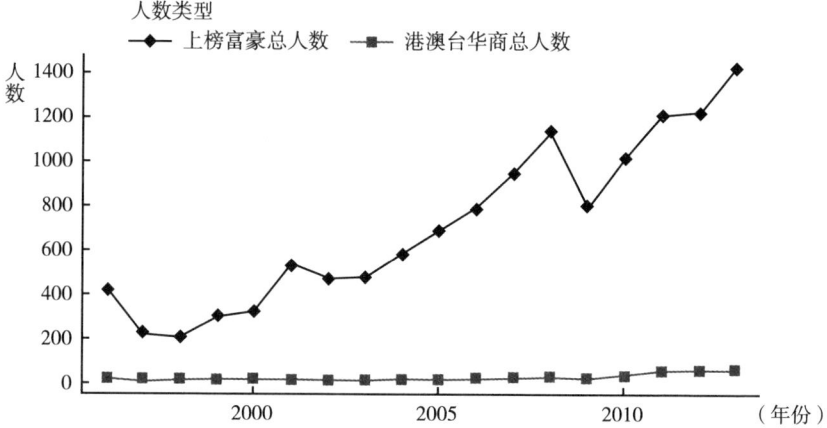

图 11　1996～2013 年上榜富豪总人数与港澳台华商富豪上榜总人数变化对比

数据来源：表9及表10。

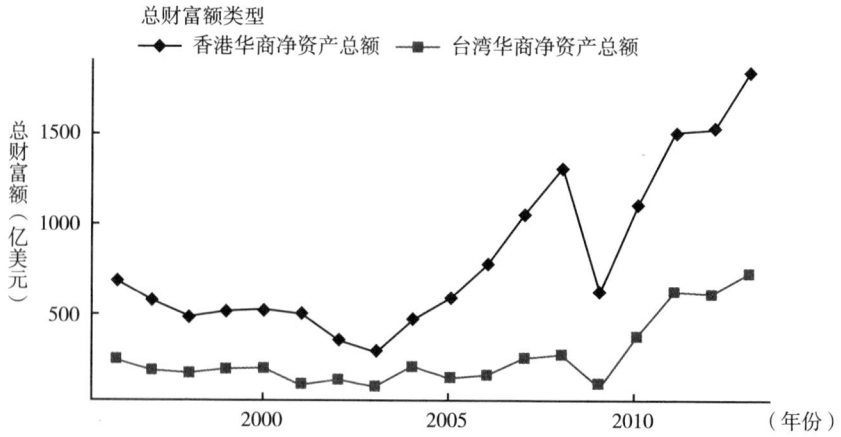

图 12　1996～2013 年香港华商上榜净资产总额与台湾华商上榜净资产总额变化对比

数据来源：表9及表10。

华商在港澳台地区的财富布局、变动及与当地经济发展的相关研究

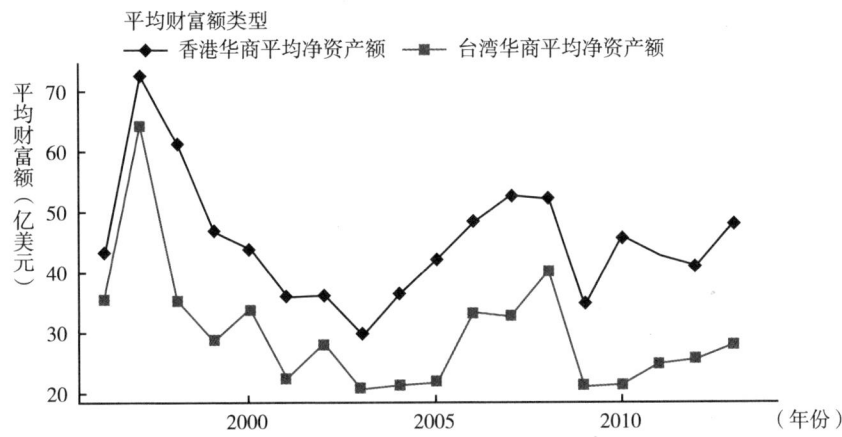

图 13　1996～2013 年香港华商平均净资产额与台湾华商平均净资产额变化对比

数据来源：表 9 及表 10。

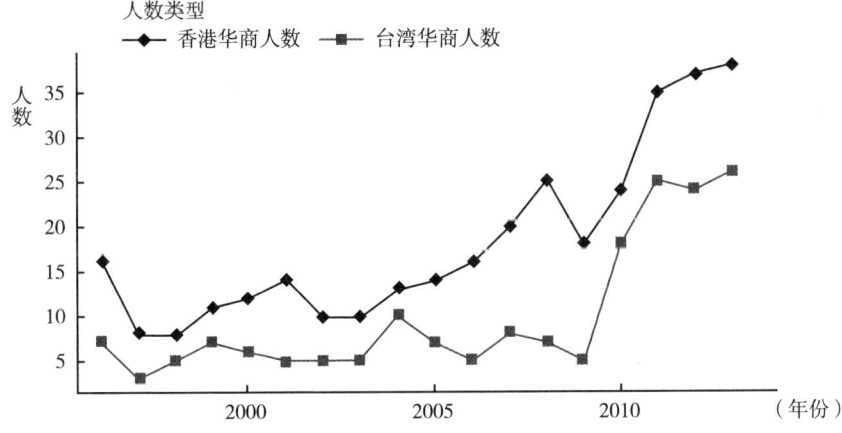

图 14　1996～2013 年香港华商上榜人数与台湾华商上榜人数变化对比

数据来源：表 9 及表 10。

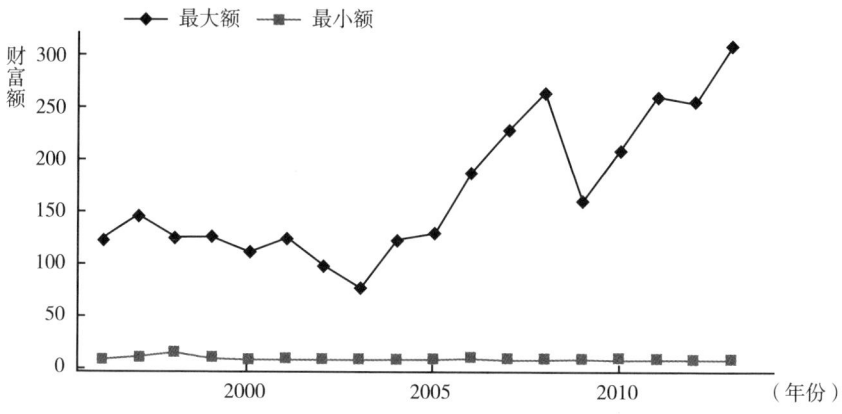

图 15 1996～2013 年港澳台单个华商净资产最大额与
净资产最小额变化对比

数据来源：表 9 及表 10。

三 港台华商财富变化与相应地区经济发展的相关分析与回归分析

福布斯华商上榜净资产总额历年的变动与相应地区生产总值历年变动间的相关性如何呢？某年份某地区华商上榜净资产总额受哪些年份该地区生产总值的影响最大呢？为回答上述问题，可以进行华商上榜净资产总额与相应地区生产总值的交叉相关分析。相关原始数据见表 11～表 14，分析结果可从图 16～图 21 来推断。

（一）香港本地生产总值与福布斯香港华商上榜净资产总额的交叉相关分析与回归分析（1996～2012 年）

从图 16 及图 17 可知，香港本地生产总值与香港华商上榜净资产总额在当期、滞后 1 期及滞后 2 期的相关性是统计显著的。这意味着，某年份香港华商上榜净资产总额受当年香港本地生产总值影响，此外还受去年及前年香港本地生产总值的影响。根据图 18 基于调整 R 平方的全子集回归图的结果，以某年

华商在港澳台地区的财富布局、变动及与当地经济发展的相关研究

表11 1996~2012年香港本地生产总值及福布斯财富榜中香港华商净资产总额（一）

单位：亿港元，亿美元

	1996年	1997年	1998年	1999年	2000年	2001年	2002年	2003年	2004年
香港本地生产总值	11919	13441	12892	12461	12883	12988	12768	12340	12916
香港华商上榜净资产总额	692	582	492	517	528	506	363	299	475

资料来源：1997~2013年《中国统计年鉴》，1996~2013年福布斯全球亿万富豪榜。

表12 1996~2012年香港本地生产总值及福布斯财富榜中香港华商净资产总额（二）

单位：亿港元，亿美元

	2005年	2006年	2007年	2008年	2009年	2010年	2011年	2012年
香港本地生产总值	13826	14754	16155	17075	16592	17768	19361	20419
香港华商上榜净资产总额	593	778	1055	1309	627	1105	1504	1524

资料来源：1997~2013年《中国统计年鉴》，1996~2013年福布斯全球亿万富豪榜。

表13 1996~2012年台湾本地居民生产总值及福布斯财富榜中台湾华商净资产总额（一）

单位：新台币亿元，亿美元

	1996年	1997年	1998年	1999年	2000年	2001年	2002年	2003年	2004年
台湾本地居民生产总值	77876	84174	90066	93758	98033	96980	100030	101814	105848
台湾华商上榜净资产总额	249	193	177	200	204	113	141	104	214

资料来源：1997~2013年《中国统计年鉴》，1996~2013年福布斯全球亿万富豪榜。

表14 1996~2012年台湾本地居民生产总值及福布斯财富榜中台湾华商净资产总额（二）

单位：新台币亿元，亿美元

	2005年	2006年	2007年	2008年	2009年	2010年	2011年	2012年
台湾本地居民生产总值	120311	125552	132433	129348	128951	139817	140627	144892
台湾华商上榜净资产总额	153	167	262	282	105	385	623	615

资料来源：1997~2013年《中国统计年鉴》，1996~2013年福布斯全球亿万富豪榜。

份香港华商上榜净资产总额为因变量,以当期、滞后1期及滞后2期的香港本地生产总值为预测变量的回归模型是拟合度最佳的模型。模型的拟合结果说明,总体来看,所有预测变量解释了香港华商上榜净资产总额91.97%的方差。当期本地生产总值的回归系数为0.26678,表示控制滞后1期及滞后2期的本地生产总值不变时,当期本地生产总值上升1%时,香港华商上榜净资产总额将会上升0.26678%,其系数在$p<0.001$的水平下显著不为零。

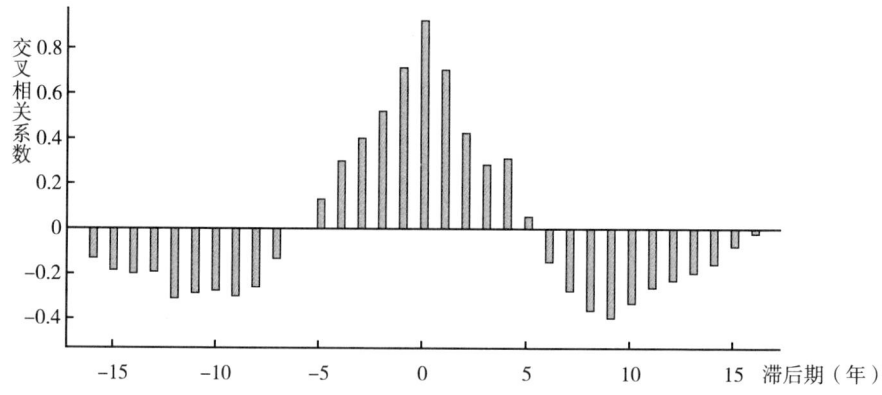

图16 香港本地生产总值与福布斯香港华商上榜净资产总额的交叉相关系数图

(二)台湾本地居民生产总值与福布斯台湾华商上榜净资产总额的交叉相关分析与回归分析(1996~2012年)

从图19及图20可知,台湾本地居民生产总值与台湾华商上榜净资产总额在当期、滞后1期、滞后2期、滞后3期、滞后4期及滞后5期的相关性是统计显著的。这意味着,某年份台湾华商上榜净资产总额除受当年台湾本地居民生产总值的影响外,还受滞后1期直到滞后5期的台湾本地居民生产总值的影响。根据图21基于调整R平方的全子集回归图的结果,以某年份台湾华商上榜净资产总额为因变量,以当期、滞后1期、滞后3期及滞后5期的台湾本地生产总值为预测变量的回归模型是拟合度最佳的模型。模型的拟合结果说明,总体来看,所有预测变量解释了台湾华商上榜净资产总额81.15%的方差。滞后5期的本地居民生产总值的回归系数为0.01858,表示控制当期、滞后1期

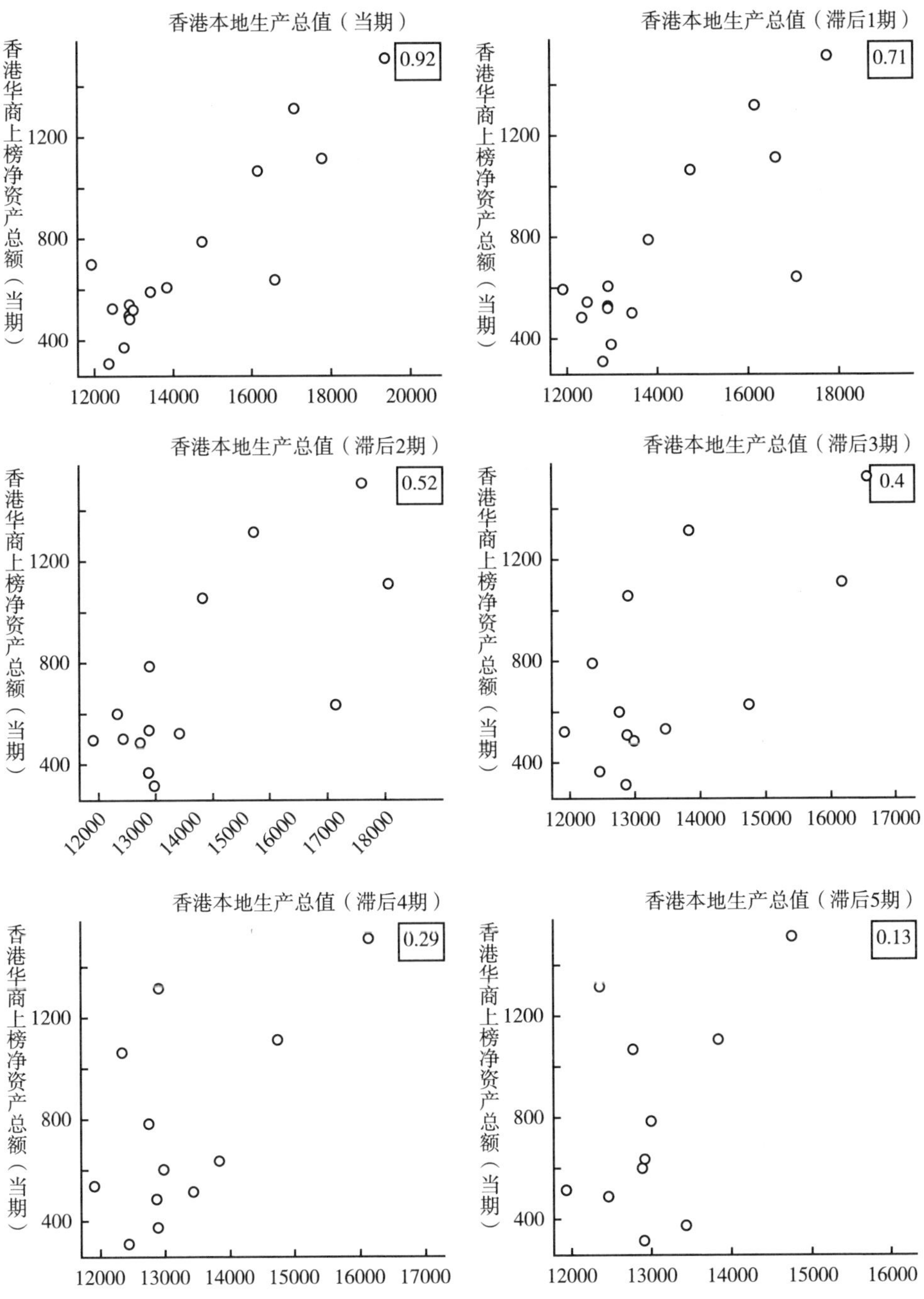

图17 香港华商上榜净资产总额与同时期及滞后5期的香港本地生产总值间散点图（二者的相关系数在图右上角用方框数字标注）

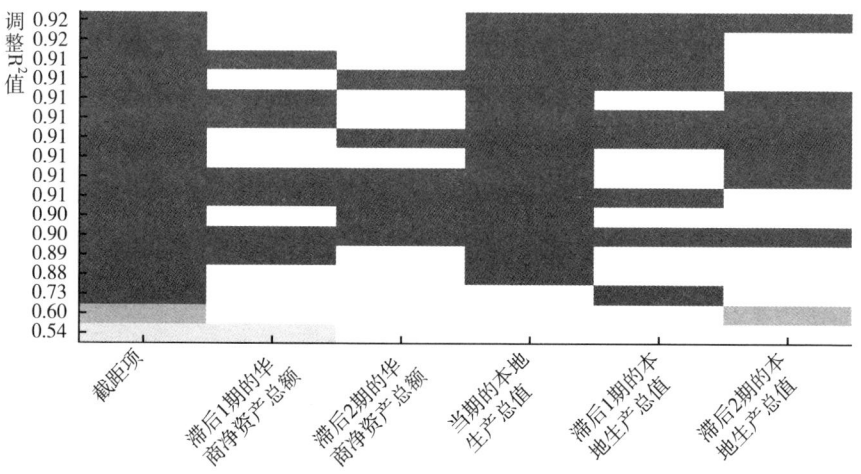

图18 基于调整 R 平方的全子集回归图（香港）

lm（formula = WHKYS ~ GDPHKYS + GDPHKYSlag1 + GDPHKYSlag2，data = alldata）
Residuals：

Min	1Q	Median	3Q	Max
-189.57	-47.69	-14.03	39.19	208.84

Coefficients：
Estimate Std. Error t value Pr（>|t|）
（Intercept） -920.18087   250.81686   -3.669   0.00370 **
GDPHKYS   0.26678   0.04761   5.603   0.00016 ***
GDPHKYSlag1   -0.10788   0.06857   -1.573   0.14397
GDPHKYSlag2   -0.05247   0.04907   -1.069   0.30792
—
Signif. codes：0 '***' 0.001 '**' 0.01 '*' 0.05 '.' 0.1 ' ' 1
Residual standard error：117 on 11 degrees of freedom（2 observations deleted due to missingness）
Multiple R-squared：0.9369，Adjusted R-squared：0.9197，F-statistic：54.46 on 3 and 11 DF，p-value：6.887e-07

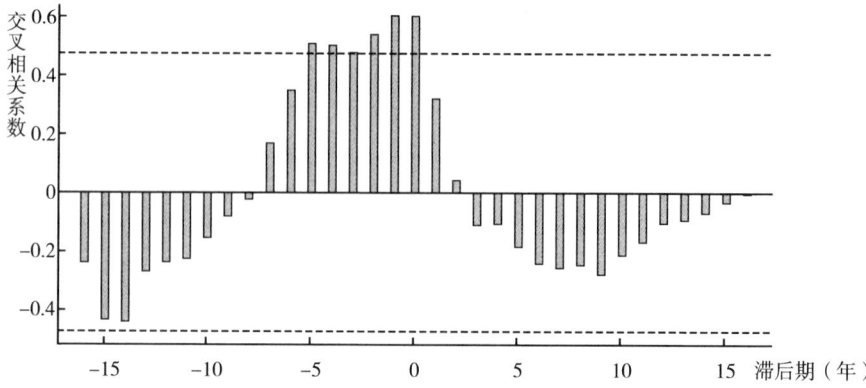

图19 台湾本地居民生产总值与福布斯台湾华商上榜净资产总额的交叉相关系数图

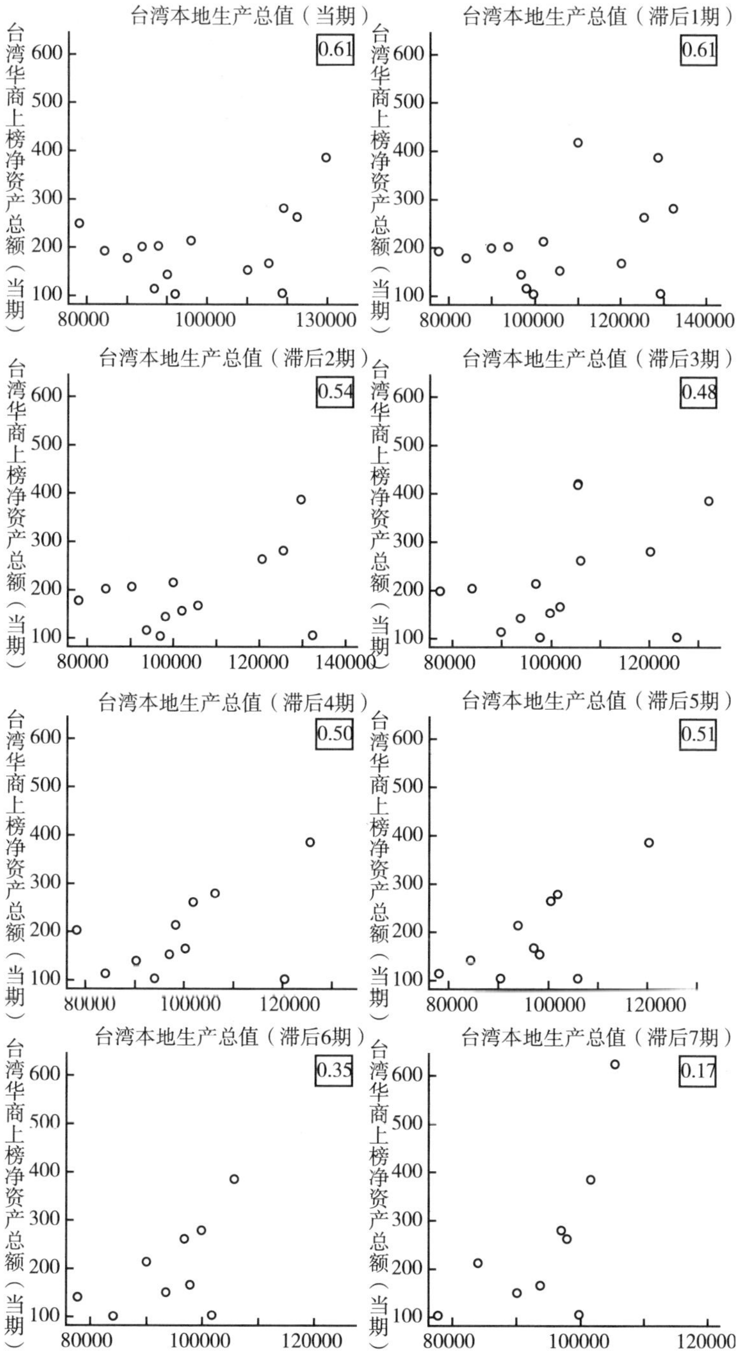

华商在港澳台地区的财富布局、变动及与当地经济发展的相关研究

图20 台湾华商上榜净资产总额与同时期及滞后7期的台湾居民本地生产总值间散点图（二者的相关系数在图右上角用方框数字标注）

183

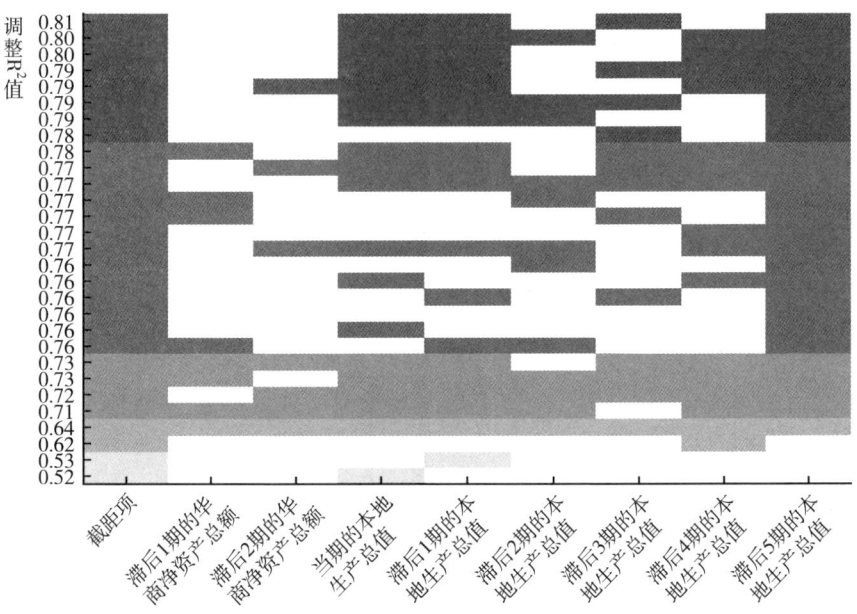

图 21　基于调整 R 平方的全子集回归图（台湾）

```
lm（formula = WTWYS ~ GDPTWYS + GDPTWYSlag1 + GDPTWYSlag3 + GDPTWYSlag5，
    data = alldata2）
Residuals：
Min       1Q       Median      3Q         Max
-128.845  -41.057  8.013       54.431     70.422
Coefficients：
             Estimate Std. Error  t value   Pr（>|t|）
（Intercept） -5.799e+02  1.852e+02  -3.131   0.01660 *
GDPTWYS      -1.024e-02  5.900e-03  -1.735   0.12627
GDPTWYSlag1   1.024e-02  5.894e-03   1.738   0.12582
GDPTWYSlag3  -9.217e-03  4.733e-03  -1.947   0.09254.
GDPTWYSlag5   1.858e-02  4.518e-03   4.112   0.00451 **
—
Signif. codes： 0 '***' 0.001 '**' 0.01 '*' 0.05 '.' 0.1 ' ' 1
Residual standard error：80.71 on 7 degrees of freedom
（5 observations deleted due to missingness）
Multiple R-squared： 0.88，    Adjusted R-squared： 0.8115
F-statistic：12.84 on 4 and 7 DF，  p-value：0.00244
```

及滞后 3 期的本地居民生产总值不变时，当滞后 5 期的本地生产总值上升 1% 时，台湾华商上榜净资产总额将会上升 0.01858%，其系数在 $p < 0.01$ 的水平下显著不为零。

参考文献

中华人民共和国统计局:《中国统计年鉴》,中国统计出版社,1996~2013。

庄国土、黄新华、王艳:《华侨华人经济资源研究:以华商资产估算为重点》,国务院侨务办公室政策法规司,2011。

庄国土、李瑞晴:《华侨华人分布状况和发展趋势》,国务院侨务办公室政策法规司,2011。

方雄普编《海外华商夜话》,中华工商联合出版社,1999。

徐东民、叶宇:《海外华商》,江西人民出版社,1995。

华商投资发展篇

Report on Investments and Development of Overseas Chinese

B.8
闽籍海外华商国内发展的驱动因素、特征与未来挑战

马占杰　孙　锐*

摘　要：
作为重要海外商帮，闽籍海外华商在全球取得辉煌发展成就的同时，积极投身国内经济建设。本文在介绍闽籍海外华商基本情况的基础上，系统归纳了他们在国内发展的驱动因素、发展特点和遇到的挑战等。经过分析后得出结论：（1）闽籍华商国内发展的驱动性因素为"爱国爱乡的情结""国内向好的发展环境""国内经济发展提供的良好机遇"和"闽籍华侨华人社团的推动"；（2）闽籍海外华商国内发展的特征包括"阶段性特

---

* 马占杰，1977年2月生，博士，讲师，华侨大学华商研究院执行院长，研究方向：华商发展、跨文化管理；孙锐，1970年10月生，博士，教授，华侨大学工商管理学院院长，研究方向：华商管理、战略管理、创新管理。
注：本文是福建省社会科学规划项目《闽籍华商与福建融入"海上丝绸之路"建设的互动关系研究》前期研究成果，项目编号2014B193。

征明显""多元化特征明显""企业发展与履行社会责任相得益彰"等;(3)闽籍海外华商未来国内发展的挑战主要在于,新生代闽籍海外华商的家乡情怀有所减弱,可能会影响他们未来在国内发展的理念和方式,我国目前采取了大力推广海外华文教育、组织开展多种活动和培训等措施,且效果良好。

关键词:

闽籍海外华商　驱动因素　发展特点

一　引言

经过几代人的努力,海外华商在全球取得了非凡的成就,根据第二届中国侨务论坛公布的研究成果,截至 2011 年年底,全球华侨人数约为 5000 万,而广大华商通过世代积累和勤劳工作,截至 2009 年,总资产达到 3.9 万亿美元①,成为全球经济群体中的重要组成部分。海外华商在世界经济中取得荣耀和成就的同时,积极投身国内经济建设,在我国经济发展中起到了十分重要的作用,他们在国内投资的企业数量占我国外资企业的 70% 以上,他们投资的资金数量占我国引进外资的 60% 以上②,成为我国经济发展的重要推动力量。2013 年 9 月在成都召开的第十二届世界华商大会吸引了 3000 余名经济界人士参与,规模为历届之最,共签约合作项目 241 个,总投资额 1323 亿元③,充分彰显了全球各地华商对中国市场的高度重视和对中国投资的满腔热情。长期以来,他们积极投身中国发展,尤其是在促进欠发达地区建设,缩小地区差异、缩小贫富差距方面作出了卓越贡献。以中国的西部大开发为例,包括香港世茂集团董事局主席许荣茂在内的诸多闽籍海外华商,积极参与西部的经济建设,

---

① 《海外华商在中国寻找新机遇》,http://world.huanqiu.com/depth_report/2013-09/4404901.html。
② 《华侨华人与北京奥运会新闻发布会》,http://www.china.com.cn/zhibo/2008-08/04/content_16120225.htm。
③ 《47 个项目 336.38 亿元投资落户成都》,http://www.12thwcec.org.cn/article/97.aspx。

率先带去了资金、技术和先进的管理经验,如今已经成为促进西部可持续发展的重要力量之一。

从华侨华人的祖籍看,广东籍占54%,福建籍占25%,海南籍占6%,其他省、市、自治区籍共占15%(其中以台湾、广西、山东、新疆、云南为主)。在东南亚,粤籍、闽籍和其他省市籍之比为5:3:2;而在亚洲以外,粤籍占绝大多数。若以方言划分,使用闽南(泉州)、广府(广州)、潮州、客家四种方言的人,占海外华侨华人总数的80%左右。①福建拥有海外华侨华人1512万人,分布在世界176个国家和地区,其中东南亚地区占78%,有1200万;海外闽籍社团1900多个,分布在47个国家和地区,影响力越来越大,成为国际舞台上一股重要的力量。经过长期艰苦创业,许多闽籍华侨华人不仅融入当地社会,更成为居住国经济发展的有生力量和知名企业家、社会活动家。他们职业分布广泛。以从事商业贸易、餐饮服务、制造等华人赖以生存的传统行业为主的华商,约占海外华商总数的19%。在华尔街从事金融业务、IT支持、法律服务等的六七千名华人中,闽籍华人约占4%。②在英国,福建籍华人至少有10万人,是仅次于香港籍、广东籍的最大华人群体。

与其他海外华商一样,众多闽籍华商也把回国发展作为重要战略,闽籍海外华商和国内闽商一起,经过三十年改革开放的锤炼,再次以惊人的成长速度、不断壮大的经济实力,成为中国经济舞台上最活跃的商帮之一。仅以投资福建为例,据统计,海外闽籍乡亲在闽兴办的侨资企业已近3万家,侨资已是福建引进外资的主体,侨资企业已经成为福建外向型经济发展的主要支柱。改革开放至2012年年底,福建实际利用外资(按验资口径)857.53亿美元,其中侨资占76.21%。③以在英国发展的闽籍海外华商为例,他们奋斗了数十载后,开始把目光投向市场更为广大的国内。英国福建华商总会会长、英国福建同乡会首席副会长李光喜表示,在英国的闽商有不少人都成了"海鸥",2/3的人在中英两地奔波,两边都有生意,还有1/3的人干脆卖掉了在英国的生意,一心回国发展。而每三年一届的世界闽商大会每次都会吸引大批闽籍海外

---

① 《2008年世界华商发展报告》,http://www.chinaqw.com/news/200902/02/148817.shtml。
② 吴绵国:《帮助海外闽籍华商在金融危机中求生存》,《海峡通讯》2009年第8期。
③ 罗钦文:《以侨带路推动"海丝"建设》,《人民日报海外版》2014年6月2日第8版。

华商回国参加,并达成大量合作项目,仅 2010 年第三届闽商大会就现场签约 51 个项目,投资总额近 140 亿元。

经过 30 多年的快速发展,我国的国内发展环境发生了较大变化,转变经济发展方式和全面实现"中国梦"已经成为我们的重要目标,海外华商在未来融入国内建设的理念与方式也必然发生改变。为了更好促进闽籍海外华商在国内的未来发展,我们需要对以闽籍华商为代表的海外华商在国内的发展展开深入研究,即闽籍海外华商的整体状况如何?他们前期在国内投资的动因是什么?他们前期在国内发展具有什么样的特点?他们在国内未来的发展面临哪些机遇和挑战?本文对上述问题的系统分析,对于全面掌握闽籍海外华商在国内的发展状况,对政府采取相关措施促进闽籍海外华商在国内进一步发展,无疑具有一定的参考价值和现实意义。

二 闽籍海外华商的基本情况

闽籍华商,无疑是中国历史舞台上一个颇具特色的社会群体。早期,他们是构建我国国际贸易体系的中坚力量,近代闽籍华商转向产业资本和金融资本,涌现了一大批富可敌国的知名闽籍海外华商,他们大力支持国内的民主革命。今天的闽籍华商已经成为国际经济舞台上一支重要力量并积极投身国内建设,并有越来越多的闽籍海外新华商走向世界各地,开始了新的奋斗历程。

早在宋元时期,闽籍海外华商就与阿拉伯商人一起,编织起了以亚洲海域为中心的洲际贸易体系,"海上丝绸之路"将中国的产品送往世界各地。明清时代,闽籍华商以漳州月港为枢纽,联结"大帆船贸易",与欧洲各东印度公司共同营造全球化的贸易格局,郑氏海商集团建立起纵横东亚、东南亚的海上商业王国。到民国与抗战时期,闽籍海外华商更是弘扬中华精神,深明民族大义,倾家捐钱捐款。

从 19 世纪末至今,闽籍华商几乎遍及全球,这 100 多年间,闽籍华商走向世界 170 多个国家和地区,闽籍华商的资本也逐渐向产业资本和金融资本转移,出现了众多知名闽籍海外华商,他们在所在国政治经济中具有举足轻重的作用。比较突出的代表除了被誉为"华侨旗帜、民族光辉"的陈嘉庚外,还有"锡矿大王"胡国廉,"木材大王"李清泉、"糖业大王"黄仲涵、"砂捞越王"黄庆昌、"万金油大王"和"报业巨子"胡文虎、"汽车大王"谢建隆、"地皮大王"黄廷芳、"橡胶与黄梨大王"李光前、"食用油大王"和"纸业大王"黄奕聪、集"面粉大王""丁香大王"和"金融大王"于一身的林绍良、集"银行大王""烟草大王""啤酒大王"和"航空大王"于一身的陈永栽、云顶集团的林梧桐等。

今天,海外闽籍华商的影响力引人瞩目,他们秉承闽商前辈勤奋踏实的优良传统,历经艰辛,涉足多元化的产业,最终在海内外开辟出各自的一方天地,尤其在东南亚国家有着举足轻重的地位和作用。根据2005年《亚洲周刊》"国际华商500强"统计,仅在印度尼西亚、马来西亚、新加坡和菲律宾等东南亚四国,闽籍华商大企业就有85家,其中菲律宾和印度尼西亚华商前10名中,有6家都是闽籍华商。2012年福布斯富豪榜显示,新加坡、马来西亚和印尼的华商富豪人数中闽籍华商占绝对优势,新加坡前10名富豪中的8位、马来西亚前9名富豪中的6位、印度尼西亚前7名富豪中的6位都是闽籍华商,著名闽籍海外华商施至成则连续6年蝉联菲律宾首富,而"糖王"郭鹤年多年以来一直是马来西亚的首富。① 福建省政府新闻办也证实,截至2010年5月,闽籍华商资产存量已超过3000亿美元,成为国际商界的一支劲旅。另据《2013闽商百强榜(全球榜)》②的数据,百强闽商在2013年的累计财富值高达16280.66亿元人民币,较2012年榜单增长了约2826.73亿,人均财富值高达162.81亿元人民币,当代著名闽籍海外华商如表1所示。

在闽籍海外华商中,海外新华商这样一个特殊群体也同样引人瞩目。改革开放后,许多福建人走出国门到海外创业。据估算,自20世纪80年代我国改革开放以来,闽籍的新移民人数接近300万人,约占我国新移民数量的1/4。而且,这些新移民具有"扎堆"的特点,例如,明溪县有10万人集中到欧洲的匈牙利和捷克,长乐人大多到纽约发展,而日本则是大多数福清人的目的地。

---

① 罗钦文:《以侨带路推动"海丝"建设》,《人民日报海外版》2014年6月2日第8版。
② 《2013年闽商百强榜完全名单》,http://mn.sina.com.cn/news/finance/msfy/2013-09-23/09502749_2.html。

表1 当代著名闽籍海外华商

姓名	2012年财富值（亿元人民币）	出生年份	籍贯	企业	所在地	行业
郭鹤年	790.2	1923	福建福州	郭氏兄弟集团、嘉里集团	马来西亚	酒店、房地产、饮料、粮油
黄志祥（黄志达）家族	590.0	1952	福建莆田	香港信和集团、新加坡远东机构	新加坡	房地产
施至成家族	517.1	1925	福建晋江	SM企业集团	菲律宾	零售、投资
黄奕聪	515.5	1923	福建泉州	金光集团	印度尼西亚	纸浆造纸、金融、农业及食品加工、房地产
黄惠忠	417.5	1940	福建晋江	印度尼西亚针记香烟集团	印度尼西亚	金融、房地产
黄惠祥	404.8	1941	福建晋江	印度尼西亚针记香烟集团	印度尼西亚	金融、房地产
李深静	335.3	1969	福建永春	IOI集团	马来西亚	油棕种植
郭令灿	273.1	1941	福建厦门	国浩集团	马来西亚	金融
黄祖耀	245.8	1929	福建金门	新加坡大华银行	新加坡	金融
林逢生	241.7	1949	福建福清	三林集团	印度尼西亚	多元化经营
郭孔丰	232.2	1950	福建福州	新加坡丰益国际集团	新加坡	粮油、化工、能源、房地产
陈永栽	225.7	1934	福建晋江	陈永栽财团	菲律宾	房地产、航空、银行、烟草、酒
吴奕辉	209.9	1926	福建晋江	JG控股公司	菲律宾	石化、食品、房地产、航空、电信
吴笙福	200.4	1960	福建晋江	新加坡丰益国际集团	印度尼西亚	粮油、化工、能源、房地产
陈江和	187.6	1949	福建莆田	金鹰国际集团	新加坡	油气、能源开发、农产品加工
郭令明家族	160.8	1942	福建同安	丰隆集团	新加坡	金融、房地产
吴聪满	139.4	1952	福建晋江	美佳世界集团	菲律宾	食品、酒、房地产
林荣福	114.3	1954	福建莆田	丰益控股、FJ Benjamin、Brewerkz	新加坡	食用油炼油
郑少坚家族	111.8	1933	福建永春	首都银行集团	菲律宾	金融
庄启程	99.6	1940	福建晋江	香港维德集团	香港	房地产、贸易
陈明金	97.4	1962	福建晋江	金龙集团	澳门	综合
李成伟	90.4	1930	福建南安	新加坡华侨银行	新加坡	金融

续表

姓名	2012年财富值（亿元人民币）	出生年份	籍贯	企业	所在地	行业
陈觉中家族	88.2	1953	福建晋江	快乐蜂集团	菲律宾	餐饮连锁
林德祥	84.0	1941	福建莆田	佳通集团	印度尼西亚	橡胶
张晓卿	80.7	1935	福建闽清	常青集团	马来西亚	林业、矿业、金融、投资
杨致远	76.0	1968	福建福州	雅虎网络	美国	互联网
施恭旗	45.2	1948	福建晋江	上好佳	菲律宾	食品
李文正	42.3	1929	福建莆田	力宝集团	印度尼西亚	金融、房地产
黄敏利	36.9	1964	福建南安	敏华控股	香港	家居
杨世杭	29.2	1955	福建泉州	培新控股	香港	投资

资料来源：《2013闽商百强榜（全球榜）》。

这些闽籍新移民在海外拼搏，取得了一定的成就，形成了影响力日益扩大的新闽籍华商群体。例如，福建石狮灵秀籍华侨蔡国伟在马达加斯加从事服装贸易生意仅十余年，但事业发展迅猛，在华商界颇具影响力，2007年被推选为当地华商总会首任会长。

三 闽籍海外华商国内发展的驱动性因素

改革开放以来，越来越多的闽籍海外华商回国内发展已成为不争的事实。据《英国侨报》报道，近几年美国、加拿大、西班牙等国都出现了海外华人回流的现象，一些海外华人虽已经成为当地公民，但他们有了一定积蓄后，更愿意回国投资发展。究竟是什么原因让他们从早期一心出国打拼到现在更愿意回国发展呢？我们研究后发现，闽籍华商的"爱国爱乡"情结、国内向好的发展环境、国内经济发展给他们提供的良好机遇和闽籍华侨华人社团的推动是促成"回流潮"的四大主因。

（一）爱国爱乡情怀是促进闽籍海外华商回国发展的思想根基

"爱国爱乡、海纳百川、乐善好施、敢拼会赢"是福建省原省委书记孙春兰同志在报告中概括的"福建精神"，指出了闽籍华商的共同特征，体现了福建人"苟利国家生死以,岂因祸福避趋之"的爱国情怀。闽籍海外华商无论身在何处,总是梦萦家园、心系祖国,对故土有特别深厚的感情,对祖国和家乡的发展有极强烈的责任感。"春燕啄泥为家乡",浓浓的爱国爱乡情怀是促进广大海外闽籍华商回国发展的重要力量。2004年10月,著名闽籍海外华商陈金烈在纪念陈嘉庚先生诞辰一百三十周年座谈会上指出:"虽然生活时代不同,但作为中华儿女,发自内心的爱国爱乡之情是没有差异的,我们都有一个共同的愿望,那就是期盼祖国强大、人民幸福、社会进步。作为生活在海外的中华儿女,我们要大力弘扬并秉承嘉庚先生的伟大精神,以实际行动报效祖国……"

早在1949年10月新中国成立之时,百废待兴。凝聚在闽籍海外华商心头的爱国热情像火山一样爆发出来,除了投资办厂发展经济,福建华侨还回乡大力兴学、办医院,支持教育、医疗等公益事业发展。1951年11月,福建省人民政府接受印度尼西亚华侨第一届回国观光团中的闽籍华侨代表郭瑞人、林珠光等人的倡议,筹建福建华侨投资公司,引导华侨、侨眷和港澳同胞投资本省地方工业和其他生产建设事业。1952年7月20日,福建华侨投资股份有限公司正式成立。据福建省华侨投资公司的资料,自1952年7月成立到1962年6月的10年间,闽籍海外华商踊跃回国,投资户数达到1.1万多户,投资总额增加18倍,1962年华侨投资金额相当于新中国成立前华侨投资福建工业金额的3倍。①

改革开放以来,随着国内投资环境的进一步改善,广大闽籍海外华商的爱国爱乡情结又一次激发了他们回国内发展的热情,他们在不同场合谈及为什么回国发展时,"爱国爱乡"几乎都是他们共同的原因。2004年5月,马来西亚颜和颜控股有限公司董事长颜清文先生在宁德招商节上表示:"我的祖籍在宁德古田,这是我第三次到宁德,宁德的变化真是日新月异。此次刚刚参加了首届世界闽商大会,又赶回家乡参加宁德招商节,我的感触是乡情浓,商机更浓!这次我准备把好的项目带回到马来西亚进行推介,为家乡的建设尽一份力……"新加坡漳州总会会长林进荣谈起当时恳亲大会和闽商大会的盛况时,

---

① 《爱国爱乡拳拳之忱》,http://roll.sohu.com/20110622/n311275230.shtml。

言谈中也流露出赤诚的爱乡情怀。他积极筹划成立"漳州探亲团",希望能带动更多的新加坡华侨到家乡来看看。他说,"爱乡情怀是与生俱来的,我几乎每年都会回东山看看……"当时回乡参加同乡恳亲大会和闽商大会的南美洲闽南同乡联谊会会长刘振魁非常兴奋,他说:"投资兴业首选家乡,现在同乡会中已经有部分人想在国内投资,我首先都会把他们带到自己的家乡来,听到他们夸漳州的环境好,我也感到很自豪。如果要在国内投资,一定会在漳州,因为我也是漳州人,不管走多远,'根'总牵系着自己的心……"

在第十二届世界华商大会上,益海嘉里副董事长穆彦魁指出,与其他外资企业相比,侨资企业投资中国最大的不同在于海外华侨骨子里有真正的爱国情怀,如益海嘉里投资中国粮油领域,除看好中国粮油市场的发展前景外,还因为中国农业生产技术相对落后,中国一些农业大省希望引进国外技术,为农民增收。穆彦魁说:"农业加工不是高利润行业,投资大、技术含量高、回报率低、回报期长,国外四大粮商都没有在中国进行投资,我们之所以做,很大程度上是基于爱国心。"港澳台侨委员会委员、加拿大中国总商会会长舒心表示:"回到祖籍国投资,对华商来说在情感上与外资是不一样的。华人华侨就像嫁出去的女儿,中国是她的娘家。娘家有困难时她不会嫌弃,会尽可能帮助。改革开放之初,许多其他外资企业到国内投资还不放心,但海外华侨华人则非常愿意帮助祖国进行经济建设,有发自内心帮娘家快速发展的特殊情感……"

(二)国内向好的发展环境为闽籍海外华商投资提供了基本保证

从1949年到1978年,由于种种原因,海外华商与中国大陆的直接经贸关系基本中断。1978年以后,党中央作出了重要决策,制定并实施了主要针对海外华商的经济开放政策,决定利用海外华商推动中国改革开放和实现四个现代化目标,1980年设立四个经济特区的主要目的也是吸引广大海外华商前来投资。①

1992年以来,我国历任领导人都致力于改善海外华商在国内的投资环境。

---

① 庄国土:《东亚华商网络的发展趋势——以海外华资在中国大陆的投资为例》,《当代亚太》2006年第1期。

邓小平指出："我们有几千万爱国同胞在海外，他们对祖国作出了很多贡献。"① 1986年6月，邓小平接见200多位从美国、加拿大、澳大利亚、巴西、联邦德国、瑞士以及港澳等国家和地区回国的著名华商领袖荣毅仁的亲属，通过这次团圆，发出了广泛团结海外爱国同胞共同建设祖国的强烈信号。江泽民每次出访时，总要安排时间会见当地的华商领袖、华人华侨代表等。他曾先后会见了美中经济文化促进会会长谷敏及主要成员、葡萄牙华侨华人总会会长周洪泽为及主要成员、意大利华商总会会长留志然及商会主要成员等。胡锦涛曾经指出，要最大限度地把归侨侨眷和海外侨胞团结起来，调动他们的积极性，发挥他们的独特优势，汇聚起全民族为实现中华民族伟大复兴而共同奋斗的强大合力。② 国家主席习近平在祝贺第十二届世界华商大会开幕的致信中指出，我们国家将进一步深化改革、完善政策、强化服务，依法保护华商在国内投资兴业的权益，坚决鼓励和支持广大海外华商为我国的经济社会发展作出更大贡献。③

在党和政府的努力下，近年来，我国采取了一系列政策，推进外国企业在中国投资与贸易的便利化，投资环境得到进一步改善，在建设公开透明的法律政策环境、高效便利的行政环境和平等竞争的市场环境方面都取得了很大的进展。各级党委政府高度重视广大华侨华人的引资引智工作，不断完善投资的软硬环境，从体制和制度上维护海外华商在国内的发展利益，并根据新形势和华侨华人的新情况、新特点，制定一系列体现"优先、优惠、优待"的政策和措施，吸引海外侨胞回国投资创业，合作双赢，实现更好、更快的发展。如2004年第一届世界闽商大会后，福建制定了《关于全面提升民营经济发展水平的若干意见》，极大调动了广大闽籍海外华商回乡投资的积极性。他们纷纷选择回乡创业。

自2008年9月以来，由美国次贷危机逐步引发的国际金融危机，使得

---

① 邓小平：《同上海各界人士共迎新春佳节讲话》，《人民日报》1993年1月23日。
② 胡锦涛：《聚侨心集侨智发侨力维侨益》，http：//news.xinhuanet.com/mrdx/2008－03/08/content_7744699.htm。
③ 《第十二届华商大会开幕，习近平致信祝贺，俞正声出席开幕式并发表演讲》，http：//news.xinhuanet.com/politics/2013－09/25/c_117506434.htm。

各国都受到了不同程度的冲击,这场危机给世界各国人民带来了巨大的困难和挑战。以欧洲华商为例,金融危机重创了欧洲经济,也给中餐业、贸易批发、零售业、服装加工等华商经营的传统领域带来了前所未有的冲击。而近年来欧洲各国频现大规模、高强度的检查,这对本来就"惨淡经营"的华商来说无疑是雪上加霜。① 为了进一步帮助侨资企业有效应对金融危机带来的各种困难,我国政府积极采取措施全力保持侨资企业平稳发展。以福建为例,各级政府尤其是侨务部门积极行动,开展"帮助侨资企业渡难关、求发展"的系列走访活动,通过召开座谈会、实地考察、个别交流等形式,了解全球金融危机对金融业、房地产、IT、电力、燃气、水生产和供应业、批发零售业、纺织、机械等不同行业华商企业的影响,征求侨资企业的意见和建议。

一直以来,海外华商对国内市场高度关注,尤其是中共十八届三中全会以后,中国市场正以更具活力和更加开放的姿态迎接广大华商,再次让广大海外华商信心倍增。泰国中华总商会主席刘锦庭表示:"这次改革是一个非常好的机遇,中国的市场这么大,华商都希望为中国发展出点力。"② 亚洲金融集团主席陈有庆也表示:"我非常看好中国大陆的新政策,国家新一轮的改革新政策涵盖多方面的内容,而且内地的经营环境将会比以前更安全、更透明、更有吸引力。"

(三)国内经济发展提供的良好机遇是闽籍海外华商回国投资的根本动力

近年来,中国经济的快速发展为海外华商在国内发展提供了良好的商机。著名闽籍华商陈永栽说,目前中国经济已经不再仅仅是依靠出口的外向型经济,其以惊人速度增长的内需,正在不断提升区域间的投资活跃度以及强化金融市场的紧密联系。中国内需市场的成长潜力已经成为全球市场的最大亮点。尤其是2001年以来,我国国内社会消费品零售总额由2001年的4.3万亿元增

---

① 《海外华商生存状况调查》,http://news.xinhuanet.com/overseas/2010-10/28/c_12710201.htm。
② 《海外华商拥抱"中国机遇"来华兴业之路趋平坦》,http://www.chinanews.com/hr/2013/12-26/5668442.shtml。

加到2010年的15.7万亿元,年均增长率达到14.9%,10年增长了2.7倍,2013年更是达到234380亿元,比上年名义增长13.1%,扣除价格因素实际增长11.5%。① 从超过10%的年经济成长率来看,中国市场对包括闽籍海外华商在内的海外华商的吸引力越来越大。

因此,国内经济发展带来的机遇强烈吸引了闽籍海外华商,他们与国内经济发展的互补性也促使他们回国寻找发展机会。闽籍海外华商多从事商业贸易、餐饮服务、制造等华人赖以生存的传统行业,以东南亚为例,华人经营着新加坡食品行业中的85%,印度尼西亚的闽籍华商在种植、金融、进出口贸易等领域构建了比较完整的商业网络,文莱的闽籍华商在商业及种养殖业中举足轻重,越南、老挝、柬埔寨、缅甸的闽籍华商多数从事商业经营。在菲律宾,华资银行资本总额约占菲全部银行资本的30%,其中,陈永栽的菲律宾银行在全国有270多家分支机构,经营资产达1350亿菲律宾比索。② 这些产业在国内无疑具有广阔的市场和发展前景,国内市场对相关产品或服务的巨大需求使许多闽籍海外华商把相关产业引入国内。

另外,在国外,作为"外来者"的华人经济难免还要遭受比各国本土经济更多的困扰。闽籍海外华商的经济和生活同样未能幸免。尤其是金融危机以来,从事传统行业的闽籍海外华商艰难支撑。金融危机使中国商品批发生意受到了严重影响,服装生意冷冷清清,门可罗雀,导致产品严重滞销和积压,造成企业利润锐减。与之形成鲜明对比的是,中国政府积极刺激内需,内地民众的消费力也很强,拓展国内市场已经成为支持广大闽籍华商的"沽水",于是他们纷纷转向国内拓展市场。例如,祖籍福建莆田的新加坡金鹰国际集团主席陈江和对于中国市场有独到的看法。陈江和说:"我们对在中国的投资前景充满信心,我们能在中国做很多事情。"这个总资产超过60亿美元的国际集团愈来愈看重中国市场,在纸浆、造纸、粘胶纤维和能源行业投资巨大,其中在广东江门造纸厂投资达20亿美元,是广东省第二大外资项目。③

2009年11月,在第十届华商大会举行期间,广大华商纷纷表示,如何在

---

① 国家统计局2014年1月20日公布的数据。
② 陈彤:《闽籍华商以及福建-东盟的农业经贸交流》,《亚太经济》2007年第1期。
③ 王昭:《海外"闽商"在大陆悄然布局》,《人民日报海外版》2006年6月21日。

"后金融危机时代"找准"华商角色",他们正往中国找答案,以成为中国和所在国经济发展的脊梁。

(四)商会及华侨华人社团是闽籍海外华商回国发展的重要推动力

海外社团是华侨华人联络乡情和互助发展的平台,目前全球华侨华人社团已经有20多万个。海外华侨华人社团当地化的趋势进一步加强,社团功能也逐渐发生变化,正在由团结互助、传承中华文化向为当地主流社会提供服务方面倾斜。另外,社团的国际化联系也正逐步加强,举办的会议和活动也逐渐增多,特别是新侨社团活动引人注目。例如,世界杰出华商协会是以杰出华商为主体的全球性华商组织,其举办的"世界杰出华商大会""全球华商500强颁奖大会"和"全球华人企业500强排行榜"等,受到全球华商和社会各界的普遍认可和高度评价。

海内外闽籍华商向来重视商会及华侨华人社团的建设。以国内为例,在福建省委统战部的指导下,福建省工商联制定出台了《关于加强异地福建商会工作的若干意见》,引导闽籍异地商会健康有序发展,推动在外闽商做大做强、实现自身科学发展,并积极投身家乡建设。截至2010年年底,已在31个省、市、自治区成立了460个异地商会;至2012年6月底,福建全省共有异地商会636家,2013年增加45%,达到921家。遍布全国的闽籍异地商会网络基本形成。①

在海外,1000多万闽籍乡亲旅居世界各地,闽籍华侨华人社团的历史可追溯至上百年前。多年来,秉承祖籍地的文化传统,这些海外乡亲成立了相当数量的社团和群体,世界性闽籍华侨华人社团蓬勃发展。迄今为止,分布在全球176个国家和地区的闽籍华侨华人社团数以千计,仅与福建省侨办有联系的社团即达400多个,其中世界性闽籍华侨华人社团有12个,包括世界南安同乡联谊会、世界客属恳亲大会和世界福建同乡恳亲大会等。

海外闽籍社团在维护侨益、拓展乡谊、融入住在国社会、积极推动住在

---

① 《福建省工商联鼓励闽商做大做强异地商会达921个》,http://big5.ce.cn/gate/big5/biz.ce.cn/news/201403/28/t20140328_1505903.shtml。

国和家乡经济科技文化交流合作、传承中华民族传统文化和支持祖国和平统一方面,作出了突出贡献,产生了巨大影响。福建省侨办提供的一份报告表明,近年,这些海外闽籍华侨华人社团在开展传统会务的同时,更加重视各种大范围的活动,在推动闽籍海外华商回国内发展过程中起到了重要作用。近几年,闽籍社团组织海外乡亲参加福建的经贸活动尤为频繁,富有成效。"9·8"洽谈会、海交会、鞋博会、海博会、花博会等,海外闽籍社团都积极组团参加。每三年一届的世界闽商大会迄今已举办了四届。在全球各闽商社团和商会的推动下,来自全世界五大洲50个国家和港澳台地区以及全国31个省区市的各地闽商积极参会,其中2004年5月举办的第一届大会就有1100多名海外代表参加,2013年6月举办的第四届大会则有1800多名海内外代表参会。

2002年以来,福建与香港分别举办"福建节""香港周"活动,均得到香港福建社团联会的大力支持,取得圆满成功。2003年12月由印度尼西亚政府举办"福建之夜"大型经贸活动,得到印度尼西亚华侨华人和闽籍社团的大力支持,梅加瓦蒂总统亲自出席了开幕式。近年来,和福建省结成友好城市的外国城市明显增加,闽籍社团和乡亲在其中也发挥了重要作用。由美国佳美集团董事长李华任主席的美国福建公所先后在美国组织举办了纪念辛亥革命100周年、庆祝第七届传统元宵节庆等活动,并积极组团回国参加闽商大会、海峡两岸经贸交流会等重大经贸投洽会。

在具体项目方面,2010年5月,由林树哲先生担任主席的香港福建社团联会代表团组织宁德籍海外闽商60多人赴宁德市考察投资。在福清,世界福清同乡联谊会两度在福清市举行活动,不仅引进了投资项目,还为家乡的闽江引水工程捐资2亿多元人民币。2002年世界兴安同乡恳亲大会在莆田举行,也为莆田引进了45个项目,总投资达1.98亿美元。早在2003年,福建省仅通过这些活动,就引进侨资项目203个,投资总额达18.75亿美元。

在发展传统社团的基础上,近年来闽籍专业社团逐步兴起,如美国福建总商会、美中经贸科技促进会、澳大利亚文化科技促进会等。这些专业社团多以闽籍新华侨为主,在与中国开展多学科、多领域的文化科技交流活动中,已开始发挥积极作用,并取得了显著成绩。

四 闽籍海外华商国内发展的特点

改革开放以来,闽籍海外华商在国内稳步发展,在发展阶段、发展模式和发展理念等方面呈现出了一些共同特点。以福建省为例,经过30年的发展,在闽华商投资企业呈现出投资领域多元化、投资来源多元化、留学人员投资效益明显和新华侨华人投资迅速增加等新特点。

(一)先入为主,阶段性特征明显

改革开放初期,在我国的总体发展水平还比较低、投资环境也并不理想的情况下,广大闽籍海外华商率先参与国内建设,在国内的发展中占了先机。郭鹤年、郭芳枫、林梧桐等诸多著名闽籍海外华商率先进入国内发展,郭鹤年率先于1984年与中国经贸部洽谈,通过旗下的香港嘉里集团同中国有关机构合作,先后在杭州投资兴建杭州饭店,在北京营建中国国际贸易中心和北京香格里拉酒店。

几乎在同一时期,祖籍福建省厦门市同安区的郭芳枫的丰隆集团也在国内投资,将核心制造业的海外投资重点放在厦门和常熟等地,主要投资电缆和电器制造等项目。林梧桐的云顶集团已经与北京机场合作,在全国各地设立传呼业务站,而且还在山东东营勘探油田,在汕头兴建棕油提炼厂。在这一阶段,"侨缘"对闽籍海外华商的国内发展起了决定性作用。

进入21世纪以来,国内投资环境出现深刻的变化,外资优惠政策取消,劳动力与环境治理等经营成本提高。许多闽籍华商由制造业转向包括服务业在内的产业化运作。在服务产业化运作领域,与一般外商相比,海外华商比较了解国际服务业的经营管理和理念,更熟悉或更容易把握中国服务业的实际状况,尤其是与文化相关的服务产业运营。因此,在经历了国内的制造业投资浪潮后,海外华商逐渐向物流、房地产、商业、研发、医疗、教育及文化等领域转移。另外,随着国家刺激内需政策的生效和城镇化步伐的加快,闽籍海外华商在基础设施、资源利用和环保等高科技产业都加快了投资的步伐,投资领域已经涵盖了普通老百姓的衣食住行。

清华大学华商研究中心的研究成果表明,近些年海外华商逐步从中、小型投资项目向大集团投资项目发展。例如,福建石狮灵秀籍华侨蔡国伟从2001年开始,在海外取得一定成就后,陆续在国内相继建起了上海中伦物资贸易发展有限公司、天球(福建)鞋服有限公司、天球(中国)有限公司,并建立天球纺织服装研发贸易物流中心,并由这些企业组成天球集团。如今,天球集团已经成为一家以进出口贸易为龙头,集房地产开发、物业管理、工艺品和木材销售等领域于一体的多元化大型跨国集团。

(二)多元化特征明显,经营业务转型升级趋势明显

1. 闽籍海外华商在国内早期发展多元化特征明显

在海外华商成长过程中,早期由于起点低,华商主要以短期盈利为主要目的,所以经营领域涉及餐饮、贸易等多个领域,多元化特征较为明显。华商企业规模逐步扩大后,仍然延续着多元化发展的思路。与其他海外华商类似,自从到国内发展以来,大多数闽籍华商在国内的投资大多呈多元化发展趋势。

如著名闽籍华商郭鹤年所属的嘉里集团就是多元化发展的典型案例。20世纪90年代以来,郭氏兄弟集团进一步扩大对中国的投资,在不动产、酒店开发、粮油业等行业投资,项目遍布北京、广东、上海、浙江等30多个省市,主要投资方向与集团主营业务发展基本一致。嘉里粮油的掌门人郭孔丞为郭鹤年之子,他有效整合了嘉里粮油和益海集团两个集团的资源,益海嘉里成为以物流船代、油脂化工、粮油加工、内外贸易以及种业研发为主的多元化企业。进入21世纪后,益海嘉里在中国的集团网络逐渐覆盖到中西部地区,先后在武汉、西安等主要中西部城市投资设立了100多家工厂、贸易公司,并成功地塑造出"金龙鱼""胡姬花"等国内著名粮油品牌,其中"金龙鱼"已经连续多年成为中国食用油第一品牌,并在2007年被认定为"中国驰名商标"。①

截至2013年11月,嘉里集团在国内设立的一级实体企业共有104家,在国内的一级实体企业向下投资的子公司共有61家。一级实体企业中,租赁和

---

① 黄兴华:《1997年东南亚金融危机以来新加坡华人企业集团变化发展分析》,《东南亚纵横》2011年第7期。

商业服务业6家,住宿和餐饮业21家,制造业18家,信息传输、软件和信息控制2家,水利、环境和公共设施管理1家,批发和零售业9家,农林牧渔业1家,交通运输、仓储和邮政业务3家,建筑业1家,房地产业42家(如图1所示)。

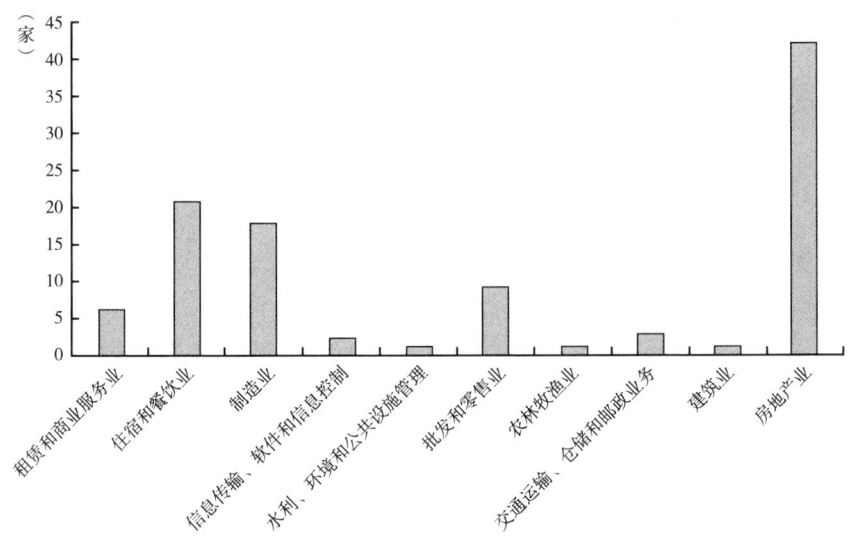

图1 嘉里集团一级企业行业分布

数据来源:国家工商总局。

在区域分布方面,它的投资区域也从最初接近港澳地区和东南亚的珠三角、长三角等东部地区向中西部地区延伸。自从1985年在国内注册开始,嘉里集团分阶段在国内各区域进行广泛投资,其一级实体广泛分布于国内各地区,其中环渤海37家、长三角32家、中西部17家、珠三角19家(如图2所示)。

2. 闽籍海外华商在国内未来的转型升级趋势明显

随着经济实力逐渐增强,为了实现可持续发展和提升产品的附加值,转型升级如今成为海外华商关注的焦点。与其他海外华商一样,闽籍海外华商正在逐渐提升自己产品的科技含量。例如,非洲华商在当地从事的行业已由早期的餐饮业逐渐扩大到工程承包、投资生产、贸易、通信、房地产、旅游等领域,意大利华人整体经济开始显现多元化发展的雏形,华人经济的范围已不局限于传统行业,涉足金融、保险、房地产、医药、机械制造等行业的从业人员日益增多。

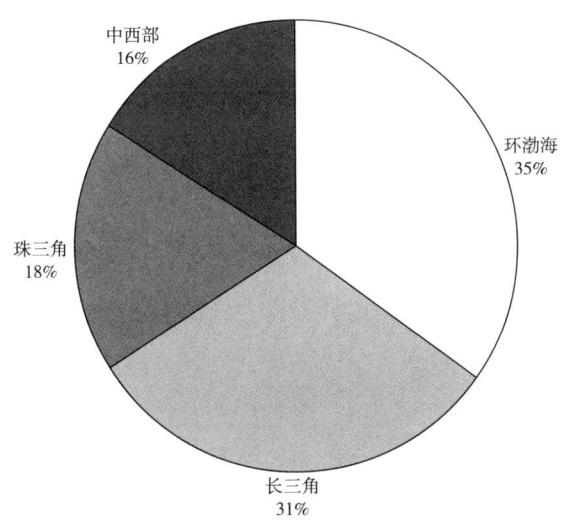

图 2　嘉里集团国内一级企业地区分布

数据来源：国家工商总局。

近年来，曾持续高速增长的中国经济开始走上了转型升级的发展道路，广大海外华商与中国经济联动，敏锐觉察到了中国大发展的时代脉搏，在中国经济快速增长的带动下取得了较好佳绩，经营范围发展到地产、通信、金融、科技等各个领域，开始了自己的"转型"和"转移"。龙登高指出，近12年来，海外华商的投资领域已经从最初的"三来一补"逐渐向服务行业和科技领域发展，越来越多的新华商把目光转向了国内的战略性新兴产业，并且已经开始利用中国活跃的资本市场，走上资本化运作的新途径。

（三）企业发展与履行社会责任相得益彰

自古闽商多尚善。在自身和企业发展的同时勇于承担社会责任是闽籍海外华商在国内发展的另一个特点。他们具有"义"与"利"兼顾的闽商集体意识，他们在低调、务实和不张扬中实践着人生价值和对社会责任的承担。闽商之所以热衷慈善，是因其有强烈的乡土情结。他们创业成功后回馈桑梓不仅是提升海外商帮凝聚力的重要途径，也成了他们实现对人生价值自我肯定的主要方式。

回望历史，海内外闽籍华商素有乐善好施的慈善心，19世纪的闽籍侨领从在当地兴办学校和医院入手惠及其他族人和整个社会。20世纪以后，闽籍华侨开了在家乡捐资兴办公益事业的先河，以陈嘉庚、胡文虎等为代表的近现代著名闽籍侨领，以及后来的安溪籍印度尼西亚著名侨领李尚大和李陆大兄弟、南安籍印度尼西亚爱国侨胞黄仲咸等众多闽籍海外华商，他们深深诠释着闽籍海外华商的仁爱精神与儒者风范。同时，他们给整个中国慈善事业赋予了新的含义，不断引领着中国慈善事业的新模式与新风向。

改革开放以来，国内外闽商仍然是履行社会责任的典范，延续了慈善为怀的闽商传统。以北京福建总商会为例，据不完全统计，仅2008年至2013年年底，总商会已引导会员在四川汶川、青海玉树、西南干旱区、闽西北等灾区，通过各级红十字会、基金会等慈善机构捐资捐物20多亿元。[1] 2008年4月29日下午在厦门大学发布的《2008胡润慈善榜》系列——"闽商慈善家"子榜表明，上榜的15位闽商平均捐赠1.1亿元人民币，使闽商成为当时中国平均捐赠额最高的商帮。2012年在1000人的富翁榜单中，闽籍华商占6%，但在慈善榜中的比例达到近20%。2013年胡润慈善榜上的100位慈善家中，闽籍华商人数排名全国第二，前10名中有3位来自福建，人数排名第一，闽商成为全国商帮中最为慷慨的群体。

福建作为祖籍地，闽籍海外华商更是在家乡积极履行社会责任。据统计，2004年6月至2007年5月，累计捐赠千万元人民币以上的闽籍海外华商共43人[2]，包括世纪金源集团董事局主席黄如论、马来西亚凯业集团董事长李深静、印度尼西亚雅加达福清公会理事会会长郑年锦、菲律宾华商联总会名誉理事长黄呈辉、美国福建猴屿华侨联谊会主席唐荣团等。他们在第四届世界闽商大会上荣获福建省政府颁发的"海外华侨捐赠公益事业突出贡献奖"。自2010年5月第三届世界闽商大会至2013年6月，无偿捐赠福建公益事业超1000万元的闽籍海外华商达到72位。2012年9月，闽籍海外华商许健康、陈泽峰等在福州捐资1.6亿多元人民币，建立福建侨心公益基金，支持福建经济、文

---

[1] 《"汇聚闽商正能量"慈善颁奖晚会在京举行》，http://gongyi.sina.com.cn/gyzx/2013-12-30/142947194.html。

[2] 《聚焦闽商：海外闽商回馈桑梓积极参与海西建设》，http://www.ce.cn/district/qujj/zsj/200705/17/t20070517_11386185.shtml。

化、科技、教育、卫生及华侨事业的发展。

闽商在闽引进先进科学技术和管理经验，创造大量就业机会，并积极履行社会责任，造福一方父老乡亲。为表彰这些"恋祖爱乡、回馈桑梓"的闽商们，第二届闽商大会特别设立了闽商参与海峡西岸建设突出贡献奖和华侨捐赠公益事业突出贡献奖两大奖项。

五 闽籍海外华商国内未来发展的挑战："二代"的热情与积极性有所减弱

过去30多年，由于恋乡爱家的情结和国内向好的发展环境与机遇等原因，老一代闽籍海外华商率先参与国内经济建设，在促进企业发展的同时始终积极履行社会责任，为我国的经济建设和社会发展作出了巨大贡献。但由于年龄的原因，目前大多数华商企业已经或即将由"二代"接班。如何促进包括闽籍在内的"二代"海外华商积极参与祖国的发展建设，是我国有关部门需要关注的问题。

（一）对祖国感情弱化是影响"二代"华商未来在国内发展的重大问题

"二代"海外华商大多在国外出生、长大，受过良好的教育，有的还在西方发达国家留学、深造，他们的视野更为开阔，观念也发生了巨大变化，与外部世界的交流、接触更加频繁和深刻，具有学历高、创新精神强的特征。他们未来若能够延续老一代华商对祖国投资的热情与理念，积极投身国内的发展，必然会在国内的发展中起到更大的作用。

大多数年事已高的海外华商领袖希望第二代借力中国"好时期"。中国侨商投资企业协会会长、泰国正大集团董事长谢国民表示，未来全球经济发展的重心仍在中国，并希望年长的华商们与第二代商议，如何借力现阶段"中国的好时期"来共创辉煌。老一代海外华商积极推进中华文化在"二代"中的传播。马来西亚国会议员罗国本表示，"我们对中国的概念，不可能从课本上来，只能从祖辈、父辈的言传身教中抓到一些细节"。他说，自己已经是华侨第三代，中国文化在自己家族里是以口耳相传。

但一个严峻的现实是，由于生长环境和教育的原因，与老华商相比，新生代企业家对家乡的感情有所弱化，第二代华商对中国和中华文化越来越陌生了，新生代企业家和他们的上一辈对中国的感情还是有所不同的。印度尼西亚中华总商会常务副主席张锦雄在第十二届世界华商大会"华商与中华文化论坛"上说，在印度尼西亚，40岁左右的华人基本没有接受过中文教育，青少年对中文更加陌生，中华文化传承困难，部分华商的子女也仅仅知道自己的根是中国。2012年，在北京举办了"华裔青年企业家中国经济高级研修班"。此次研修班的学员来自27个国家和地区，他们主要是海外知名工商社团侨领、侨商的子弟，中青年企业家和事业有成的新华侨华人，年龄普遍为25~45岁，参加培训班的彭燕如等11位出生在英美澳国家的学员，自小接受的就是西方教育，而在场的大部分香港孩子，几乎都到国外念中学，直至最后完成高校学习。

新一代海外华商很多在欧美留学，他们对中国的亲切感、对中国文化的了解都不如上一代，而且随着老一辈海外华商年龄增大，中华文化在海外的传承状况更加令人担忧，这也直接影响了海外华商对国内发展的投入及与国内企业家的合作。他们对中国投资的理念和热情是否会发生变化，会发生多大程度的变化，这是未来影响包括闽籍海外华商在内的海外华商在国内发展的一个重大问题，同时也是一个迫切需要研究和解决的问题。

（二）为强化"二代"闽籍海外华商对祖国归属感而采取的应对措施

"二代"海外华商对祖国感情弱化的问题已经引起了我国各级侨办和相关高校等单位的高度重视，有关各方已经通过积极开展海外华文教育、组织华裔青少年回国参观学习等应对措施，来加强"二代"海外华商与祖国的沟通联系。

1. 积极推进海外华文教育

海外华文教育是各国华侨华人的"留根工程"，华文教育不仅仅是向华侨及其子女传授中华文化知识，教会他们谋生的技能，更在于弘扬和传播中华文化。作为薪传民族文化和促进中外文化交流的伟大事业，华文教育长期以来一直受到中国政府和相关部门的高度关注。2001年国务院侨办专门下发了关于大力加强海外华文教育和华裔青少年工作的通知，2004年9月在胡锦涛同志的亲自倡导下成立了中国华文教育基金会。中国华文教育网上线以来，得到了海外华人的高度关注。

为了增强闽籍海外"二代"华侨华人对祖国的归属感，福建省做了富有成效的工作，以东南亚国家为重点，以拓展欧、美、加为目标，不断加强与当地华人社团组织及华文学校的密切联系。福建以华大（集美）华文学院和泉州华侨大学等为培训基地，先后组织培训来自日本、韩国、加拿大、美国、荷兰和东南亚国家及港澳等20多个国家和地区的华裔青少年，并分别于2009年、2012年和2014年命名了三批52所院校为海外华文教育基地，覆盖小学到大学各个教育阶段，取得了良好效果。例如，位于福建省泉州市和厦门市的华侨大学作为国务院侨办直属高校，大力发展服务于海外华侨华人的华文教育。早在2005年，华侨大学就在美国注册成立了华侨大学美国中文学院（HQUA），与美国库克大学、肯尼迪大学合作办学，积极推广华文教育和弘扬中国文化。近年来先后向菲律宾、意大利、泰国等十多个国家外派教师和志愿者。2012年9月25日华侨大学还专门成立了海外华文教育与中华文化传播协同创新中心，并于2013年6月28日与凤凰卫视签署了《海外华文教育与中华文化传播协同创新中心合作协议》，共推海外华文教育发展。

经过20多年的努力，福建省对外华文教育工作日趋完善，海外华文教育工作已形成基本格局。参与华文教育的人数越来越多，并逐步从东南亚向欧洲、美洲延伸，为推动"二代"闽籍海外华商在国内的发展奠定了良好的基础。

2. 大力开展教育培训和组织夏令营等活动

除了积极开展华文教育外，我国还专门针对海外华裔青少年组织了丰富多彩的教育培训和不同类型的活动。自1999年起，国务院侨办就积极组织开展"中国寻根之旅"夏令营活动。著名闽籍海外华商陈永栽先生连续8年组织的"菲律宾华裔学生学中文夏令营"活动，对于增进海外华裔青少年对家乡的感情起到了重要作用。2004年创办的海外华裔青年企业家中国经济高级研修班

至今已经成功举办了23期,邀请了近千名优秀的海外华裔青年企业家回国参加培训。2014年9月23日在浙江大学举办了浙商专题班。2014年8月,国务院侨务办公室、北京市人民政府、中华全国青年联合会共同主办2014年"水立方杯"海外华裔青少年中文歌曲大赛。截至2014年9月,"金水桥之恋"华裔青少年书画大赛已经连续举办了5届,对增强海外"二代"华商的家乡情结取得了良好的效果。

作为闽籍海外华商的祖籍地,福建还努力吸引众多海外华裔青少年回乡寻根,学习中华传统文化。福建海外华裔青少年夏(冬)令营,已成为旅居世界各地的华裔青少年喜爱的品牌。福建不仅以"请进来"的方式在海外华裔青少年祖籍地举办夏(冬)令营,还以"走出去"的方式到海外举办夏(冬)令营,让更多华裔青少年接触了解中华文化,进而热爱中华文化,传承中华文化。2010年,福建共举办海外华裔青少年夏(冬)令营50个,营员6741人,比上年增加1倍多。其中,通过"请进来"方式办营42个,营员3049人;"走出去"方式办营8个,营员3692人,营员来自五大洲23个国家和地区。[①] 2014年上半年,共举办海外华裔青少年(含归侨侨眷子女)夏(冬)令营36期(其中包含港澳地区3期),共3986人次(其中包含港澳地区99人次)。[②] 2013年8月1日,由福建省侨办和福建省海外交流协会举办的"中国寻根之旅"夏令营福建营暨第六届福建海外华裔及港澳台地区青少年联欢节在福州举行,来自美国、加拿大、南非等15个国家及港澳台地区的300多名青少年欢聚一堂,共同感受中华文化的魅力。华侨大学则将华文夏(冬)令营开办到海外,先后与泰国普吉市政府、泰国华侨语言培训中心和菲律宾华教中心合作,以"寓教于乐"的方式为东南亚华裔青少年提供学习中华语言文化、了解祖籍国的机会。

福建海外华裔及港澳台地区青少年联欢节自2003年起每两年举办一届,迄今已办5届。联欢节形式活泼、内容丰富,通过让海外华社或华教机构组

---

① 《海外华裔青少年"寻根之旅"冬令营在福建举办》,http://www.chinanews.com/hwjy/2011/02-18/2854426.shtml。
② 《2014年上半年举办海外华裔青少年(含归侨侨眷子女)夏(冬)令营期数和人数统计》,http://www.fjqw.gov.cn/xxgk/tjxx/ndxx/201409/t20140911_89667.htm。

团，邀请世界各地闽籍华裔及港澳台地区青少年，到祖籍地寻根谒祖、交流联谊，深受青少年朋友们的喜爱。澳门福建学校校长苏薇颁表示，希望让学生们通过学习中华文化，探寻风土人情，拜访血脉相连的亲人，体验祖辈难舍的乡情，从而建立对祖籍地的情感纽带，增进认同感与归属感，把中华血脉之根留住。

国侨办副主任任启亮指出，无论是来华参与企业经营，还是学习中文、留学、观光，海外华裔青年企业家了解中国的途径已经很多。随着经济全球化的推动，国务院侨办还将以联谊、合作和交流为纽带，为海外华裔青年企业家及相关社团搭建各类服务平台。因此，未来我国还会为增强包括"二代"闽籍华商在内的海外华裔青年企业家的祖国归属感采取更有效的措施，助推闽籍海外华商在国内的可持续发展。

参考文献

庄国土：《东亚华商网络的发展趋势——以海外华资在中国大陆的投资为例》，《当代亚太》2006年第1期。
刘文正：《CAFTA框架下中国与东盟相互投资的特征分析》，《东南亚纵横》2009年第10期。
黄兴华：《1997年东南亚金融危机以来新加坡华人企业集团变化发展分析》，《东南亚纵横》2011年第7期。
陈彤：《闽籍华商以及福建—东盟的农业经贸交流》，《亚太经济》2007年第1期。
李鸿阶、林心淦：《海外闽商资本研究及其政策建议》，《亚太经济》2005年第3期。
吴绵国：《帮助海外闽籍华商在金融危机中求生存》，《海峡通讯》2009年第8期。
张学惠：《海外华商作用在CAFTA建设中形成机理研究》，《亚太经济》2005年第5期。
陆芸：《"海上丝绸之路"与福建建设海洋经济大省的研究》，《福建论坛》（经济社会版）1997年第12期。

B.9 海外华商投资珠三角经济区的现状、问题及对策分析

林春培　郑文智　李义斌*

摘　要： 海外华商投资在珠三角经济区的快速发展和转型升级过程中依然发挥着不可忽视的作用，特别是通过先导和示范作用吸引着更多的资本、人才和技术等资源聚集珠三角。尽管珠三角经济区依然是海外华商投资的集中地，但是其在吸引海外华商投资方面仍存在成本不断上升、软环境不够完善、招商宣传和转型支持力度不够以及海外华商网络服务功能单一等问题。政府相关部门可通过强化招商统筹规划、完善涉侨相关政策、创新知识保护方式以及构建资源整合平台来应对上述困境，持续推进海外华商投资珠三角经济区。

关键词： 海外华商投资　珠三角经济区　经济转型升级　海外华商网络

引　言

改革开放以来，珠三角经济区凭借"先行一步"的政策优势，引进海外

---

* 林春培，博士，华侨大学工商管理学院讲师，闽籍华商发展协同创新中心执行主任，主要研究方向：知识与创新管理、华商管理；郑文智，博士，华侨大学工商管理学院院长助理，副教授，主要研究方向：华商管理、员工民主化管理；李义斌，华侨大学工商管理学院讲师，东方企业管理中心执行主任，主要研究方向：华商代际传承、供应链管理。本文由华侨大学华商研究院资助（HSYJ2014-16）。

华商及外商投资,依托"三来一补"、加工贸易,迅速推动广东外向型经济的快速发展,并成为我国经济发展的排头兵。而在这个过程中,海外华商发挥了不可替代的作用,成为珠三角乃至整个广东经济实现繁荣发展的重要力量。如今,珠三角乃至整个广东的经济发展已经进入了结构调整和转型升级时期。海外华商投资的现状如何?是否仍然发挥着不可忽视的作用?未来的发展方向如何?本文以转型升级的排头兵——珠三角经济区为载体,分析海外华商在珠三角投资的整体布局、区域特征和作用贡献以及所面临的主要问题,并从政府职能角度提出相关对策建议。

一 海外华商投资珠三角经济区的现状分析

1. 海外华商投资珠三角经济区的整体布局与区域特征

广东是我国改革开放的前沿阵地,也是全国的侨务大省,华侨众多是广东重要的省情和独特优势。广东有3000万海外华侨华人分布在160多个国家和地区,海外侨胞总量占全国的60%。①② 由于毗邻香港、澳门的特殊区位优势和侨乡的优势,广东成为最早吸引海外华商(包括海外侨胞和港澳台同胞商人)的地区,也是海外华商企业(主要是侨资企业)集中的地区。按照来源地,海外华商企业主要聚集在香港、澳门、台湾和东盟相关国家和地区。③ 据统计,截至2006年年底,广东侨资企业总数约5.6万家,占全省外资企业总数约七成,累计实际吸收外商直接投资1770多亿美元,港澳同胞和海外侨胞投资资金达1200亿美元,占外商直接投资接近七成。④ 截至2011年年底,广东侨资企业总数达5.55万家,占全省外资企业总数的六成多,累计实际利用外商直接投资2700多亿美元,其中近七成是

---

① 郭军:《广东侨办主任:新一轮发展中侨务工作大有作为》,中国新闻网,2010年7月24日,http://www.chinanews.com/zgqj/2010/07-24/2423078.shtml。
② 雷辉:《广东省侨资企业有5.55万家占全国的60%》,《南方日报》2012年3月22日,http://www.ce.cn/macro/more/201203/22/t20120322_23179320.shtml。
③ 薛承:《改革开放以来海外华商在中国大陆的投资及其作用》,《党史研究与教学》2006年第6期。
④ 郭军、沈卫红、段燕:《侨资企业占广东外资大半壁江山》,中国新闻网,2007年7月21日,http://www.chinanews.com/hr/zgqj/news/2007/07-21/984442.shtml。

侨港澳资金。① 可以大致看出，五年来，广东海外华商直接投资企业数量基本保持不变，直接投资资金总额稳中有升。

珠三角经济区是由广州、深圳、珠海、佛山、惠州、肇庆、江门、中山和东莞9个地级市组成的经济圈。在改革开放初期，许多华侨投资珠江三角洲地区，推动当地的工业化和城镇化进程，"华侨投资一个厂，救活一条村"在当时广为流传。随着广东改革开放的深入以及区域经济的平衡发展，海外华商在东西两翼、山区五市的直接投资日益增多，但总体而言，目前珠江三角洲仍是海外华商企业的集中地。据统计，2006年，珠三角地区9市的侨资企业占全省侨资企业的88%，主要集中在轻工、日用化工、纺织服装、食品饮料、电子信息、建筑材料等领域。② 另外，从2011年广东各经济区港澳台投资工业企业相关指标所占比重也可看出（见图1），珠三角经济区港澳台投资的工业企业的数量和资产总额、工业总产值和增加值都遥遥领先于其他区域。在政府政策的引导和推动下，海外华商对珠三角经济区的投资将更多投向现代服务业、先进制造业和战略性新兴产业等和科技研发环节，参与广东省经济技术开发区、高新区、产业转移工业园，尤其是广州南沙、深圳前海、珠海横琴和中新（广州）知识城等的建设，以优化投资结构，促进珠三角地区劳动密集型侨资企业有序梯度转移，加快转型升级。

由于广东实际利用外资中有近七成来源于港澳台，因而通过港澳台投资工业企业在珠江三角洲9市的发展状况还可进一步了解海外华商对珠三角经济区投资的区域特征。从表1可以看出，目前港澳台投资仍主要集中在深圳、东莞、广州三个城市，三市港澳台投资工业企业资产、规模以上工业企业的工业总产值和工业增加值以及工业企业数量占整个珠三角经济区的一半以上。而广东侨务办公室对侨资企业数量的统计也发现，深圳、东莞、广州三市侨资企业数量居前三位。③ 因此可以断定，深圳、东莞、广州仍是珠三角经济区中海外华

---

① 方琼玫、廖丽丽、郭军：《广东以侨引资引智成效明显侨资企业逾5万家》，中国新闻网，2012年3月21日，http://www.chinanews.com/zgqj/2012/03-21/3762648.shtml。
② 郭军、沈卫红、段燕：《侨资企业占广东外资大半壁江山》，中国新闻网，2007年7月21日，http://www.chinanews.com/hr/zgqj/news/2007/07-21/984442.shtml。
③ 郭军、沈卫红、段燕：《侨资企业占广东外资大半壁江山》，中国新闻网，2007年7月21日，http://www.chinanews.com/hr/zgqj/news/2007/07-21/984442.shtml。

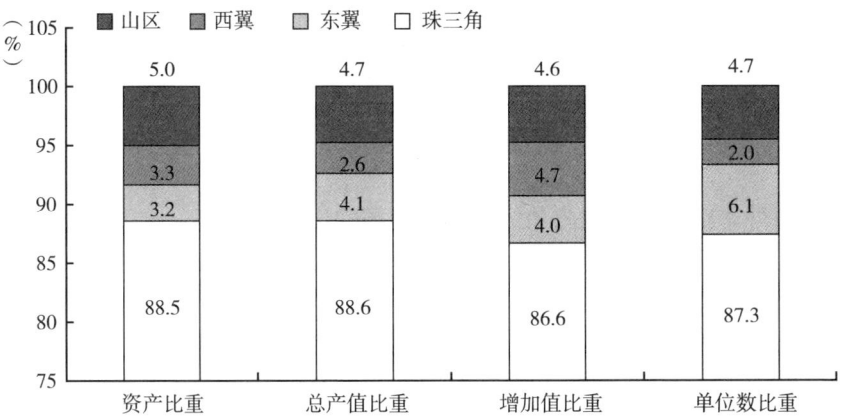

图1 2011年广东各经济区港澳台投资工业企业相关指标占广东港澳台投资企业总额的比重

数据来源：《广东统计年鉴（2012）》，按照规模以上工业企业进行统计。

表1 2011年珠三角经济区各市港澳台投资的工业企业的相关指标

珠江三角经济区各市	工业企业资产（亿元）	工业企业资产占经济区的比重(%)	规模以上工业企业的工业总产值（亿元）	规模以上工业企业总产值占经济区比重（%）	规模以上工业企业的工业增加值（亿元）	规模以上工业企业的工业增加值占经济区比重（%）	规模以上工业企业的数量（个）	规模以上工业企业数量占经济区的比重（%）
广州	2275.69	15.5	3064.36	15.1	740.9	15.5	1042	12.3
深圳	4220.35	28.8	5091.99	25.2	1329.27	27.9	1959	23.2
珠海	640.83	4.4	708.72	3.5	176.24	3.7	334	4.0
佛山	1433.77	9.8	2736.07	13.5	619.17	13.0	972	11.5
惠州	1126.45	7.7	1375.14	6.8	298.25	6.3	637	7.5
东莞	2814.12	19.2	3450.7	17.1	729	15.3	1823	21.6
中山	880.16	6.0	1616.14	8.0	368.7	7.7	700	8.3
江门	884.62	6.0	1604.49	7.9	368.58	7.7	783	9.3
肇庆	401.9	2.7	587.65	2.9	137.41	2.9	200	2.4

数据来源：《广东统计年鉴（2012）》。

商投资的集中地。另外，佛山港澳台投资的规模以上工业企业的工业总产值和工业增加值以及工业企业数量占整个珠三角经济区的10%以上，港澳台投资工业企业资产占整个珠三角经济区的比重也接近10%，佛山逐渐成为海外华商投资青睐的新兴城市。据统计，佛山现有侨资企业3000多家，投资总额达126.78亿美元，占佛山市外资的70%，包括设计、纺织、皮革、玻璃、电子等行业。①

2. 海外华商投资对珠三角经济社会发展的作用与贡献

改革开放以来，珠三角经济区利用海外华商投资取得了显著成效，快速推动了珠三角乃至整个广东的经济发展。在珠三角经济区9市中，各市的港澳台投资工业的资产总额、规模以上企业工业总产值和增加值以及规模以上企业数量也都占据了相当的比例（见表2）。因而包括港澳台华商在内的海外华商投资对珠三角经济区乃至广东经济社会发展的贡献是毋庸置疑的，具体包括以下六个方面。

表2 2011年珠三角经济区各市港澳台投资工业相关指标占各市总额的比重

珠江三角经济区各市	工业企业资产（亿元）	外资投资工业企业资产占各市工业企业总资产的比重（%）	规模以上工业企业的工业总产值（亿元）	规模以上工业企业的工业总产值占各市外资投资工业企业工业总产值的比重	规模以上工业企业的工业增加值（亿元）	规模以上工业企业的工业增加值占各市外资投资工业企业工业增加值的比重(%)	规模以上工业企业的数量（个）	规模以上工业企业数量占各市外资投资工业企业数量的比重(%)
广州	2275.69	36.3	3064.36	29.8	740.90	27.8	1042	58.8
深圳	4220.35	49.0	5091.99	41.7	1329.27	56.1	1959	71.3
珠海	640.83	38.6	708.72	32.7	176.24	42.4	334	60.4
佛山	1433.77	51.6	2736.07	55.9	619.17	60.6	972	64.3
惠州	1126.45	50.5	1375.14	44.0	298.25	46.7	637	72.3
东莞	2814.12	59.1	3450.7	56.0	729.00	60.3	1823	62.9
中山	880.16	48.3	1616.14	51.4	368.70	54.7	700	64.9
江门	884.62	65.9	1604.49	71.0	368.58	70.7	783	74.1
肇庆	401.90	59.7	587.65	60.8	137.41	61.8	200	68.0

数据来源：《广东统计年鉴（2012）》。

---

① Mendy：《港澳侨资企业成为广东佛山经济发展重要力量》，广东新闻网，2012年2月8日，http://www.gd.chinanews.com/2012/2012-02-08/2/177788.shtml。

(1) 改革开放之初,海外华商投资弥补了珠三角经济区的资金投入不足。资本是拉动经济增长的重要因素之一。利用海外直接投资不仅可以增加资本存量,还有可能带来先进的技术、设备和人才。改革开放初期,内地经济发展水平相对低下,需要大量的资金来推动基础设施建设和工业经济发展,而仅仅依靠内地的资本是远远不够的。但是,我国当时的对外开放程度低,投资环境与条件也不完善,更缺乏引资经验,很多海外资本都不敢贸然进入内地。就在这种环境下,许多侨商依然选择回乡投资,为当地经济发展作出贡献。据国家工商总局1987年统计,华侨华人、港澳同胞投资企业占当时外商投资企业总数的80%,投资额占外商投资总数的70%。① 珠三角经济区亦是如此。这些侨资及其企业不仅为珠三角经济区带来了大量的资金,而且带来了先进的技术、设备和人才,弥补了珠三角经济区在这方面的不足与需求,推进了包括大型港口、码头、高速公路等项目在内的基础设施建设,增强了珠三角经济区乃至整个广东的发展活力和发展潜力。

(2) 海外华商投资拉动了珠三角经济区进出口贸易的增长,推动广东外向型经济的发展。在改革开放初期,珠三角具有天然的区位优势,又享有经济特区的政策优势,更是许多海外华商的故乡。海外华商对珠三角经济区的发展实际和社会习俗比较熟悉,使得它具备了吸引海外华商资本的先天优势。② 正是借助这种优势,自从20世纪80年代以来,珠三角经济区引进了大量的外资、外企,并与港澳地区在资源、资金、技术、市场、劳动力等方面实现优势互补,发展外向型经济,珠三角已经成为我国重要的轻工业和外贸出口基地。截至2011年年底,珠三角经济区进口和出口额分别为3678亿美元和5064.89亿美元,分别占广东进口和出口额的96.4%和95.2%,而且这些进口和出口贸易分别有59.3%和61.6%由外商投资企业完成。在这些外商投资企业中,包括港澳台华商在内的海外华商投资企业占了绝大部分。

(3) 海外华商投资带来了国外先进的技术和管理知识,提高了本土企业的自主创新能力,增强了广东产品在国际市场的竞争力,推动了珠三角经济区本土企业的转型发展以及产业结构的优化升级。改革开放初期,海外华商对于

---

① 郭军、沈卫红、段燕:《侨资企业占广东外资大半壁江山》,中国新闻网,2007年7月21日,http://www.chinanews.com/hr/zgqj/news/2007/07-21/984442.shtml。
② 吕立才、牛卫平:《广东利用外资30年:现状与前景》,《广东行政学报》2010年第5期。

珠三角经济区的投资,往往伴随着先进的技术和最佳生产实践的引入,快速提升了珠三角经济区企业的经营管理水平和技术发展水平。随着海外华商投资从"三来一补"的劳动力密集型加工业向"高、精、尖"的资本密集型和技术密集型行业转变,更多的高端技术和资本集聚到珠三角经济区,加快推进区域内相关产业的转型升级。2011年,广东外商投资企业出口高新技术产品占全省高新技术产品出口的74.6%,外商投资企业进口高新技术产品占全省高新技术产品进口总额的67.6%。这在一定程度上可以说明,以海外华商为主的外商投资已经成为广东技术进步的重要推动力量,这对于目前正在进行转型升级的珠三角经济区来说,显得尤为重要。

(4)海外华商投资创造了大量就业和培训机会,增加了居民收入,提高了生活水平,进而带动了珠三角经济区乃至整个广东的城镇化进程。第一,海外华商在珠三角地区投资建厂需要大量劳动力,这吸引当地许多农业人口脱离农业进入工厂就业,并推动了所在区域的城镇化和工业化进程。改革开放以后,广东省许多侨乡和华商投资比较集中的县逐渐撤县建市,从侧面说明了海外华商投资对于珠三角城镇化的推动作用。第二,多数海外华资企业都采用国际化的管理模式,重视员工内在潜力的挖掘,使得被吸纳入企业的当地居民有机会得到培训和锻炼。这不仅提高了他们的技能才干,而且改变了他们的思想观念,提升了他们的内在素质和修养。这为珠三角经济区的产业发展提供了更多的专业人才,并提高了该区域产业劳动力的非农业比例,从而推进了广东的城镇化进程。第三,随着海外华商投资对广东外向型经济发展的促进作用不断强化,广东工业体系将日益完整且成熟,这将产生巨大的吸引力,吸引更多的农村人口向工业高速发展的城镇聚集,进而推动珠三角经济区乃至广东省城镇化规模的扩大和城镇化水平的提升。

(5)海外华商投资的成功实践发挥了先导和示范作用,带动更多海外人才和商家到珠三角经济区投资和创业。海外华商在我国改革开放中发挥了"穿针引线"的重要作用。[①] 一方面他们在海外居住的时间较长,具有广泛的

---

① 郭军:《广东侨办主任:新一轮发展中侨务工作大有作为》,中国新闻网,2010年7月24日,http://www.chinanews.com/zgqj/2010/07-24/2423078.shtml。

联系网络,对于国际化的产业技术进步和经验管理模式较为了解,能够为国内企业提供有效的价值信息;另一方面,他们与中国侨务部门及相关经济部门有着天然的联系,能够及时了解和全面把握我国政治经济的动态变化,并将蕴含其中的投资机会识别出来,并进行国际化传播。因此,海外华商在珠三角经济区投资的成功与否,会在国内外产生联动效应,直接影响海外资金和人才的后续进入。随着海外华商对珠三角经济区投资规模的不断扩大,会产生一系列积极效应,增强海外资本对珠三角经济区的投资信心。而已经成功投资的海外华商将作为中介载体向世界各国传播中国社会经济发展的最新情况和投资机会,推动珠三角经济区的国际化、全球化,又进一步吸收更多海外人才和商家了解和投资珠三角经济区。

二 海外华商投资珠三角经济区的问题分析

海外华商投资极大地推动了珠三角经济区的稳定发展和转型升级,但是同时也面临着一系列问题和困难,特别是随着广东利用外资进入调整阶段,即利用外资由数量扩张型向质量效益型转变、由经济发达地区向落后地区转移、由低附加值产业向高附加值产业转型,这些问题和困难尤为突出。

1. 投资成本不断上升

第一,政策调整所带来的投资成本增加。政策优惠与支持是海外华商积极投资珠三角经济区的重要因素。改革开放以来,我国制定并颁布了《国务院关于鼓励外商投资的规定》(1986年)、《国务院关于鼓励台湾同胞投资的规定》(1988年)以及《国务院关于鼓励华侨和港澳台同胞投资的规定》(1990年)等多项法规政策,为海外华商资本进入国内市场提供了重要的政策保障。然而,随着我国经济发展和产业转型升级的需要,我国调整涉及外商及华商投资的一些政策,有些政策短期内可能会给外商投资产业带来一定不利影响。例如,2008年实施的新企业所得税法,取消了外商投资企业的超国民税收待遇,这在某种程度上将减少外商投资企业的投资收益。珠三角作为我国改革开放的前沿阵地,税收优惠政策涉及面广、力度大,其影响可能会更加明显。第二,生产要素价格提高所带来的投资成本增加。随着珠三角经济区的快速发展,其对劳动力、土地、电力等生产要素的需求更加旺盛,从而抬高了这些要素的价格,提高了外商的投资成本。近年来,我国人民币持续升值,使这种情况变得更为突出。第三,战略调整导致投资成本的相对增加。随着广东"双转移"和"腾笼换鸟"战略的实施,粤东西北地区对于外商的投资吸引力也在不断增加,这在一定程度上增加了海外华商投资珠三角的成本。总体而言,这些投资成本的上升,将进一步降低海外华商投资珠三角的意愿,除非珠三角经济区能够形成一种新的比较优势。

2. 重引进轻服务、轻管理,投资软环境有待进一步完善

投资环境,是指整个投资活动所要面临的各种周围境况和条件的总和,具体包括影响海外华商投资珠三角经济区的自然要素、社会要素、经济要素、政治要素和法律要素等。投资环境的好坏,直接影响到投资项目的成功率,因而投资者必须详细考察投资环境,以将资金投向最为有利的环境当中。表3列出了2005~2012年海外华商对珠三角经济区(部分地区)投资环境实地考察的记录。从中可以看出,海外华商对于珠三角各市的整体投资环境总体评价较高,如地理位置、经济发展、工业载体和公共设施建设、政府服务等,均受到他们的赞誉。这与深圳市侨办课题组对于深圳侨资企业投资环境的调查相一致,他们也发现,侨资企业对深圳在产业配套、政府服务、公共设施等环境建设方面所做的努力表示赞赏。[1] 然而,一些地区和部门在指标化招商引资任务的引导下,只重视引进前的工作和引进的企业数量、投资总额,忽视了引进后的服务和管理,影响了海外华商投资的积极性和持续性。正如沈卫红和范培所描述的那样,一些地方领导对华商作用存在短视行为,重捐赠轻投资,只看到海外华商的"口袋",看不到海外华商的发展需求,"单赢"意识浓,使海外华商对家乡的投资望而却步,严重影响华商对家乡的投资信心。[2] 另外,深圳市侨办课题组对侨资企业转型升级投资环境的调查显示,工商登记中对侨资企业的定位不明和分类缺失、主管部门对于新政策的宣传与解读不够、融资渠道困难、国内市场不规范(税收环境不公平和专利保护力度不够)仍是侨资企

---

[1] 深圳市侨办课题组:《深圳侨资企业转型升级情况调研》,《特区实践与理论》2012年第3期。
[2] 沈卫红、范培:《广东吸引侨资存在的问题及对策建议》,《侨务工作研究》2005年第2期。

业转型升级面临的主要困难,而这些都与项目引进后的服务不周与管理不善有关。

表3 海外华商对珠三角经济区(部分地区)投资环境的考察与评价

时间	海外华商及相关组织	考察地区	投资环境评价
2005年4月	越南旅美客人阮绍基先生伉俪一行	江门开平	投资环境优越(地理位置优越,水陆交通方便,城市环境优美,市政建设和环境保护工作良好)
2005年5月	香港黄大仙、葵青、九龙城三个工商业联会	江门开平	投资环境好(公路建设变好,交通十分便利,地理环境好,电力又比较稳定,政府重视,领导班子工作态度积极,有意前来投资办厂)
2005年10月	法国华侨华人会	江门开平	投资环境良好,乐于加强沟通与合作
2005年6月	美国大洛杉矶促进中国统一联合会	惠州	投资环境好(毗邻深圳,海岸线较长,旅游资源丰富,商贸空间广阔)
2006年3月	江门篁庄旅港同乡会	江门	投资环境良好,回乡投资信心大大增强
2006年5月	香港皮鞋业鞋材业商会	江门	投资环境良好,会长积极动员其他会员投资
2006年10月	香港中华厂商联合会	江门	投资环境良好(政府在服务外商、支持和鼓励外商投资方面做了大量工作,如土地、道路、水、电等的支持,劳动力优势,旅游资源丰富)
2006年12月	香港新界工商业总会北区分会	江门鹤山	对投资环境给予高度评价(经济发展快、高规格大规模的工业载体建设、发达的交通网络)
2007年4月	澳洲鹤山同乡会理事易咏逢先生一行	江门鹤山	计划回乡投资生产婴儿用品,他们对回鹤山投资前景十分看好
2007年8月	香港港九无线电联会一行30多人	江门开平	区域优势和条件优势优越,对于香港工商界来说也是一个良好的发展机遇
2007年11月	香港葵青工商业联会	江门	投资环境良好
2008年8月	世界杰出人才学会主席、美国纽约中国药材公司总裁黄志伟等世界孙中山基金会代表团	深圳	对深圳深联医院建设、发展过程中的成功经验表示肯定,并将为世界孙中山基金会投建大型医院提供有益参考,望能合作,在深圳投资建设一座现代代的国际大型医院
2008年10月	香港东方之珠有限公司董事长甘卓英一行4人	肇庆封开与怀集	对投资环境建设投入表示赞赏,对未来投资封开县和怀集县充满信心
2008年11月	香港鞋业总会	江门开平	投资环境好,鞋业产品种类繁多,且产品质量和价值提升速度快
2009年2月	澳门开平同乡联谊会一行80多人	江门开平	投资环境良好,将推动澳开两地间在经济、文化、科技等领域的交流与合作

续表

时间	海外华商及相关组织	考察地区	投资环境评价
2009年8月	新加坡中华总商会商业代表团一行60多人	江门开平	对开平市的投资环境给予高度评价,并对发展双方合作关系表现出浓厚兴趣
2010年9月	美洲至孝笃亲总公所	江门	投资环境良好
2011年3月	深圳市归侨侨眷企业家联合会	深圳	对投资嘉兴经济技术开发区、国际商务区产生浓厚兴趣,并就有关交流与合作达成了初步意向
2012年3月	澳门街坊会联合总会	肇庆	投资环境良好
2012年7月	大连佐源集团董事长汪义钧一行	江门	汪义钧表示,第一次到江门,充分感受到侨乡人民的热情,诚心希望1000吨精制糖加工基地及新糖原研发中心能在江门落户

资料来源:根据广东侨联和广东侨网公布的信息整理而成(截至2012年7月)。

3. 对海外侨胞的招商宣传与引资力度不够

为了吸引更多海外华商到珠三角经济区投资,广东各级政府创新招商引资方式,大力开展形式多样的招商活动。然而,这些招商引资活动仍具有很大的局限性,在港澳之外的地区缺乏海外招商宣传网络,也没有与这些地区的权威性招商引资机构建立合作关系。这些地区的项目没有设专门的机构、人员跟踪服务,对港澳之外地区的外商投资需求反应不够迅速灵敏,招商的质量和效率受到一定的影响。如上所述,目前港澳台投资占了广东吸收外商直接投资的七成,这从侧面说明广东来自其他区域的海外侨胞投资还有很大的挖掘空间。这与沈卫红和范培的观点一致[①],港澳台之外的海外侨胞投资仍是珠三角招商引资的"短腿"。造成这种招商引资地区不平衡的原因主要是我们长期缺乏对海外华商经济实力的全面了解,向海外推介、宣传广东力度不够,以致在海外造成了"广东是港澳商人的天下"的误解,这在一定程度上削弱了珠三角经济区海外侨胞招商的地缘和人缘优势。而且,海外宣传与推介的力度不够,也容易加重一些错误说法对拓展海外招商范围的负面影响。长期以来,在坊间流行着这样的一种说法,即"同胞是来投资的,侨胞是来捐赠的",这种错误认知

---

① 沈卫红、范培:《广东吸引侨资存在的问题及对策建议》,《侨务工作研究》2005年第2期。

歪曲了我国各级政府对于"港澳同胞"和"海外侨胞"的态度，容易引起海外侨胞的误解，而这种误解可能引起港澳地区之外的海外华商对投资珠三角经济区的犹豫不决和担心，从而对珠三角经济区海外侨胞招商造成巨大伤害。

4. 大多数海外华商投资企业转型能力有限，转型任务艰巨

目前珠三角经济区海外华商投资企业大多数集中在工业，主要从事技术含量较低、竞争优势不明显的传统行业，如轻工、日用化工、纺织服装、食品饮料、电子信息、建筑材料等，而在现代服务业和新兴产业所占的比例非常低。要推动这些企业进入现代服务业、先进制造业和战略性新兴产业等领域，实现投资结构的优化，完全依赖它们自身进行调整升级有相当大的困难。以深圳推动境内来料加工型企业转型升级为例，2008年，深圳要求不具备法人资格的来料加工厂到2012年基本完成转型，并出台了一系列相关政策措施。但截至2010年年底，在深圳政府的推动下，仅有数百家成功转型为法人企业，仍有近3800家来料加工型企业需要升级转型，主要分布在机电、电子、五金、塑胶、服装、鞋业等传统产业。① 主要原因有三：第一，大多数海外华商投资企业处于国际产业分工链条的末端，以贴牌生产为主，自主创新能力不强，利润率低，普遍缺乏核心竞争力；而部分处于高速发展阶段的侨资企业虽面临良好产业机会和市场机会，却又因土地资源缺乏和人才引进困难等问题无法施展"功夫"。第二，对于大多数海外华商投资企业而言，转型升级所带来的收益和好处无法立即实现，且存在不确定性，而转型升级所产生的成本费用却在短期内快速增加，这种变化使得它们无所适从。第三，代际传承问题加剧海外华商投资企业转型升级的难度。据深圳市侨办课题组调查，"侨二代"普遍感觉难以融入内地生活，对管理家族在内地的企业信心不足。

5. 海外华商网络平台在招商引资中的功能单一，缺乏整合

海外华商网络平台是一种在非政治化的、形态不同的联系中，以海外华商群体为主体，以家族、族群、地区、行业、社团为社会基础，以"五缘关系"为联结纽带，以共同利益尤其是共同经济利益为核心，以非正式的社会和商业

---

① 深圳市侨办课题组：《深圳侨资企业转型升级情况调研》，《特区实践与理论》2012年第3期。

纽带及正式的社团组织为组织形式所形成的泛商业网。① 目前珠三角经济区9市主要依托"归国华侨联合会"（简称侨联）开展各种海外华商网络平台建设，各市的侨联接受广东侨联的统一领导，基本概况见表4。广东侨联实行团体会员制，有21个地级以上市侨联和79个省直机关侨联、归侨校友会、联谊会为省侨联团体会员。根据工作需要，广东侨联另外设立广东省侨联青年委员会、广东省侨联法律顾问委员会、广东省侨界仁爱基金会、广东国际华商会、广东华侨历史学会、《华夏》杂志社、广东省侨胞活动中心等直属的事业性、服务性机构。珠三角经济区9市侨联也设置相应机构或配置相应工作人员配合广东侨联直属机构的各项工作。总体而言，珠三角经济区海外华商网络已经形成较大规模，而且遍布世界各地，具有鲜明的民族性、显著的经济性、稳固的社会根基、高度的开放性和包容性以及发展的国际化，是广东发展外向型经济、提高国际经济合作水平的催化剂。②

海外华商网络平台，不管对于珠三角乃至广东和全国来说，还是对于海外华商及其所在国来说，都具有重要意义，并在社会经济各个领域发挥举足轻重的作用。③ 然而，珠三角经济区在建设与利用这些海外华商网络平台的过程中仍存在不少问题，并可能对海外华商投资珠三角带来负面影响。第一，缺乏统一规划和科学统计。如上所述，珠三角经济区拥有大量的海外华商网络平台，但是对于这些网络平台的规模、层次和具体运行状况的统计和动态跟踪还非常欠缺，这可能导致信息不对称而无法有效整合相关资源，也无法为珠三角经济区分类使用海外华商资本提供有效的信息和支持。第二，过度强调海外华商网络对珠三角经济区的投资和贡献，忽视珠三角经济区对海外华商网络平台建设的服务与支持。不管是改革开放初期的"招商引资"，

---

① 蒙英华：《海外华商网络与中国对外贸易——理论与证据》，厦门大学博士学位论文，2008，据中国优秀博硕士学位论文全文数据库，http：//epub.cnki.net/kns/brief/result.aspx? dbPrefix = CDMD。
② 蔡延钊：《广东经济发展与东南亚华商网络的利用——基于资源观（RBV）的研究》，暨南大学硕士学位论文，2008，据中国优秀博硕士学位论文全文数据库，http：//epub.cnki.net/kns/brief/result.aspx? dbPrefix = CDMD。
③ 贺书锋、郭羽诞：《对外直接投资、信息不对称与华商网络》，《山西财经大学学报》2010年第2期。

还是现在转型升级时期的"招商引技和招才引智"以及"走出去"战略,强调更多的是对海外华商网络平台的使用,这导致海外华商网络平台的建设一直处于初级阶段,行政联络功能过强,市场化服务偏弱。第三,不同地区的海外华商网络平台往往各自为政,缺乏流畅的横向和纵向的交流渠道,导致许多海外华商投资信息无法及时在更大范围内共享,从而错失吸纳海外华商投资资本的最佳机会。

表4　珠三角经济区9市侨联的基本概况

成立时间	各市侨联	基本概况
1953年4月	广州侨联	目前广州市的区、县级市和市直属单位的一级侨联共38个,全市各级侨联组织共425个,分布广泛,浸透社会基层,形成纵横交错的网络。这些组织配备了专(兼)职工作人员
1950年11月	深圳侨联	2004年4月至2009年8月,市侨办、市侨联、市外事办机构合署。2009年8月至今,市侨联独立开展工作,有关行政后勤事务由市委统战部提供保障。根据《中国侨联章程》积极主动、独立自主开展工作,围绕参政议政、维护侨益、海外联谊、做好群众工作四大职能开展工作
1979年9月	珠海侨联	珠海市侨联现有区级侨联2个,镇级侨联11个,侨友会6个。现侨联与市外事(侨务)局合署办公
1951年12月	佛山侨联	佛山侨联按现在行政区域划分的5个区设置成立侨联会,与外事侨务局合署办公,隶属政府办公室。各区侨联都建立了镇级、村级侨联组织(小组)。佛山市现在侨联组织已发展到69个,为开展侨联工作打下了坚实的组织基础
1982年12	惠州侨联	惠州侨联在全市三县三区均成立了侨联组织,各级侨联组织共有162个,已和世界上20多个国家和地区的100多个华侨华人社团建立了联系。这些组织在维护侨益、参政议政、加强与海外联系方面,发挥了积极的作用
1991年7月9	东莞侨联	全市侨联组织625个,其中市一级侨联1个,镇一级侨联32个,村一级侨联小组592个;专职和兼职侨联干部1328人。近年来,东莞市侨联根据东莞的实际情况,积极开展各种经济、文化交流及组织建设活动,取得了一定实效,为促进东莞市的和谐社会建设和经济社会发展发挥了积极的作用
1956年9月	中山侨联	全市共有镇(区)侨联组织24个,村(社区)侨联组织288个。下设有华侨历史学会、侨联青年委员会以及印尼、新马泰、越南、亚美等4个侨友联谊会
1955年6月	江门侨联	江门侨联属下有市印尼归侨联谊会、市越柬老归侨联谊会、市华侨历史学会、市侨联青年联谊会4个市直团体会员,并有7个县级市、区侨联组织。江门侨联自成立以来,除"文革"期间暂停活动外,其余时间均有正常的会务活动
1980年	肇庆侨联	其属下有8个县(市)区侨联,23个镇(乡)级侨联和4个村、街道级侨联

资料来源:根据广东侨联和广东侨网络公布的信息整理而成。

三 进一步推进海外华商投资珠三角经济区的建议

为进一步推进海外华商投资珠三角经济区，实现海外华商与珠三角经济区共同发展，互利共赢，从政府发挥引导和服务功能的角度，应加强以下几个方面的工作。

1. 强化招商规划与指导，提高招商层次与水平

第一，立足珠三角经济区转型升级实际，定期修订完善招商总体规划，提高海外招商的针对性。在积极引进港、澳、台投资的同时，重点开拓亚洲、美洲、欧洲等地区的资本市场，重点吸引外商投资高新技术产业、战略性新兴产业和现代服务业核心项目，大力吸引海外华商跨国公司到珠三角经济区设立地区总部、研发中心和采购中心。

第二，完善海外华商招商项目库，结合珠三角经济区产业升级的产业需求，进行分类招商和重点招商。成立专门机构，搜集大型海外华商企业的行业分布、全球投资重点和发展动态，更新海外华商招商项目库，规划和指导关键产业和核心项目的吸引外资工作，促进高端制造产业群及其配套产业群在珠三角经济区的集聚发展。

第三，发挥市场作用机制，健全招商宣传引资体系。针对海外华商了解国内投资信息渠道缺乏或获取招商信息质量不高的问题，一方面加快建设政府监管下的社会化、市场化招商网络，推进海外华商招商引资产业化和专业化；另一方面，创新海外招商模式，推进海外华商招商工作站和办事处建设，创新与国外权威招商引资机构的合作机制，多渠道推进面向海外华商的招商宣传和投资洽谈，扩大珠三角经济区吸引海外华商资本的地域范围。①

2. 加快完善涉侨相关政策，提升服务海外华商的能力

第一，修改完善海外华商引进投资与管理的相关政策条例，特别是细化、深化、明确海外华商投资引进后的服务管理内容，切实提高引资后的服务效

---

① 广东省人民政府办公厅：《政协广东省委员会主席会议关于对我省进一步改善投资环境提高引资水平的建议的通知》，广东省人民政府网站，2004年9月9日，http://www.gd.gov.cn/。

率。首先,通过政策引导,以大项目和跨国公司为重点,引进适合珠三角经济区当前转型升级所需的海外华商企业,提升珠三角经济区外资利用质量。同时,设置面向海外华商的转型升级专项资金,支持海外华商投资企业自创品牌,引导企业申报广东省名牌产品和"广东省政府质量奖",推动自主品牌建设,提升品牌的国际竞争力和影响力。其次,制定相应鼓励政策,引导珠三角经济区的外商投资企业向东西两翼和山区发展,一方面既可以从整体上提高全省吸收外资的规模,另一方面又可以缓解珠三角经济区土地、劳力资源的制约压力,满足其产业转型升级需要。最后,进一步落实海外华商投资引进后的政府服务支持,优化政务环境。例如,加快非限制类外商投资项目的行政审批过程;继续推进"电子政务",提高"行政服务中心"的服务效率;完善工业园区的配套设施建设,为外商生产生活提高切实保障;等等。①

第二,制定行业引导和创新支持政策条例,鼓励和扶持海外华商投资企业转型升级。首先,设立面向高新技术和现代服务业的海外华商投资企业转型培育基金以及海外华商投资创业创新支持基金,引导海外华商投资企业向高新技术企业或现代服务型企业转型。其次,通过设立专项资金、贴息贷款政策、租金补贴等组合拳降低海外华商投资企业的融资成本和经营成本。与此同时,继续鼓励和支持海外华商投资企业依法发起、设立小额贷款公司、融资性担保公司和参股村镇银行等各类地方中小金融机构,引导有实力的外商投资企业从传统制造业向金融业等高端服务业转型升级。最后,通过政策和资金项目双重支持,鼓励海外华商投资企业组建省级以上工程技术研究开发中心、企业技术中心、重点实验室等创新载体,申报产学研专项计划,激发新品研发热情,支持与奖励海外华商投资企业开发、销售有较高技术含量的产品,提升自主创新能力和国际竞争力。

第三,加大政策支持力度,推动珠三角经济区发展总部经济。一方面,深入落实《鼓励跨国公司在广东设立地区总部的管理办法》,吸引海外华商企业到珠三角设立地区总部,发展总部经济,以带动广东现代服务业发展,使珠三

---

① 广东省人民政府办公厅:《政协广东省委员会主席会议关于对我省进一步改善投资环境提高引资水平的建议的通知》,广东省人民政府网站,2004年9月9日,http://www.gd.gov.cn/。

角地区逐步成为华南乃至东南亚地区的采购中心、信息中心、技术中心和服务中心；另一方面，通过政策引导、资金支持和项目运作的形式，鼓励更多海外华商资本进入服务业，特别是现代服务业和科技服务业，以提高服务业利用外资的水平。

3. 创新知识产权保护方式，加大海外华商投资企业知识产权权益的保护力度

第一，完善我国知识产权保护关于海外华商投资企业的相关法律，切实完善知识产权保护环境，为海外华商投资企业打击假冒伪劣产品提供法律依据。与此同时，修改相关知识产权的法律条款，加大行政执法力度，增加处罚手段。对海外华商投资企业反复性、群体性侵权和假冒专利、屡查屡犯等违法行为做出严厉的处罚，更好地维护市场秩序，保护海外华商投资企业健康发展。

第二，以专业市场为切入点，切断假冒伪劣商品的集中流通渠道，从市场终端保护海外华商投资企业的专利和品牌价值，确保新品研发收益。创新知识产权保护方式，专门建立涉外知名商标权利人联系库，与企业、知识产权保护公司建立良好的打假维权协作关系，多方主体共同发力，联合打击假冒伪劣行为，维护海外华商知识产权权益。另外，尝试设立海外华商投资企业免费维权专线，定期反馈跟踪调查报告，降低海外华商投资企业内地维权难度和成本。

第三，发挥中介组织的服务功能，完善知识产权保护体系。引导我国外商投资企业协会优质品牌保护委员会等中介服务机构，开展对海外华商企业品牌、产品的知识产权保护的相关情况分析，拓展机构的服务功能，通过为执法人员、海外华商投资企业提供知识产权保护培训课程和举办涉外知识产权保护国际谈论会等形式，提高执法人员的知识产权意识和执法能力。

4. 积极搭建各种资源整合平台，为海外华商投资企业转型升级提供有效支撑

第一，引导建立咨询交流平台，为海外华商提供政策解读、法律咨询和疑难解答等方面支持，使其加深对国内经济社会情况的了解，推动海外华商投资与新产业和区域发展的有效结合。一方面，珠三角经济区相关政府部门继续通过投资洽谈会、投资峰会、推介会等展会形式，面对面地向海外华商介绍珠三角经济区的发展动态和投资环境；另一方面继续加强海外华商网络平台建设，增加平台之间的纵向和横向咨询交流渠道,提高海外华商投资信息的全面性和多样性,为珠三角各区域引资选择提供更多决策空间。

第二,构建海外华商的跨区域合作平台,增强珠三角经济区海外华商的交流与合作。在各级海外华商网络平台的基础上,搭建海外华商跨区域合作平台,推动世界各地海外华商到珠三角经济区抱团发展,积极参政议政,畅通言论渠道,反映侨界呼声,维护侨益,共谋发展。例如,利用新加坡广东会馆、广东省侨办、香港广东社团总会、马来西亚广东会馆联合会、印尼广东社团联合总会、泰国粤籍社团(主要由泰国潮州会馆、广肇会馆和客属总会组成)等机构与社团组织举办的"世界广东同乡联谊大会",增强珠三角经济区海外华商之间的交流联系,推动海外华商在珠三角经济区的投资合作和共同发展。

第三,引导建立各种人才引进与培育平台,服务海外华商投资企业引进和培养高科技人才和技能型人才,为企业转型升级提供智力支持。首先,通过在海外举办政策说明会,设立"人才联络处""海外工作站",聘请海外客座专家、引才大使、顾问、代理等举措,积极介绍珠三角经济区引进人才的政策和项目需求情况。其次,借助平台,重点做好政治上有影响、社会上有地位、经济上有实力、专业上有造诣的海外侨胞工作,充分发挥他们在海外华侨华人社会和商界政界中的影响力,推进招商引资招才引智工作。最后,对于珠三角经济区转型升级急缺人才,可通过平台邀请其到珠三角经济区参观考察,并组织专业工作人员到不同的国家和地区开展访问,加强与海外华侨华人专业人才的联系。

第四,通过侨界社团、侨商协会青年委员会、海归协会等机构搭建"侨二代"沟通交流平台,建立健全广东籍"侨二代"信息库,进一步加强与新华侨华人、华裔新生代和侨社团新力量的联谊工作,帮助他们加快熟悉内地政商环境,协助解决海外华商企业的代际传承问题。与此同时,通过举办各种研修班、研习班、海外华裔青少年"寻根之旅"夏令营等,加强与侨团中青年骨干、华裔青年企业家的联谊,帮助他们更好地了解和适应内地生活,增强他们管理内地投资企业的信心,进而为珠三角经济区转型升级凝聚和增添更多粤籍海外华裔新生代人才。

B.10 华商归国投资的贡献、阻碍及未来展望

——以环渤海经济圈为例

杨默如 胡力丹*

摘　要： 环渤海经济圈自然资源独具禀赋、工业基础实力雄厚、人力资源优势显著，在全国和区域经济中发挥着集聚、辐射、服务和带动作用。本文测算了华商对环渤海经济圈投资总额的变化情况，以及华商投资对环渤海经济圈GDP、税收的贡献大小，其结果显示华商对环渤海经济圈的直接投资逐年扩大，投资主要集中于辽宁、北京、天津、山东四个省市；华商投资对环渤海经济圈GDP以及税收的贡献日益显现，主要集中于北京、天津地区。与此同时，环渤海经济圈存在着招商机制不完善、引资项目趋同、缺乏责任落实制度、生态环境破坏严重等问题。政府须立足于华商投资企业的立场，不断优化环渤海经济圈的经济与政策环境，给华商提供一个公平健康的投资平台，这也是华商对环渤海经济圈未来发展的期待。

关键词： 华商投资　环渤海经济圈　贡献　阻碍　展望

---

* 杨默如，中国人民大学经济学博士，华侨大学工商管理学院副教授。曾主持国家社科基金、教育部人文社科基金、国侨办课题等研究项目。主要研究方向：公共经济、财政税收、华商经济。
胡力丹：华侨大学工商管理学院硕士研究生、华侨大学财税研究中心成员，曾作为主力参与国家社科基金、国侨办课题等多个涉外、涉侨研究项目，研究方向：国际税收、华商经济。

一 引言

环渤海经济圈作为我国北方规模最大的经济区域,是我国沟通南北、联动东西的枢纽,也是我国北方地区进入太平洋走向世界的出口。环渤海经济圈有其独特的发展潜力和优势,在全国经济发展格局中具有举足轻重的作用。进入21世纪以来,随着全球化进程的加速以及我国跨省区域的合作发展,环渤海经济圈将成为我国新世纪经济增长的新动力源。近年来,环渤海地区投资环境不断改善、对外影响力逐步提高、招商引资的规模不断扩大,有力地推动了区域经济加快发展。其中,华商投资对环渤海经济圈的崛起与发展更是发挥着不可替代的促进作用。本文重点研究华商归国投资对环渤海经济圈的贡献、投资过程中遇到的阻碍以及未来环渤海经济圈发展展望等问题。

二 环渤海经济圈概况

(一)环渤海经济圈的界定

1996年3月17日,第八届全国人民代表大会第四次会议提出在全国建立7个跨省市区经济区域:①长江三角洲及沿江地区;②环渤海地区;③东南沿海地区;④西南和华南部分省区;⑤东北地区;⑥中部五省地区;⑦西北地区。其中,对于环渤海地区的地理位置界定在学术界存在不同的观点。

王爽指出,"环渤海城市圈狭义上指以中国辽东半岛、山东半岛、京津冀为主的环渤海滨海经济带,同时可延伸辐射到山西、辽宁、山东及内蒙古中东部盟市。环渤海经济带有58.6万平方公里的陆域面积,占全国陆地面积的6.1%;分布着全国32座100万人以上大城市中的11座,即北京、天津、沈阳、大连、太原、济南、青岛、鞍山、淄博、石家庄、唐山,几乎包括了中国北方所有的重要城市"①。张波,刘江涛等认为,"广义的环渤海地区包括北

---

① 王爽:《环渤海城市经济圈的发展前景与问题》,《中北大学学报》(社会科学版)2007年第23期。

京、天津、河北、辽宁和山东五个省级行政单元"①。杨霞、罗琛琛认为,"依靠渤海的省级行政单位有天津、河北、辽宁和山东,其中北京作为首都也包括在内,并以这五个省级行政单位为讨论对象"②。

山西和内蒙古处于内陆地区,其在全国经济中的地位十分重要,并拥有许多重要的资源,因此,综合考虑,本文适用景世民对于环渤海经济圈的定义③,认为环渤海地区包括北京、天津、河北、山东、辽宁、山西和内蒙古的中部地区,并将这"五省二市"作为本文的研究对象,以便数据的统计。

(二)环渤海经济圈华商投资的整体布局

由于华商投资数据的统计难度大、华商占外商直接投资(Foreign Direct Investment, FDI)比重测算难的特点,笔者将利用商务部研究院副院长沈丹阳④研究得出的华商对华直接投资(Chinese Businessmen Direct Investment, CBDI)占 FDI 权重数据估算环渤海经济圈"五省二市"的 CBDI 整体布局。

沈丹阳按照华商企业的来源地,将中国华商企业分为五大类,即港澳企业、台资企业、东盟地区华商企业、来自维尔京等自由港华商企业以及其他国家(地区)华商企业,并分别按 99%、100%、90%、95%、19% 的权重计算 CBDI 占 FDI 的份额。

因此,本文借鉴上述方法,计算 CBDI 投资总额。具体计算方法如下:

假设:来源于港澳企业的 FDI = A,其 CBDI = A×99%;同理可得其余地区的 CBDI,其中,东盟地区指东盟十国,即文莱、柬埔寨、印度尼西亚、老挝、马来西亚、缅甸、菲律宾、新加坡、泰国、越南;来自维尔京等自由港指维尔京群岛、毛里求斯、巴巴多斯及开曼群岛地区。估算结果如表 1 所示。

---

① 张波、刘江涛、周波、张丹:《环渤海与长三角空间成长模式比较研究》,《经济问题探索》2009 年第 7 期。
② 杨霞、罗琛琛:《环渤海经济圈内部经济差异性比较分析》,《海洋开发与管理》2010 年第 9 期。
③ 景世民:《环渤海区域经济发展战略思考》,《经济研究》2005 年第 6 期。
④ 沈丹阳:《华商企业对华投资基本情况、新趋势及引发的思考》,《中国外资》2006 年第 9 期。

表1　2007～2011年中国FDI与CBDI投资总额统计（按实际投资总额测算）

单位：万美元

国别	2007年		2008年		2009年		2010年		2011年	
	FDI	CBDI	FDI	CBDI	FDI	CBDI	FDI	CBDI	FDI	CBDI
港澳企业	2834042	2805702	4161801	4120183	4689018	4642128	6122201	6060979	7118059	7046878
台资企业	177437	177437	189868	189868	188055	188055	247574	247574	218343	218343
东盟地区	431160	388044	546099	491489	467820	421038	632368	569131	700478	630430
自由港区	2116530	2010704	2184772	2075533	1554179	1476470	1423082	1351928	1341617	1274536
其他国家（地区）	1917620	364348	2157004	409831	2104195	399797	2148010	408122	2222488	422273
总投资额	7476789	5746234	9239544	7286904	9003267	7127488	10573235	8637734	11600985	9592460

资料来源：2008～2012年《中国统计年鉴》。

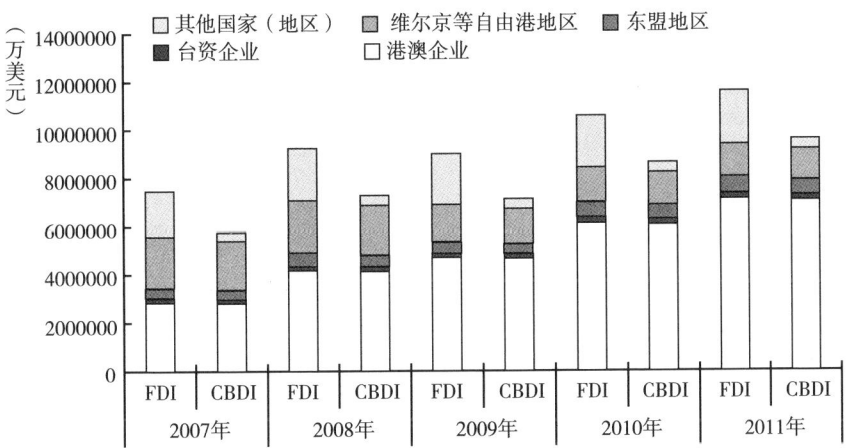

图1　2007～2011年中国FDI与CBDI投资总额变化

表1、图1测算了2007～2011年我国FDI和CBDI的投资总额情况。在这5年间，港澳地区是我国吸收FDI和CBDI的第一大来源地，其次为维尔京等自由港地区、其他国家（地区）、东盟地区以及台湾地区。

根据表1、图1的数据，本文进一步测算环渤海经济圈中"五省二市"的CBDI情况，其具体计算方法如下：

假设环渤海经济圈中辽宁、河北、山东、山西、内蒙古五大省份及北京、天津两大市的FDI分别为a、b、c、d、e、f、g；全国FDI总投资额为x；

又知，表 1 估算出 2007～2011 年 CBDI 的投资总额分别为 5746234、7286904、7127488、8637734、9592460 万美元；

因此，辽宁 2007～2011 年 CBDI = $a \div x \times 5746234$、$a \div x \times 7286904$、$a \div x \times 7127488$、$a \div x \times 8637734$、$a \div x \times 9592460$；同理我们可以计算出环渤海经济圈中其他省市区每年的 CBDI。测算结果如表 2 所示。

表 2　2007～2011 年环渤海经济圈 CBDI 投资总额情况（按合同投资总额测算）

单位：万美元

环渤海地区	2007 年		2008 年		2009 年	
	FDI	CBDI	FDI	CBDI	FDI	CBDI
北京市	8762143	238758	9829471	308186	10660793	303943
天津市	8288793	225860	9381364	294136	9771998	278603
辽宁省	10876667	296376	12475583	391150	13178296	375718
河北省	1714846	46728	3384144	106104	3703993	105602
山东省	9631055	262435	10116252	317177	11198899	319284
山西省	1778671	48467	1799999	56436	2049657	58436
内蒙古自治区	1714846	46728	2215527	69464	2399401	68408
全国	210880000	5746234	232413047	7286904	249996531	7127488

环渤海地区	2010 年		2011 年	
	FDI	CBDI	FDI	CBDI
北京市	11920582	380527	13436427	430615
天津市	10962359	349939	11480637	367935
辽宁省	14761522	471215	16596914	531903
河北省	4034793	128798	4569978	146460
山东省	12452325	397501	14337447	459491
山西省	2292888	73193	3189867	102230
内蒙古自治区	2324266	74195	2551906	81784
全国	270590000	8637734	299312400	9592460

资料来源：2008～2012 年《中国统计年鉴》。

观察表 2、图 2、图 3 中的数据，基于横向视角的比较，华商在环渤海经济圈中的投资主要集中在辽宁、北京、天津、山东这 4 个省市，相对而言其他 3 个省份吸收的 CBDI 数量较小；基于纵向视角的比较，2007～

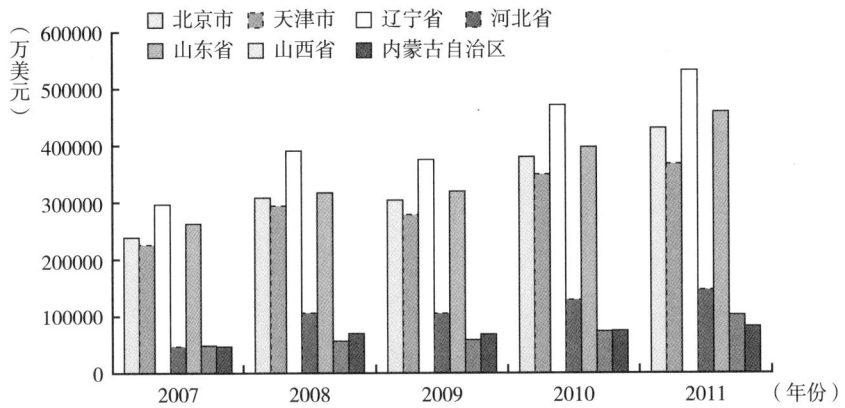

图 2　2007～2011 年环渤海经济圈 CBDI 投资总额横向比较

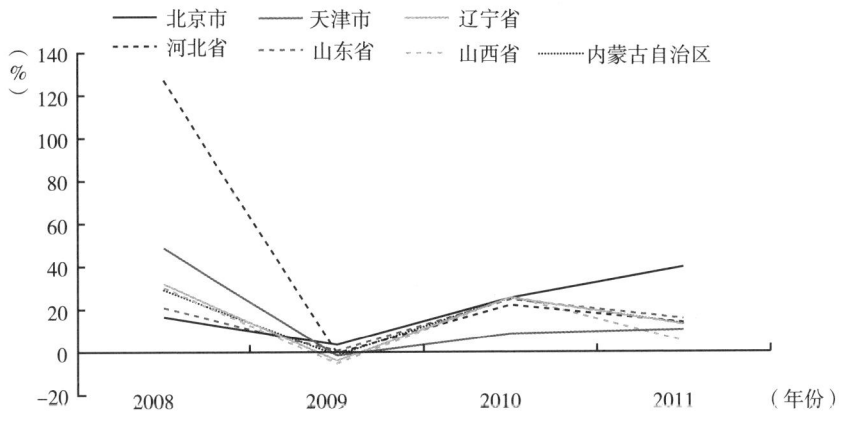

图 3　2007～2011 年环渤海经济圈 CBDI 投资总额纵向比较

2008 年环渤海经济圈吸收华商投资实现 5 年来的最大增长，在 2008～2009 年其增长幅度有所回落，主要受到国际金融危机的影响，在 2009～2011 年保持稳定增长趋势；从各省市来说，2007～2011 年华商对其的直接投资保持同步的增减趋势，可见处于环渤海经济圈的各省市区间的发展息息相关。

通过以上数据的整合，本文将最终数据反映在中国地图上，以便宏观把握环渤海经济圈 CBDI 的整体布局（见图 4）。

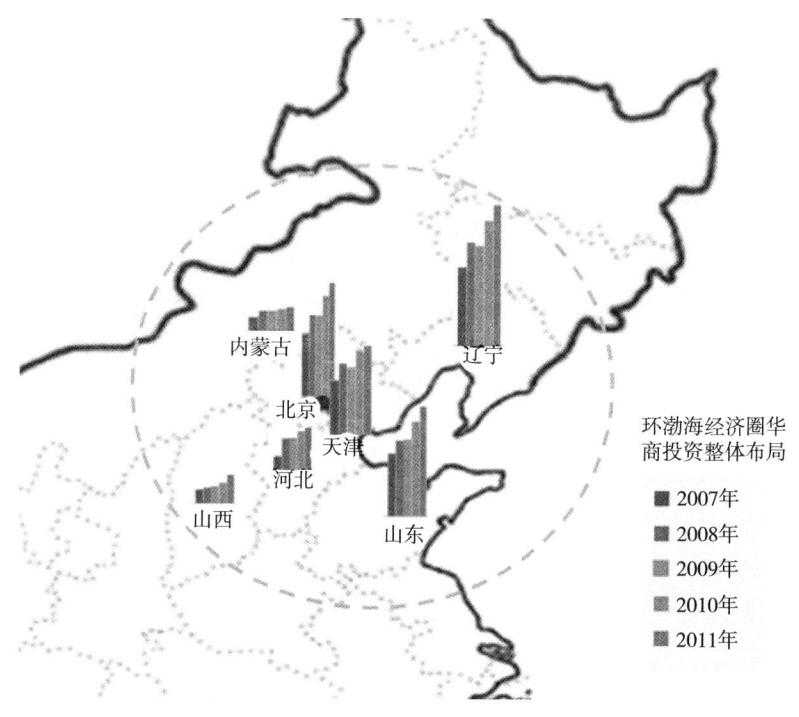

图4 2007~2011年环渤海经济圈CBDI的整体布局

(三)环渤海经济圈的区域特征

1. 相关学者研究综述

(1) 在环渤海经济圈的区域特征优势方面。

邵文慧认为,"环渤海经济圈具有地缘、资源、工业基础、科技人才、城市群等战略优势"①;刘文认为,"环渤海经济圈区位优势和自然资源优势明显,商务与金融环境优势显著,科技资源和人才资源高度聚焦"②;张晗认为,"环渤海经济圈具有国家经济重心转移优势、丰富的自然资源优势、工业基础雄厚优势以及城市联合发展优势"③;徐田柏、付红提出,"环渤海地区在吸引

---

① 邵文慧:《基于可持续发展的环渤海区域经济发展战略思考》,《中国水运》2007年第4期。
② 刘文:《环渤海区域经济一体化:机遇、优势与战略选择》,《区域经济》2008年第4期。
③ 张晗:《环渤海区域经济发展与对外贸易发展》,《社会科学论坛》2008年第2期。

FDI 中兼具地缘、资源与人源的优势，拥有海陆空便利的交通枢纽网路，独具外资聚焦优势，以及具有经济实力雄厚、金融对外开放程度高等优势"①。

（2）在环渤海经济圈的区域特征劣势方面。

就环渤海经济圈产业结构的劣势问题，王华认为，"环渤海经济圈产业同构化严重、关联度小、自主创新能力弱、引领能力不强、布局分散以及经济集聚不明显"②；就环渤海经济圈吸引 FDI 的区域劣势，徐田柏、付红认为，"环渤海经济圈的区位劣势在于生态环境遭到严重破坏，市场资源配置能力较弱、经济外向性较低"；就环渤海经济圈招商引资的劣势方面，赵春颖、陈曦提出，"环渤海经济圈存在招商引资缺乏统一规划指导，招商竞争多、合作少，招商项目趋同，中心城市招商带动力较弱等问题"③。

由于 CBDI 属于 FDI 中的一部分，因此华商对环渤海经济圈投资的区域优劣势与 FDI 的区域优劣势具有一致性。笔者将借鉴上述学者的研究成果，分析环渤海经济圈吸引 CBDI 的区域优劣势。

2. 环渤海经济圈吸引 CBDI 的区域特征优势

（1）自然资源独具禀赋。

环渤海地区资源不仅丰富且相对集中，便于开发利用。该区域的油气资源储量占全国首位，目前已建有山东胜利油田、河北华北油田、大港油田、中原油田等几大油田基地，毗邻的渤海湾蕴藏着丰富油气资源且易于开采，可成为工业发展的有力支撑，能满足华商生产发展的需要。本区域海洋植物资源非常丰富，渤海素有"天然鱼池"的美称，海盐的年产量也占全国总产量的一半以上，华商可以因地制宜发展与海洋资源有关的产业，海水为未来的海水淡化提供了可能性。区域大部分位于华北平原地区，土地面积辽阔，多耕地，能为华商生产提供充足的土地。区域具有得天独厚的旅游资源，能够吸引华商投资第三产业。

（2）工业基础实力雄厚。

环渤海经济圈作为中国能源工业、重化工业、装备制造业和高新技术产业基地，已形成以高新技术产业、电子、汽车、机械制造业为主导的产业集群，

---

① 徐田柏、付红：《环渤海区域 FDI 区位分析及对策研究》，《特区经济》2010 年第 2 期。
② 王华：《环渤海经济圈产业发展问题研究》，河北师范大学硕士论文，2010，第 3 页。
③ 赵春颖、陈曦：《环渤海区域招商引资的潜力分析》，《特区经济》2013 年第 2 期。

是继珠江三角洲、长江三角洲之后的我国第三个大规模区域制造中心，能为华商的投资提供有力的工业保障。

(3) 人力资源优势显著。

本区域作为中国重要的科研开发基地，拥有高等院校376所，集中了中国一流水平的科研与教学机构，而且是全国最大的图书资料和科技信息中心，为发展科技产业提供了非常有利的条件。同时，这里还是全国科技人才最密集的地区，为华商的生产经营提供了丰富的人力资源。

(4) 多功能的城市群体。

环渤海地区是中国城市密集的三大地区之一，共有城市151个，占全国总数的1/4；共有13个百万人口以上的大城市，占全国总数的40%，这些城市构成中国北方的政治、经济、文化中心，形成了一个多功能的城市群体，在全国和区域经济中发挥着集聚、辐射、服务和带动作用。

3. 环渤海经济圈吸引CBDI的区域特征劣势

(1) 生态环境破坏严重。

《2012年中国海洋环境状况公报》显示，渤海作为我国唯一的半封闭型内海，有辽河、海河、黄河等主要河流入海，河口湿地面积广阔，在我国海洋生态系统中具有重要作用和独特的功能。但由于封闭性强，水交换周期长，渤海环境承载能力较弱。环渤海地区及渤海广阔流域的发展也对海洋环境产生了巨大的污染及生境破坏压力。2006年以来，渤海河口、海湾等重点海域生态系统均处于亚健康或不健康状态。①张顺峰，于洪军等学者经调查研究指出，"随着环渤海区域社会经济的迅速发展，排入渤海近海的污染物总量不断增加，诱发水质恶化、赤潮、湿地退化和生物多样性破坏等一系列的生态环境问题。渤海的辽东湾、渤海湾、莱州湾已经成为我国严重污染海域，入海的污染物主要来源为陆源污染物，占总污染物的80%以上，沿海城市的生活污水和工业废水成为陆源污染物的重要来源"②。

---

① 刘赐贵：《2012年中国海洋环境公报》，国家海洋局，2013。据中国海洋信息网，http://www.coi.gov.cn/gongbao/nrhuanjing/nr2012/201304/t20130401_26409.html。
② 张顺峰、于洪军、徐兴永、曹建荣、刘文全、苏乔：《环渤海区域近海污染特征分析及防治措施》，《海洋开发与管理》2012年第7期。

(2) 招商引资机制不完善。

环渤海地区的招商引资在市场化投资体制改革过程中,具有政府主导的特点,主要由政府进行"拉关系""打一枪换一个地方"的招商活动,对于部分利用国外贷款重大项目的前期准备工作和建设实施中的整体协调工作不到位,对于外商的投融资体制、管理体制、风险投资机制没有做相应的完善和变通,更不能与国际通行规则接轨,政府主导意识较强,市场的资源配置能力较弱,对外资的依法引导和监督工作有待加强。

(3) 经济开放程度同长三角地区相比存在差距。

2011 年环渤海经济圈的五省二市实际利用外资金额为 6616.32 亿美元①,仅占全国利用外资 29931.24 亿美元②的 22.11%。长江三角洲地区同年实际利用外资金额为 11850.07 亿美元③,占全国利用外资总额的 39.60%。环渤海地区和长江三角洲地区在利用外资方面存在差距。环渤海地区经济外向度与全国平均水平相比明显偏低,与沿海经济发达省市的差距更大。④

三 华商对环渤海经济圈经济及政策环境的评价

(一) 华商对对华投资的经济与政策环境评价现状

到目前为止,华商对对华投资的经济与政策环境的权威评价甚少,仅有台湾地区电机电子工业工会(Taiwan Electrical and Electronic Manufacturers' Association,TEEMA)每年公布的《大陆地区投资环境与风险调查》对大陆的投资环境进行评价,此研究报告至 2012 年已经持续了 13 个年度,一度作为海外企业尤其是台商投资大陆的重要参考依据,被誉为台商投资的"风向标"。2012 年台湾电机电子工业工会对 2652 个在大陆投资的台湾企业进行问卷调

---

① 数据来源:2012 年《中国统计年鉴》。
② 数据来源:2012 年《中国统计年鉴》。
③ 数据来源:2012 年《中国统计年鉴》。长江三角洲地区包括两省一市,即浙江省、江苏省、上海市。
④ 徐田柏、付红:《环渤海区域 FDI 区位分析及对策研究》,《特区经济》2012 年第 2 期。

查，以城市竞争力、投资环境力、投资风险度、台商推荐度为评估标准，最终评定各项排名，于2012年8月27日发布了《2012年大陆地区投资环境与风险调查报告》（简称《2012年 TEEMA 调查报告》）。

《2012年 TEEMA 调查报告》基于城市竞争力、投资环境力、投资风险度、台商推荐度四大指标对大陆城市进行综合实力排名，位于前10名的城市见表3。

表3 大陆城市综合实力评价最佳前10排名

排名	城市综合实力	城市竞争力	投资环境力	投资风险度	台商推荐度
1	苏州昆山	上海市	苏州昆山	苏州昆山	南京江宁
2	南京江宁	北京市	南京江宁	南京江宁	天津滨海
3	天津滨海	天津市	成都	天津滨海	杭州萧山
4	苏州工业区	苏州	厦门岛外	杭州萧山	苏州工业区
5	杭州萧山	广州	苏州工业区	厦门岛外	成都
6	成都	成都	天津滨海	青岛	苏州昆山
7	厦门岛外	深圳	淮安	苏州新区	无锡江阴
8	青岛	杭州	无锡江阴	苏州工业区	苏州市区
9	苏州新区	武汉	宁波市区	苏州市区	大理
10	苏州市区	重庆市	杭州萧山	宁波市区	苏州新区

由表3可知，大陆城市综合实力评价最佳前10名为苏州昆山、南京江宁、天津滨海、苏州工业区、杭州萧山、成都、厦门岛外、青岛、苏州新区、苏州市区，位于环渤海经济圈的城市唯有天津滨海；在城市竞争力排名中位于环渤海经济圈中的北京、天津分别排名第2、第3名；同时，天津滨海在投资环境力、投资风险度、台商推荐度中分别排名第6、第3、第2名。

显然，作为华商对环渤海经济圈投资组成部分的台商对天津滨海的投资环境评价最高，期待度也高，其次则为北京地区，其余省市区并未出现在大陆城市综合实力的前10位。

（二）华商对在环渤海经济圈投资的经济与政策环境评价

鉴于华商对对华投资经济与政策环境的权威评价甚少以及难以获得，本文采取 SWOT 分析法，分析华商对在环渤海经济圈投资的经济与政策环境的评价。

SWOT 分析法，又称态势分析法，最早由美国旧金山大学管理学教授在80年代初提出。SWOT 分析法也是产业发展战略分析常用的一种方法。

优势因素(Strengths)是指所具有的相对优越的方面,如充足的资源、先进管理制度等。

劣势因素(Weaknesses)是指做得不够好的或者没法做到的事情,已经带来了损失的内容。

机会因素(Opportunities)是指难以控制的内容,若控制得好,则有可能朝有利的一方发展,若控制得不好,则可能给带来损失。

威胁因素(Threats)是指对有可能带来不利的因素已经认识到,但是,在实际中还没有发生的因素。

其中,优势因素和劣势因素侧重于区域内部因素分析,而机会因素和威胁因素则从区域外部环境因素分析。

1. 北京市

表4 基于SWOT分析法的华商对在北京投资的经济与政策环境的评价

优势	劣势	机会	威胁
市场潜力巨大 地缘、人才和科技优势 国际一体化水平较高	私有经济发展相对落后 经营成本高 政府办事效率低 城市环境舒适度较低	经济发展稳定、高速 具有较高科技含量、较高附加值的产业结构 有发展经济的广阔空间 有着独特的市场优势 中国科技教育最发达、人才最密集的地区	产业链无法有效衔接 区域一体化进程缓慢 综合劳动成本逐年上升 金融方面存在诸多问题 知识产权保护力度不够 空气污染严重

2. 天津市

表5 基于SWOT分析法的华商对在天津投资的经济与政策环境的评价

优势	劣势	机会	威胁
处于环渤海地区核心地带 中国第二大港,具有港口优势 基础设施环境优越 民营化程度高	自然资源匮乏 城市环境舒适度较低 政府行政审批效率不高 政策法规服务不到位	滨海新区开发纳入国家总体发展战略布局 注重投资软环境建设,形成三大服务体系* 天津台湾名品博览会的开幕,台商看好天津**	空气污染严重 同北京地区竞争大

* 三大服务体系指投资咨询与促进体系、投资许可服务体系、投诉协调体系。
** 胡成利:《天时地利人和,台商看好天津卫》,《每日新报》2012年7月7日,据天津北方网讯,http://news.enorth.com.cn/system/2012/07/07/009595412.shtml。

3. 辽宁省

表6 基于SWOT分析法的华商对在辽宁投资的经济与政策环境的评价*

优势	劣势	机会	威胁
重要的老工业基地之一，具备雄厚的工业基础 东北亚地区的中心，明显的地缘优势 自然资源丰富 完善的基础设施和便捷的交通网络	产业结构低度化 产品竞争力不强 市场经济体制不完善	沈阳经济区成为国家新型工业化综合配套改革试验区 全球产业结构调整机遇	朝鲜半岛局势动荡，周边环境不稳定 区域竞争激烈

* 王倩：《基于SWOT分析法的辽宁区域经济发展对策研究》，《法制与社会》2010年第5期。

4. 河北省

表7 基于SWOT分析法的华商对在河北投资的经济与政策环境的评价

优势	劣势	机会	威胁
交通枢纽地带 中国东北地区与国内其他省份联系的通道和西北诸省份的北方出海通道 资源丰富 毗邻京津地区，可多渠道吸引投资	政府对外开放意识不强 对外商投资存在乱收费、乱罚款的现象 社会化服务体系不健全 高级专业人才匮乏 对外开放程度低，市场化程度不高	外商投资来源地不断增多 国际资本与产业调整机遇	生产经营成本提高 投资多以政府为主导

5. 山东省

表8 基于SWOT分析法的华商对在山东投资的经济与政策环境的评价

优势	劣势	机会	威胁
我国最接近日韩两国的地区，得天独厚的对外开放条件 中国重要的能源基地，能源储量大 快捷的综合交通体系 市场化程度高	水资源不足 电力供应不稳 新老城区经济差异较大	处于工业化、城市化进程的关键阶段 鼓励日韩企业加强与山东的经济合作	油气产业对外依存度上升 国家政策向中西部地区转移

6. 山西省

表9 基于SWOT分析法的华商对在山西投资的经济与政策环境的评价

优势	劣势	机会	威胁
我国东部地区与西部地区的经济交汇点 处于黄河中游经济区 位于陇海、兰新线经济协作带	地处内陆地区,综合交通体系不发达 水资源紧张 环境污染严重 思想观念保守 产业结构不合理 科技力量不足	中国经济建设重点逐步由东部向西部转移,国家政策向中西部地区倾斜	与环渤海经济圈中其他城市相比,对外资吸引力不大,利用外资规模较小

7. 内蒙古自治区

表10 基于SWOT分析法的华商对在内蒙古投资的经济与政策环境的评价

优势	劣势	机会	威胁
内蒙古中部地区是东北、华北、西北交汇地带,对外贯通欧亚地区,对内连接东西部 矿产资源富集,煤炭资源丰富	城市现代化水平低 思想较为陈旧,利用外商规模不大 处于内陆地区,综合交通体系不完善	政府为招商引资,创造了一个宽松的政策环境	区域竞争激烈 与环渤海经济圈中其他城市相比,开放层次较低

四 华商投资对环渤海经济圈发展的贡献

(一)相关学者研究综述

1. 在外商投资贡献的定量研究方面

陈玉平借鉴菲德模型,利用生产方程,在划分江苏经济部门为外资部门和内资部门的基础上推导江苏省外资投资贡献的计量分析模型,最终通过数据回归得出结论:江苏省对外商投资应继续使用积极倾斜政策[①];巴山以2005年

---

① 陈玉平:《江苏经济增长中外资投资贡献的计量分析》,《江苏社会科学》2004年第6期。

北京市外商投资联合年检数据库为基础，利用统计学相关模型，运用直观分析法、极差分析法以及方差分析法，基于"投资区域""投资企业类别""投资行业"三个考察因子以及"年纳税额""税收就业人数"两个方面衡量不同外商投资结构对北京本地的贡献优劣，得出三个考察指标对不同投资结构的贡献是有区分的结论[1]；沈悦、谢勇利用计量经济方法测算外商投资企业对陕西GDP增长的贡献，其结论为外商直接投资对陕西GDP有显著的正面影响。[2]

2. 在外商投资贡献的定性研究方面

桑百川认为改革开放30年来外商直接投资为我国经济发展作出独特的贡献，尤其在推动经济体制改革、促进经济增长、促进技术进步管理水平提高、增加就业四个方面的贡献不可忽视[3]；张本明、张振山运用数据比较分析法，对内蒙古呼伦贝尔市外商投资企业对当地经济发展贡献度进行比较研究，认为外商投资在税收、促进就业、提高当地企业创新能力方面均有贡献[4]；张锁晨基于数据搜集法对内蒙古鄂尔多斯地区外商投资企业的贡献进行阐述，指出外商投资企业在本地区的GDP增长、税收收入、技术进步、产业结构升级、进出口方面作出了积极的贡献。[5]

然而通过对相关学者研究成果的整理，笔者发现由于华商对华投资数据统计的难度高，因此，对于华商投资贡献方面的研究鲜有人涉及。本文将借鉴上述学者的研究方法，从"CBDI占GDP比重""华商投资企业的税收占GDP比重"两方面入手估算华商对环渤海圈发展的贡献度。

（二）CBDI对环渤海经济圈GDP的贡献分析

在表2中笔者已经分别估测出环渤海地区五省二市的CBDI，表11整理出

---

[1] 巴山：《基于统计模型的外商投资贡献度评估方法研究》，《中国科技论坛》2006年第5期。
[2] 沈悦、谢勇：《外商投资企业对陕西GDP增长贡献方面的现状、问题及对策研究》，《陕西省体制改革研究会2006~2007优秀论文集》，2007。
[3] 桑百川：《30年外商投资的贡献、经验与前景》，《国际贸易》2009年第1期。
[4] 张本明、张振山：《外商投资企业对地方经济发展贡献度调查》，《内蒙古金融研究》2012年第12期。
[5] 张锁晨：《外商投资企业对鄂尔多斯经济增长贡献分析》，《内蒙古金融研究》2012年第10期。

2007～2011年环渤海经济地区五省二市的GDP，并计算CBDI占其GDP的比重，一方面可反映出环渤海经济圈的发展对华商的依赖程度，另一方面可大致观测出CBDI在环渤海经济圈中对五省二市的贡献度。

由于在表2中统计CBDI的计量单位为美元，统计GDP使用的计量单位为人民币，为使数据具有可比性，本文利用美元对人民币期末汇率的中间价统一CBDI和GDP的计量单位，查询中国人民银行公布的汇率为：

2007年12月31日：1美元=7.3040元人民币；2008年12月31日：1美元=6.8364元人民币；2009年12月31日：1美元=6.8282元人民币；2010年12月31日：1美元=6.6227元人民币；2011年12月31日：1美元=6.3009元人民币。

具体结果如表11所示。

表11　2007～2011年环渤海地区CBDI占GDP比重变化

单位：亿元，%

环渤海地区	2007年			2008年			2009年		
	GDP	CBDI	占比	GDP	CBDI	占比	GDP	CBDI	占比
北京市	9847	174	1.77	11115	211	1.90	12153	208	1.71
天津市	5253	165	3.14	6719	201	2.99	7522	190	2.53
辽宁省	11164	216	1.94	13669	267	1.96	15212	257	1.69
河北省	13607	34	0.25	16012	73	0.45	17235	72	0.42
山东省	25777	192	0.74	30933	217	0.70	33897	218	0.64
山西省	6024	35	0.59	7315	39	0.53	7358	40	0.54
内蒙古自治区	6423	34	0.53	8496	47	0.56	9740	47	0.48
合计	78096	4197	5.37	94259	4980	5.28	103118	4867	4.72
环渤海地区	2010年			2011年					
	GDP	CBDI	占比	GDP	CBDI	占比			
北京市	14114	252	1.79	16252	271	1.67			
天津市	9224	232	2.51	11307	232	2.05			
辽宁省	18457	312	1.69	22227	335	1.51			
河北省	20394	85	0.42	24516	92	0.38			
山东省	39170	263	0.67	45362	290	0.64			
山西省	9201	48	0.53	11238	64	0.57			
内蒙古自治区	11672	49	0.42	14360	52	0.36			
合计	122232	5721	4.68	145261	6044	4.16			

资料来源：2008～2012年《中国统计年鉴》。

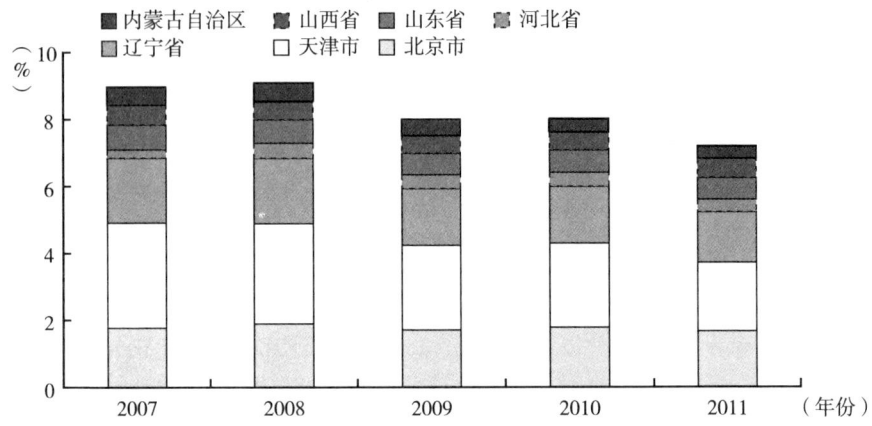

图5 2007~2011年环渤海地区CBDI占GDP的比重变化

从纵向比较来看，2007~2011年整个环渤海地区GDP和CBDI 5年间均保持增长趋势，其CBDI占GDP的比重平均保持在5%左右；北京、河北、山东、山西、内蒙古在5年间的比重分别保持在1.7%、0.4%、0.7%、0.55%、0.4%的平均水平且保持增长趋势，天津、辽宁的占比自2007年以来出现下降趋势，但降幅不大，基本趋于平衡；因此可大致观测出华商在环渤海经济圈的投资对该区域经济持续发展的贡献度逐年提高。

从横向比较来看，天津在2007~2011年5年间其CBDI占GDP比重均领先于其他省市区，说明华商在环渤海经济圈的投资中对天津经济的发展贡献度最大，在促进天津市经济发展的过程中扮演的角色也越来越重要。北京、辽宁的CBDI占GDP的比重5年间保持在前三位，华商对其的经济发展的促进作用较大。其他省市相对于天津、北京、辽宁而言其占比较少，但5年间的占比保持增长趋势，亦可看出CBDI对环渤海经济圈的贡献度逐年提高。

（三）CBDI的税收对环渤海经济圈GDP的贡献分析

税收是国家参与社会产品分配所取得的收入，它反映了一个国家或地区经济发展的综合性效益，涉及国民经济各个行业，起着调节经济结构和经济发展的作用。税收来源于经济发展,来源于 GDP 总量的增长。① 本小节将整合出环渤海经济圈的五省二市中华商投资企业的税收以及其占 GDP 的比重,以估测出 CBDI 税收对环渤海经济圈 GDP 的贡献度。

在中国税收统计口径中并未单独列示华商投资企业的税收收入,而是以外商投资企业税收收入的统计形式反映。鉴于统计数据的有限性,本文无法精确测算出环渤海地区华商投资的税收收入,因此本文将利用商务部副院长沈丹阳在统计研究报告中得出的结论:中国所利用的外商直接投资,每三个美元中,就有两个美元是由华商带来的,即 CBDI 占 FDI 的 66.67%。② 利用该结论,本文将粗略测算 CBDI 的税收对于环渤海经济圈 GDP 的贡献度。其具体估测方法如下:

首先,本文根据税收统计年鉴统计出 2007~2011 年环渤海经济地区五省二市外商投资企业的税收收入,由于税收统计年鉴中将港澳台投资企业和外商投资企业分开统计,本文亦分别统计环渤海地区的港澳台投资企业和外商投资企业的税收收入(见表12)。

其次,按 99.5%③计算华商投资企业税收占港澳台投资企业税收的比率,按 66.67% 计算华商投资企业税收占外商投资企业税收的比率,两者之和即大致为环渤海经济圈中华商投资企业税收(见表13)。

最后,将环渤海经济圈五省二市的 GDP 和华商投资企业的税收列于表14中,测算其税收占 GDP 的比重,比较分析华商在环渤海经济圈的税收对 GDP 的贡献,亦即反映出 CBDI 对环渤海地区经济发展的贡献度。

从纵向视角比较,2007~2011 年环渤海地区税收收入和 GDP 均逐年增长,其税收收入占 GDP 比重保持逐年提高的趋势;北京、辽宁、山东、内蒙古在5年间的税收收入占 GDP 比重逐年提高,天津、河北、山西则有小幅变动,基本趋于稳定,分别保持在 6.14%、1.05%、0.73% 的平均水平。因此,可以看出环渤海经济地区 2007~2011 年华商投资企业的税收收入对 GDP 的贡献度呈现逐年提高的态势。

---

① 钱静:《河南省税收与 GDP 增长实证分析》,《河南财政税务高等学报》2010 年第6期。
② 沈丹阳:《华商企业对华投资基本情况、新趋势及引发的思考》,《中国外资》2006 年第9期。
③ 沈丹阳观点:港澳台企业的 CBDI 占 FDI 的 99%,台湾企业的 CBDI 占 FDI 的 100%,此处本文取其中间值,即 99.5%。

表12 2007~2011年环渤海经济圈外商投资企业税收

单位：亿元

环渤海地区	2007年		2008年		2009年	
	港澳台投资企业	外商投资企业	港澳台投资企业	外商投资企业	港澳台投资企业	外商投资企业
北京市	165	684	219	826	324	917
天津市	176	286	228	354	151	335
辽宁省	56	150	65	173	85	222
河北省	68	125	84	152	92	152
山东省	89	298	125	348	132	377
山西省	12	43	18	61	17	67
内蒙古自治区	6	33	9	50	11	59
合计	572	1619	749	1964	813	2128

环渤海地区	2010年		2011年	
	港澳台投资企业	外商投资企业	港澳台投资企业	外商投资企业
北京市	259	1129	389	1346
天津市	259	398	392	472
辽宁省	148	279	202	328
河北省	100	148	117	162
山东省	159	457	187	497
山西省	19	70	21	69
内蒙古自治区	13	81	16	103
合计	956	2561	1324	2979

资料来源：2008~2012年《中国税务年鉴》。

表13 2007~2011年环渤海经济圈华商投资企业的税收

单位：亿元

环渤海地区	2007年		2008年		2009年	
	港澳台投资企业	外商投资企业	港澳台投资企业	外商投资企业	港澳台投资企业	外商投资企业
北京市	165	456	218	550	323	611
天津市	175	191	227	236	150	223
辽宁省	56	100	64	116	84	148
河北省	68	83	84	101	91	101
山东省	89	198	125	232	132	251
山西省	12	29	18	41	17	45
内蒙古自治区	6	22	9	33	11	39
合计	571	1079	745	1309	808	1418
CBDI总税收	1650		2054		2226	

续表

环渤海地区	2010年		2011年	
	港澳台投资企业	外商投资企业	港澳台投资企业	外商投资企业
北京市	258	753	387	897
天津市	258	265	390	315
辽宁省	147	186	201	219
河北省	99	99	116	108
山东省	158	305	186	331
山西省	19	46	21	46
内蒙古自治区	13	54	16	69
合计	952	1708	1317	1985
CBDI总税收	2660		3302	

表14 环渤海经济圈华商投资企业的税收统计及其占GDP比重

单位：亿元

环渤海地区	2007年			2008年			2009年		
	税收收入	GDP	比重(%)	税收收入	GDP	比重(%)	税收收入	GDP	比重(%)
北京市	621	9847	6.30	768	11115	6.91	934	12153	7.68
天津市	366	5253	6.96	463	6719	6.89	373	7522	4.96
辽宁省	156	11164	1.40	180	13669	1.32	232	15212	1.53
河北省	151	13607	1.11	185	16012	1.16	192	17235	1.12
山东省	287	25777	1.11	356	30933	1.15	383	33897	1.13
山西省	41	6024	0.68	59	7315	0.81	62	7358	0.84
内蒙古自治区	28	6423	0.44	43	8496	0.50	50	9740	0.51
合计	1650	78095	2.11	2054	94259	2.18	2227	103117	2.16

环渤海地区	2010年			2011年		
	税收收入	GDP	比重(%)	税收收入	GDP	比重(%)
北京市	1010	14114	7.16	1285	16252	7.90
天津市	523	9224	5.67	705	11307	6.24
辽宁省	334	18457	1.81	420	22227	1.89
河北省	198	20394	0.97	225	24516	0.92
山东省	463	39170	1.18	518	45362	1.14
山西省	65	9201	0.71	67	11238	0.59
内蒙古自治区	67	11672	0.57	85	14360	0.59
合计	2660	122232	2.18	3305	145262	2.27

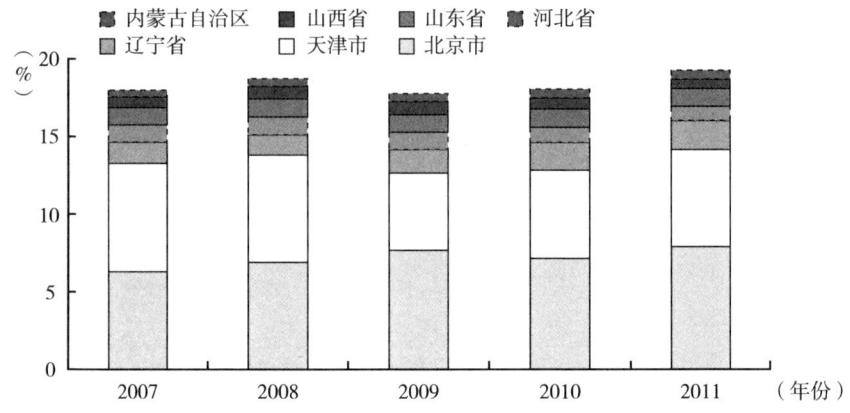

图6 2007～2011年环渤海地区税收收入占GDP的比重变化

从横向视角比较，在2007～2011年的5年间北京CBDI的税收收入占GDP的比重最大，基本保持在7.19%的平均水平，说明华商在北京的投资生产实现的税收收入对GDP的贡献度最大，其次天津CBDI税收收入占GDP的比重趋于第2位，5年来保持在6.14%的平均水平。相对于北京、天津而言，辽宁、山东、河北、山西、内蒙古CBDI的税收收入占GDP的比重偏小，5年间分别保持在1.59%、1.14%、1.05%、0.73%、0.52%的平均水平。因此，华商在环渤海经济圈的税收收入对GDP的贡献主要集中于北京、天津两地，而在其余省份的贡献度呈逐年提高的趋势。

五 华商在对环渤海经济圈投资过程中遇到的问题

（一）相关学者研究综述

1. 在研究环渤海经济圈发展制约因素方面

王碧峰就我国三大城市经济圈（包括环渤海经济圈）经济发展的问题进行讨论，指出三大经济圈面临的主要问题有：以自我为中心，竞相打造中心城市；片面追求城市化速度，造成区域发展无序状态；城市发展的集约化程度较低，土地资源的利用浪费较大。① 刘婧就环渤海经济圈的发展制约因素和与长三角、珠三角的差异进行分析，认为环渤海经济圈发展瓶颈主要有以下几点：第一，环渤海地区腹地虽然广阔，但很多地区干旱缺水，东西交通不便，生态环境脆弱，现有的交通网络体系不够发达，承载能力经受很大挑战；第二，环渤海地区经济体制不完善，计划经济模式下形成的行政区域经济很难在短期内消除；第三，环渤海经济圈在形成过程中，政府起主导作用，容易造成城市之间的产业结构雷同、彼此间经济交流和协作少、地方割据与部门利益严重等后果；第四，环渤海地区的绝大部分城市还处于中小城市资源、人口和产业向大城市或特大城市流动的极化阶段，城市圈的各个城市功能并没有完全相联系。②

2. 在研究外商（或华商）对华投资遇到的问题方面

郑达就马来西亚华商在中国投资存在的问题进行调查研究，指出马来西亚华商在华投资遇到的问题包括：相关的外商投资法律法规不健全、各地政府对法律的解释和执行情况不同、办事程序烦琐、效率低下、各种名目的收费繁多、相关税收优惠难以落实、招商渠道较为狭窄等，由于种种问题的存在致使马来西亚华商在华投资纠纷投诉案例增加。③ 吴壁鸿指出泰国华商在中国大陆投资存在的问题有：中泰两国由于法律、社会制度不同，纠纷协调成本大；中国私企和泰国私企在经营理念、管理模式、运作机制等方面存在差异；泰国对中国大陆投资企业总体上高科技技术含量低。④ 余雪锋就环渤海经济圈16个城市利用外资的水平进行比较研究，指出环渤海经济圈城市吸收FDI的问题为利用外资水平低、城市间利用外资发展不平衡。⑤

---

① 王碧峰：《我国城市经济圈问题讨论综述》，《经济理论与经济管理》2005年第2期。
② 刘婧：《环渤海经济圈与国内外经济圈的差距及发展制约因素分析》，《鲁东大学学报》2009年第2期。
③ 郑达：《试析马来西亚华商对华投资的发展、问题与对策》，《南洋问题研究》2009年第3期。
④ 吴壁鸿：《改革开放以来泰国华商对大陆的投资分析》，暨南大学硕士学位论文，2012。
⑤ 佘雪锋：《中国16个环渤海经济圈城市利用外资比较研究》，《技术经济与管理研究》2013年第6期。

目前，华商对环渤海经济地区投资问题的研究鲜有人涉及，本文将借鉴并综合利用上述学者对于环渤海经济圈发展制约因素及外商（华商）对华投资遇到的问题研究的成果，并结合华商对环渤海经济圈投资的案例，分析华商对环渤海经济圈投资过程中遇到的问题。

（二）环渤海经济圈招商引资体制不健全，缺乏责任落实制度

1. 案例背景

中新网 2013 年 3 月 18 日电：据西班牙《欧华报》报道，某西班牙华商企业在辽宁抚顺投资时遭遇中石油抚顺石化公司的非法强占，纠纷拖延 3 年仍未解决。该工厂西班牙投资人之一 Carlos 先生解释事情缘由：2005 年，辽宁省抚顺市的一个招商引资团访问西班牙，并举办了招商引资会。会后，有一些西班牙企业在抚顺投资，他和西班牙莱茵拉克公司合股在抚顺投资了这家化工厂。然而，2010 年 5 月，工厂的变电所被抚顺石化公司在没有任何通知和协商的情况下非法强占，导致工厂完全瘫痪。事后，抚顺市东洲区人民法院受理了此案，并于 2011 年 2 月下达民事调解书。调解书判定抚顺石化公司违法，并要求其在 2011 年 3 月 1 日前给予赔偿。但在至 2013 年 3 月两年多的时间内，该华商并没有得到任何补偿，而且该变电所到今日依然被抚顺石化公司非法占有。这给该华商企业造成了严重的生产和设备损失。

2. 案例分析

辽宁省抚顺地处环渤海经济圈内，2005 年抚顺地区的招商引资团前往西班牙引资，华商 Carlos 在该招商引资会后投资了中石油辽宁抚顺石化分公司，2010 年发生了非法强占纠纷案，但在法院判决后华商在两年多的时间中并未得到补偿。透过案例我们可以看出，辽宁抚顺地区在招商引资中体制不完善，相关责任落实制度缺乏，在成功引资后并没有针对对华投资的华商建立相应的后续服务政策。该事件除了引起中国媒体的关注外，在西班牙地区也引起了西班牙多家媒体的关注和报道，在一定程度上会对华商对环渤海经济圈的投资带来负面影响。

（三）环渤海经济圈招商引资项目趋同，影响华商投资企业的竞争力

1. 招商引资的相似度

表15 环渤海经济圈核心城市的重点产业

中心城市	北京	天津	青岛	大连
重点产业	电子信息产业、文化创意产业、新材料、新能源、光机电一体化、生物工程和新医药产业、通信设备	石油化工、海洋化工、海关物流、临空产业、电子信息、汽车、现代医药、通信设备	石油化工、电子家电、交通运输装备、新材料、海港物流、通信设备	装备制造、石油化工、船舶机械、电子信息、海港物流、通信设备

2. 招商引资的相似度具体分析

从表15中可以看出北京、天津、青岛、大连都将通信设备、计算机及电子设备制造业作为主导产业进行重点招商，这样会导致招商项目趋同，从而进一步加剧区域内的引资大战，造成城市相互之间的资源争夺、投资方面的重复建设，形成追求大而全的招商模式，最终将导致环渤海经济圈的无序竞争。这种招商项目趋同导致的恶性竞争将会影响华商投资企业的发展空间和核心竞争力。

六 结语

（一）环渤海经济圈引进华商的未来展望与政策取向

1. 环渤海经济圈引进华商发展的未来展望

自环渤海经济圈建立以来，基于其独具的区域优势，环渤海地区经济发展不断得到国家各种政策的支持，其中，华商对环渤海经济圈的投资更是得到党中央、各级政府以及相关部门的大力支持。

2006年8月15日，"海内外华商促进环渤海经济发展论坛"在北京开幕，

活动围绕"发挥华商优势,服务区域经济"的主题,全面贯彻"十一五"规划战略意图,探讨新形势下环渤海区域的发展,为海内外华商及高科技人才与地方政府搭建交流与合作的平台。

2007年11月8日、2008年6月12日,在天津滨海区、德州市相继召开"海内外华商促进环渤海经济发展大会"。中国侨联副主席林淑娘指出,"环渤海经济圈不断加大对外开放和交流合作力度,经济综合实力显著增强,发展环境日益优化,社会充满活力,成为国内外客商理想的投资之地"。

2010年12月30日,作为世界华商投资促进会和世界华商联合会的分支机构之一的"青岛华商投资发展促进会"成立,成为环渤海经济圈中的核心城市和世界华商联系的桥梁与广阔平台。

2012年11月8日,胡锦涛在十八大提出要"继续实施区域发展总体战略,充分发挥各地区比较优势,鼓励有条件的地方在现代化建设中继续走在前列,为全国改革发展做出更大贡献"。"十二五规划"中提出要"优化格局,促进区域协调发展和城镇化健康发展"。

2014年2月26日,习近平在听取京津冀协同发展工作汇报时提出,立足各自比较优势、立足现代产业分工要求、立足区域优势互补原则、立足合作共赢理念,以京津冀城市群建设为载体、以优化区域分工和产业布局为重点、以资源要素空间统筹规划利用为主线、以构建长效体制机制为抓手,从广度和深度上加快发展,着力打造现代化的新型首都经济圈。这意味着京津唐一体化发展进入实质性提速阶段,也为环渤海经济圈的发展注入了一支强心剂。

2014年3月5日,李克强在第十二届全国人大二次会议上的政府报告中提出"加强环渤海及京津冀地区经济协作,把环渤海地区打造成为中国经济增长和转型升级的新引擎"。这一战略首次被写进政府工作报告,足以显现出国家对环渤海经济圈发展的高度期望与支持。

综上所述,无论是国家领导人对环渤海经济圈未来经济发展的重要指示,还是华商环渤海经济发展论坛、华商促进环渤海经济发展大会以及环渤海地区华商投资促进会等会议的召开,均反映了国家经济环境和政策环境对环渤海经济圈的大力支持,这势必成为环渤海经济圈未来发展的重要契机。

2. 环渤海经济圈引进华商投资的政策取向

笔者分别对环渤海经济圈内华商投资布局、华商投资优劣势、华商投资对环渤海经济圈的贡献、华商投资过程中遇到的阻碍等问题进行了分析，并强调：环渤海经济圈存在着生态环境破坏严重、招商引资机制不完善、缺乏责任落实制度、经济开放程度同长三角地区相比存在差距、招商引资项目趋同等问题。站在华商投资企业的立场，华商对未来环渤海经济圈经济及政策环境的期待正是寄希望于中国政府能够着力解决华商在投资中遇到的问题，不断优化环渤海经济圈中的经济与政策环境，给华商提供一个公平健康的投资平台。

据此，对环渤海经济区域未来的发展应有如下政策取向：（1）统筹研究环渤海经济圈规划，明确核心城市的投资定位，发挥各自的人、财、力优势，防止内部不合理的竞争，谋求区域经济的协调和共同发展，寻找"共赢点"。在十八大、2013年的中央经济工作会议等一系列重要会议的报告中，习近平总书记多次强调要"继续实施区域发展总体战略，促进区域协调发展，是今后相当长一段时间内区域发展的基本战略思想"。因此在招商引资进程中应关注不同规模城市的不同地位和作用，做到协调发展，力求实现区域空间结构的优势整合，彼此促进、平衡发展、求同存异，实现"双赢"和"多赢"。（2）充分发挥政府调节作用，缩小环渤海经济圈与长江三角洲区域的差距。环渤海经济圈在全国和区域经济中发挥着集聚、辐射、服务和带动作用，政府须充分认识环渤海经济圈与长江三角洲区域的发展差距，有针对性地采取政策措施促进环渤海经济圈的发展迈入新的阶段。（3）避免盲目地、单一地、低质量地引进华商投资。随着近年来环渤海经济圈内华商投资额逐年递增，且华商投资对环渤海经济圈内GDP、税收贡献呈逐年提升的态势，华商投资的引资质量、利用效率也日益受到社会关注。盲目、单一、低质量的引资无疑会阻碍环渤海经济圈的发展，因此必须在引资过程中提高华商投资的利用质量，走合理化、多元化、高质量的华商投资道路。

（二）社会各界及政府部门襄助华商发展的政策建议

1. 适度研究华商企业特色，重视其与其他外商的区别

近年来，全国各地每年均有许多外资企业转而注册成为内资企业，外籍个

人在访谈中也屡屡表现出对希望保持外资企业各项优惠政策的渴望。在相关课题的访谈调查中可以发现，华侨华人直接投资的企业比起非华侨华人旗下的外资企业（譬如纯粹的日资企业），更少有着套用优惠政策、利用廉价资源、实施国际避税等不纯动机，而更多的是出于衣锦还乡、回报桑梓、光宗耀祖以及多元化发展等的良好意愿。

在各主要税种尤其是直接税（税负无法转嫁的税种，如所得税、财产税）方面，建议财政税务部门制定单独给予华侨华人投资企业的优惠政策，具体的甄别标准由侨务部门、财税部门协同商定。因为比起专程到内地来套取税收优惠的"真外资"或"假外资"，华侨华人直接投资企业的避税动机较小，而其光耀门楣、落叶归根等动机更强。如果对他们的经营所得课以比国内居民纳税人更重的税负，那么对鼓励他们回乡兴业的热情以及发挥其在跨境经济文化交流中的使节作用非常不利。

侨务政策必须研究这一区别，把握对"侨"身份的认定，保留相关优惠待遇。

2. 择优加强项目扶持力度，拓宽完善基础设施平台

目前全国各地政府为积极引进高新科技产业、现代服务业项目等入驻本地投资经营，制定了相关征地、租房、降低注册资本、税收同比返还以及子女入学优惠等招商引资政策。为了加快我国经济发展方式的转变，侨务部门可结合各级政府对科技、环保、循环经济、现代服务业等领域的优惠措施，加快海外华侨华人企业的引进，推动他们与国内同人在上述方面的合作。

交通条件、资源环境、治安水平、公平公正等基础设施软硬件平台，是华侨华人在生产经营过程中非常关注的，在某种程度上也成为企业家投资选址的"瓶颈"问题。在华商园区建设方面，可仿效当前"国家级高新技术区""国家级台商投资区"等的区域审批、政策倾斜、资金补贴方式，由侨办系统牵头，鼓励各地建立华商园区（另可结合地区、产业、科技特色）。同时，改进服务方式，为推进园区的建设，在创业基金、技术入股、人员出入境、外汇清算、贷款利率、行政审批等方面提供尽可能多的优惠和便利。

3. 适度维持华商税收优惠，基于贡献赋予财政补贴

在我国的财政税收政策体系中，为消除利用"假外资"套用"超国民待遇"的现象，外资企业的优惠地位 2004 年以来逐渐取消。营业税、房产税、车船税、城建税、教育费附加、企业所得税、个人所得税等这些关系纳税人生存大计的税种，原来外资企业和外籍个人方面总是享受"超国民"的优惠政策，然而"假外资、真避税"的盛行，也使得财税主管部门就所有税费中针对外资企业的特殊待遇，连续几年大刀阔斧地削减。不仅如此，2008 年企业所得税还"矫枉过正"，针对非居民企业从居民企业分回的股息红利，普遍征取 10% 的预提所得税（双边税收协定若有更低税率规定则"从低"），相比之下，居民企业收到股息红利则有豁免双重课税的条款。也因此，现实中，华商企业明显感觉到近年税负上升，以及由此带来的同行间比较优势的丧失。

从中央与地方的国民经济与财政税务统计中也可发现，华侨华人投资的企业对财政收入的贡献程度是显著的，全国 2002～2011 年外资企业（不含港澳台资企业的口径）税收收入占全国税收收入比重十年间平均为 14.5%；而相应的，从财政支出来看，如果既缺乏具有直接针对性的"财政补贴"，又缺乏作为间接财政支出的"税收优惠"，那么华侨华人就会感受到相较于其他国家与地区的"高税负、低福利"，主观上的"税收痛苦指数"就会偏高。改善这种财政收支不对等的局面，如基于华侨华人企业的利税贡献和产业需求进行财政补贴，将有利于吸引华侨华人在我国实现企业的转型发展。建议财政补贴可按企业贡献度，在一定起点之上分额度按比例给予，既可给予企业本身，又可给予引进企业的中介机构。

4. 健全归侨人才延揽机制，注重引进之后培育问效

在国内"人口红利"逐渐消失的今天，政府政策也更加注重对"人才红利"的涵养和利用。除了组织大型人才交流会、专业人才招聘会、各类人才联谊会以做好引进海外华侨华人高层次人才的第一步工作之外，还应辅助性地搭建其他平台，如侨务资源交流网络、华商信息服务网络等，同时要做好与高等院校、研究机构之间的产学研用合作，使得知识经济与生产能力共生互长，也使得人才流动更加频繁和优化。而且，在当今竞争日益激烈的市场上，重要的不只是技术人才，还有现代企业的管理人才，所以，在突出引进归侨智力为经济建设添砖加瓦时，也要注意管理、金融、法律等人文社科领域人才的引进。

华侨华人游历全球，又对祖国有着无法割舍的特殊情感。在国家组织、人事、科技和教育部门的"千人计划""青年拔尖人才计划"等多种人才培养资助基金日益盛行的今天，侨务系统亦可设立归侨及其子女在"归国人才认定"方面的单列政策，以便将更多的资金优惠，以评审认定和立项培养的方式提供给报效祖国的归国专才。"国家猎头"在做好华侨华人"招才引智"之余，还应当跟踪、培养和问效，使其有着更强的归属感和长久的责任心。这样也才会有"羊群效应"，扩大其对在国外因亲缘、地缘、学缘等联结在一起的高端人才的引进示范效应。

参考文献

巴山：《基于统计模型的外商投资贡献度评估方法研究》，《中国科技论坛》2006年第5期。

陈玉平：《江苏经济增长中外资投资贡献的计量分析》，《江苏社会科学》2004年第6期。

胡成利：《天时地利人和，台商看好天津卫》，《每日新报》2012年7月7日。

景世民：《环渤海区域经济发展战略思考》，《经济研究》2005年第6期。

刘赐贵：《2012年中国海洋环境公报》，国家海洋局，2013。

刘婧：《环渤海经济圈与国内外经济圈的差距及发展制约因素分析》，《鲁东大学学报》2009年第2期。

刘文：《环渤海区域经济一体化：机遇、优势与战略选择》，《区域经济》2008年第4期。

钱静：《河南省税收与GDP增长实证分析》，《河南财政税务高等学报》2010年第6期。

桑百川：《30年外商投资的贡献、经验与前景》，《国际贸易》2009年第1期。

邵文慧：《基于可持续发展的环渤海区域经济发展战略思考》，《中国水运》2007年第4期。

佘雪锋：《中国16个环渤海经济圈城市利用外资比较研究》，《技术经济与管理研究》2013年第6期。

沈丹阳：《华商企业对华投资基本情况、新趋势及引发的思考》，《中国外资》2006年第9期。

沈悦、谢勇：《外商投资企业对陕西GDP增长贡献方面的现状、问题及对策研究》，《陕西省体制改革研究会2006~2007优秀论文集》，2007。

王碧峰：《我国城市经济圈问题讨论综述》，《经济理论与经济管理》2005年第2期。
王华：《环渤海经济圈产业发展问题研究》，河北师范大学硕士学位论文，2010。
王倩：《基于SWOT分析法的辽宁区域经济发展对策研究》，《法制与社会》2010年第5期。
王爽：《环渤海城市经济圈的发展前景与问题》，《中北大学学报》（社会科学版）2007年第23期。
吴壁鸿：《改革开放以来泰国华商对大陆的投资分析》，暨南大学硕士学位论文，2012。
徐田柏、付红：《环渤海区域FDI区位分析及对策研究》，《特区经济》2010年第2期。
杨霞、罗琛琛：《环渤海经济圈内部经济差异性比较分析》，《海洋开发与管理》2010年第9期。
张本明、张振山：《外商投资企业对地方经济发展贡献度调查》，《内蒙古金融研究》2012年第12期。
张波、刘红涛、周波、张丹：《环渤海与长三角空间成长模式比较研究》，《经济问题探索》2009年第7期。
张晗：《环渤海区域经济发展与对外贸易发展》，《社会科学论坛》2008年第2期。
张顺峰、于洪军、徐兴永、曹建荣、刘文全、苏乔：《环渤海区域近海污染特征分析及防治措施》，《海洋开发与管理》2012年第7期。
张锁晨：《外商投资企业对鄂尔多斯经济增长贡献分析》，《内蒙古金融研究》2012年第10期。
赵春颖、陈曦：《环渤海区域招商引资的潜力分析》，《特区经济》2013年第2期。
郑达：《试析马来西亚华商对华投资的发展、问题与对策》，《南洋问题研究》2009年第3期。

Abstract

This book was composed of three parts, the distribution of population, the distribution and change of fortunes and the investments and development.

Part one, the distribution of population, tried to find out the distribution of overseas Chinese in Europe and analyzed the distribution tendency about the overseas Chinese from Taiwan worldwide. In 1950s, the overseas Chinese in Europe had about 10 thousands and now about 2.5 million. As to the amount of overseas Chinese in Europe, French and England had the majority of overseas Chinese; Germany and Holland grew stably; and the others were very low. In the early period, most of the overseas Chinese from Taiwan immigrated to the Southeast Asia, but now the first place was the developed country in Europe and America especially immigrated to US and Canada. The purpose of immigration was seeking knowledge, and no one wanted to go abroad unless the relations between Mainland and Taiwan became tense.

Part two, the distribution and change of fortunes, attempted to figure out the assets, economic strength and the dedication of Chinese business in Southeast Asia, Europe and America from the date of Forbes rich list and Hurun rich list. In recent years, Chinese business made more money from high-tech industry, trading and consumer goods industry, and made less money from financial industry and heavy chemical engineering industry. Chinese business's fortunes strength in Hong Kong and Taiwan was greater than the Chinese business in ASEA, and Chinese business's fortunes strength in America tended to increase clearly.

Part three, the investments and development, talked about Chinese business's investment in Pearl River Delta and Bohai Economic Circle, and the subsequent problems from recruiting investment. Loving motherland, wanting to connect with the relatives and good investment environment made Chinese business invest in China. However, with the eco-environment becoming bad and the similar recruiting system, the second generation of Chinese business didn't identify their motherland

Abstract

like their father. So, we put forward these suggestions that improving the relevant policies about Chinese business, protecting the intellectual property rights well, maintaining the discriminatory taxes to Chinese business, promoting the overseas Chinese Education and so on in order to solve these problems.

Keywords: Overseas Chinese; Distribution of population; Distribution and change of fortunes; Investments and development; Chinese businessmen

Contents

B I General Report

B. 1 The Soft Power of Chinese Businessmen in Southeast Asia and
its Contributions to the Friendly Relations between
China and Southeast Asia   *Zhuang Guotu* / 001

Abstract: Through the people-oriented model of business management, the combination of Chinese and Western and the updated, international and diversified operation, the overseas Chinese in Southeast Asia accounting for 6% of the total population in Southeast Asia, not only formed a greater economic soft power, its comprehensive economic strength had reached a level of moderate regional power. From the study of overseas Chinese's political participation in Singapore, Malaysia, Indonesia, Vietnam, Thailand and other countries, their economic strength were good for the improvement of political and social status, and had some kind of influence on the local society. In the nearly 30 year's development of friendly relations between China and Southeast Asia, the overseas Chinese had made a remarkable contribution to it.

Keywords: Southeast Asia; Chinese businessmen; Economic soft power; Political soft power

Contents

B II Report on Distribution of Population

B. 2 The Changing Demographics of the Chinese Migrants
in Europe in the early 21st Century　　　　Li Minghuan / 028

Abstract: Collect the statistics of the Chinese immigrants in Europe. Systemize its development trend. Analyze its compositions and principal structures. Compare it with the total amount of the migrants in the relevant states.

Keywords: Chinese in Europe; Population statistics; Age and geo-structure

B. 3 An Analysis of Distribution and Change Trends of the
Overseas Chinese from Taiwan
　　　　You Guolong, Zhou Yiyuan and Liu Guangyao / 044

Abstract: The people of Taiwan showed a tendency of homebody except for the tensions between Mainland and Taiwan, the overseas Chinese from Taiwan just only increased 28000 people over the past six years. The overseas Chinese from Taiwan mainly gathered in the Western developed countries, especially in the USA, who accounted for half of them. What they really cared was the "survival security", and studying in abroad also accounted for a large part of immigration, and so did the life environment. The numbers of overseas Chinese of Southeast from Taiwan were numerous, but mostly were the early settlers; they hardly immigrated to there except for the investment to Vietnam in recent years. Today, the people of Taiwan immigrating to the outside are different with the early times for survival, and the gathering places have had a great change.

Keywords: The overseas Chinese from Taiwan; Overseas Chinese; Quantity change; Immigration

B Ⅲ Report on Distribution and Change of Overseas Chinese Fortunes

B. 4 Study on Change Trends of the Overseas Chinese Fortunes

Rao Zhiming / 068

Abstract: This paper researches into the changes of strengths and structure of the overseas Chinese fortunes, and analyses their fortune growth differences by countries or regions sources and by industries sources. The following are main results from this study: 1) the regional distributions of the overseas Chinese fortunes have shown an obvious change, and an important change is that total fortunes of the ethnic Chinese in Hong Kong & Taiwan and in the rest regions have surpassed total fortunes of the ethnic Chinese in ASEAN countries, and the ethic Chinese fortunes in USA have displayed a marked strengthen; 2) the industrial source structure of the overseas Chinese fortunes also have shown an obvious change, and a significant change is that ethnic Chinese fortune shares from hi-tech industries and commerce & trade services and consumer goods manufacturing industries have had a clear increase, while those shares from finance services and heavy-and-chemical industries have had a marked decline; 3) the diversify and internationalized fortune sources have played a positive role in turning risks of fortune reduction from fluctuations of exchange rate and economic growth; 4) the pressures from succession of Chinese family enterprises have made a major challenge to sustainable growth of overseas Chinese fortunes.

Keywords: Overseas Chinese; Rich List; Fortune; Change

B. 5 The Wealth Distribution of Southeast Asian Chinese Businessmen and the Analysis of its Economic Strength

Wu Liyuan / 097

Abstract: There are Chinese businessmen all over the world. In addition to the

Chinese mainland, Hongkong and Taiwan, Southeast Asia is the most important settlement for Chinese businessmen. Most of rich men in Southeast Asia are the descendants of the Chinese. This paper studies the wealth distribution and economic strength of Southeast Asia Chinese businessmen. In view of the difficulty of data collection, this paper adopts the data in Forbes and Hurun Rich List which are public, highly regarded and have high authority.

Keywords: Southeast Chinese businessmen; Wealth distribution; Economic strength

B. 6　The Wealth Distribution of the Chinese Businessmen in Europe and America　　　　　　　　　　　*Xu Ailing* / 129

Abstract: The main object of the report is wealth distribution of the Chinese businessmen in Europe and America. Using the methods of literature review, statistics, case studies and other methods, the report analyzes the geographical distribution, industrial distribution and wealth distribution of the Chinese businessmen in Europe and America, and counts the situation of Chinese businessmen in the world's major Rich List. After these, the report evaluates the contribution of Chinese businessmen to the local and to our country's economic development and social stability.

Keywords: Chinese businessmen in Europe; Chinese businessmen in America; Chinese businessmen in USA; Wealth of the Chinese Businessmen

B. 7　Research on the Distribution, Fluctuation, and Correlation of Wealth by Chinese Merchants in the Regions of Hong Kong, Macau, and Taiwan　　　　　　　　　　　*Dong Yan* / 157

Abstract: The concept of Chinese merchants as well as the status of Chinese merchants in the regions of Hong Kong, Macau and Taiwan are clarified at the

beginning of this report. Then, based on two types of well-known Rich Lists——Hurun Rich List 2013 and Forbes World's Billionaires 1996 to 2013——the author analyzes the distribution and fluctuation of wealth owned by Chinese merchants who have done businesses in the regions of Hong Kong, Macau and Taiwan during the past 18 years. At the same time, comparative analyses have been conducted so that the ripple effect of the global economy could be detected and investigated. At the last part, illuminating conclusions and regression models have been drawn by way of cross correlation and lagged regression analyses.

Keywords: Chinese merchants in the regions of Hong Kong, Macau and Taiwan; Rich Lists; Cross correlation

ⅠB Ⅳ   Report on Investments and Development of Overseas Chinese

B.8　Report on the Driving Factors, Characteristics and Future Challenge of Fujian Overseas Businessmen at Home

Ma Zhanjie, Sun Rui / 186

Abstract: As an important overseas business group, Fujian Overseas businessmen made brilliant achievements in the world and participate in China's economic development at the same time. Based on the basic situation introduction of overseas Chinese businessmen in Fujian, we sums up their characteristics, driving factors and challenges in development of domestic development. After analysis we conclude: (1) driving factor of Fujian overseas businessmen domestic development including "patriotic love Township complex", "the good development environment", "domestic economic development provides a good opportunity" and "Fujian Overseas associations to promote"; (2) Fujian overseas domestic development features include "significant stage characteristics", "diversified characteristics", "enterprise development and fulfill social responsibility together". (3) Fujian overseas Chinese businessmen future domestic development challenges include that, the Chinese hometown feelings of new Fujian overseas businessmen generation weakened, which may affect their future development concept and model in the domestic. At present we have taken vigorous promotion of overseas Chinese education, and organize a variety of activities and training measures, and the effect is good.

Keywords: Fujian overseas businessmen; Driving factors; Development features

B. 9 Status Quo, Question and Suggestion of the Investments of Overseas Chinese Enterprisers in Pearl River Delta Economic Zone   *Lin Chunpei, Zheng Wenzhi and Li Yibin / 210*

Abstract: In the process of rapid development and transformation and upgrading of the Pearl River Delta Economic Zone, the investments from Overseas Chinese enterprises still plays a significant role. Especially, through pilot and demonstration effects, investments attract more capital, personnel and technical resources gathered in PRD. Although the Pearl River Delta Economic Zone is still concentrated place for overseas Chinese businessmen to invest in, but it still exists some problems in attracting the investments from overseas Chinese businessmen, such as the rising investment costs, the imperfect soft environment, not enough investment promotion, transition support and overseas Chinese business network services. By strengthening the overall investment planning, improving relevant policies related to overseas Chinese businessmen, innovating ways to protect intellectual property rights and building knowledge resource integration platform, the relevant government departments may address problems above, and continue to promote the overseas Chinese businessmen investing Pearl River Delta Economic Zone.

Keywords: Investment from overseas Chinese Enterprisers; Pearl River Delta Economic Zone; Economic transformation and upgrade; Overseas Chinese Businessmen Networks

B.10　The Contribution, Barriers and Future of
　　　Chinese Businessmen Investment
　　—*A Case Study of the Bohai Economic Zone*

Yang Moru, Hu Lidan / 228

Abstract: The Bohai Economic Zone has the unique endowment of natural resources, the strong industrial base and the significant advantages in human resources. It plays a gathering, radiated, ministrant and leading role in the national and regional economy. This paper estimates the total investment size of Chinese businessmen, the Chinese businessmen investment's contribution to GDP and taxation in the Bohai Economic Zone. The results show that, On the one hand, the direct investment has expanded each year, mainly focused on the Liaoning, Beijing, Tianjin, Shandong provinces. On the other hand, the Chinese businessmen investment's contribution to GDP and taxation has been increasingly apparent, and mainly concentrated in Beijing, Tianjin. Meanwhile, the serious problems are the inadequate investment mechanisms, the convergence of investment projects, the lack of responsibility system to implement, the serious ecological destruction and so on in the Bohai Economic Zone. Based on the position of Chinese businessmen investment, it is the outlook and expectations to the future of Bohai Economic Zone for Chinese businessmen that we need continuously optimize economic and policy environment of Bohai Economic Zone and provide a fair and healthy platform for Chinese businessmen's investment.

Keywords: Chinese businessmen's investment; The Bohai Economic Zone; Contribution; Barriers; Prospect

中国皮书网

www.pishu.cn

发布皮书研创资讯，传播皮书精彩内容
引领皮书出版潮流，打造皮书服务平台

栏目设置：

- ☐ 资讯：皮书动态、皮书观点、皮书数据、皮书报道、皮书新书发布会、电子期刊
- ☐ 标准：皮书评价、皮书研究、皮书规范、皮书专家、编撰团队
- ☐ 服务：最新皮书、皮书书目、重点推荐、在线购书
- ☐ 链接：皮书数据库、皮书博客、皮书微博、出版社首页、在线书城
- ☐ 搜索：资讯、图书、研究动态
- ☐ 互动：皮书论坛

中国皮书网依托皮书系列"权威、前沿、原创"的优质内容资源，通过文字、图片、音频、视频等多种元素，在皮书研创者、使用者之间搭建了一个成果展示、资源共享的互动平台。

自2005年12月正式上线以来，中国皮书网的IP访问量、PV浏览量与日俱增，受到海内外研究者、公务人员、商务人士以及专业读者的广泛关注。

2008年、2011年中国皮书网均在全国新闻出版业网站荣誉评选中获得"最具商业价值网站"称号。

2012年，中国皮书网在全国新闻出版业网站系列荣誉评选中获得"出版业网站百强"称号。

皮书数据库

权威报告　热点资讯　海量资源

当代中国与世界发展的高端智库平台

皮书数据库　www.pishu.com.cn

皮书数据库是专业的人文社会科学综合学术资源总库，以大型连续性图书——皮书系列为基础，整合国内外相关资讯构建而成。该数据库包含七大子库，涵盖两百多个主题，囊括了近十几年间中国与世界经济社会发展报告，覆盖经济、社会、政治、文化、教育、国际问题等多个领域。

皮书数据库以篇章为基本单位，方便用户对皮书内容的阅读需求。用户可进行全文检索，也可对文献题目、内容提要、作者名称、作者单位、关键字等基本信息进行检索，还可对检索到的篇章再作二次筛选，进行在线阅读或下载阅读。智能多维度导航，可使用户根据自己熟知的分类标准进行分类导航筛选，使查找和检索更高效、便捷。

权威的研究报告、独特的调研数据、前沿的热点资讯，皮书数据库已发展成为国内最具影响力的关于中国与世界现实问题研究的成果库和资讯库。

皮书俱乐部会员服务指南

1. 谁能成为皮书俱乐部成员？
- 皮书作者自动成为俱乐部会员
- 购买了皮书产品（纸质皮书、电子书）的个人用户

2. 会员可以享受的增值服务
- 加入皮书俱乐部，免费获赠该纸质图书的电子书
- 免费获赠皮书数据库100元充值卡
- 免费定期获赠皮书电子期刊
- 优先参与各类皮书学术活动
- 优先享受皮书产品的最新优惠

卡号：879288492659
密码：

3. 如何享受增值服务？

（1）加入皮书俱乐部，获赠该书的电子书

第1步　登录我社官网（www.ssap.com.cn），注册账号；

第2步　登录并进入"会员中心"—"皮书俱乐部"，提交加入皮书俱乐部申请；

第3步　审核通过后，自动进入俱乐部服务环节，填写相关购书信息即可自动兑换相应电子书。

（2）免费获赠皮书数据库100元充值卡

100元充值卡只能在皮书数据库中充值和使用

第1步　刮开附赠充值的涂层（左下）；

第2步　登录皮书数据库网站（www.pishu.com.cn），注册账号；

第3步　登录并进入"会员中心"—"在线充值"—"充值卡充值"，充值成功后即可使用。

4. 声明

解释权归社会科学文献出版社所有

皮书俱乐部会员可享受社会科学文献出版社其他相关免费增值服务，有任何疑问，均可与我们联系
联系电话：010-59367227　　企业QQ：800045692　　邮箱：pishuclub@ssap.com.cn
欢迎登录社会科学文献出版社官网（www.ssap.com.cn）和中国皮书网（www.pishu.com.cn）了解更多信息

社会科学文献出版社　　皮书系列

"皮书"起源于十七、十八世纪的英国，主要指官方或社会组织正式发表的重要文件或报告，多以"白皮书"命名。在中国，"皮书"这一概念被社会广泛接受，并被成功运作、发展成为一种全新的出版形态，则源于中国社会科学院社会科学文献出版社。

皮书是对中国与世界发展状况和热点问题进行年度监测，以专业的角度、专家的视野和实证研究方法，针对某一领域或区域现状与发展态势展开分析和预测，具备权威性、前沿性、原创性、实证性、时效性等特点的连续性公开出版物，由一系列权威研究报告组成。皮书系列是社会科学文献出版社编辑出版的蓝皮书、绿皮书、黄皮书等的统称。

皮书系列的作者以中国社会科学院、著名高校、地方社会科学院的研究人员为主，多为国内一流研究机构的权威专家学者，他们的看法和观点代表了学界对中国与世界的现实和未来最高水平的解读与分析。

自20世纪90年代末推出以《经济蓝皮书》为开端的皮书系列以来，社会科学文献出版社至今已累计出版皮书千余部，内容涵盖经济、社会、政法、文化传媒、行业、地方发展、国际形势等领域。皮书系列已成为社会科学文献出版社的著名图书品牌和中国社会科学院的知名学术品牌。

皮书系列在数字出版和国际出版方面成就斐然。皮书数据库被评为"2008~2009年度数字出版知名品牌"；《经济蓝皮书》《社会蓝皮书》等十几种皮书每年还由国外知名学术出版机构出版英文版、俄文版、韩文版和日文版，面向全球发行。

2011年，皮书系列正式列入"十二五"国家重点出版规划项目；2012年，部分重点皮书列入中国社会科学院承担的国家哲学社会科学创新工程项目；2014年，35种院外皮书使用"中国社会科学院创新工程学术出版项目"标识。

法律声明

"皮书系列"（含蓝皮书、绿皮书、黄皮书）由社会科学文献出版社最早使用并对外推广，现已成为中国图书市场上流行的品牌，是社会科学文献出版社的品牌图书。社会科学文献出版社拥有该系列图书的专有出版权和网络传播权，其LOGO（ ）与"经济蓝皮书"、"社会蓝皮书"等皮书名称已在中华人民共和国工商行政管理总局商标局登记注册，社会科学文献出版社合法拥有其商标专用权。

未经社会科学文献出版社的授权和许可，任何复制、模仿或以其他方式侵害"皮书系列"和LOGO（ ）、"经济蓝皮书"、"社会蓝皮书"等皮书名称商标专用权的行为均属于侵权行为，社会科学文献出版社将采取法律手段追究其法律责任，维护合法权益。

欢迎社会各界人士对侵犯社会科学文献出版社上述权利的违法行为进行举报。电话：010-59367121，电子邮箱：fawubu@ssap.cn。

社会科学文献出版社